Gerd Zipper · Der Hornberg ·
Geschichte und Portrait eines traditionsreichen Segelfluggeländes

AVIATIC VERLAG

Titelbild: Gerd Zipper
Rücktitel: Luftbild Wolfgang Lossen mit Hornberg-Abzeichen der dreißiger Jahre.

Der Autor freut sich über ergänzendes Material, Tips, Hinweise, Anregungen und Kritiken, die für weitere Auflagen von Nutzen sein können.

Schreiben Sie bitte an: Gerd Zipper
Konrad-Adenauer-Str. 32
7070 Schwäbisch Gmünd

Dieses Buch ist all jenen gewidmet, für die der Hornberg fliegerische Heimat ist oder war und die sich mit ihm in irgendeiner Weise verbunden fühlen.

ISBN 3-925505-19-9
1. Auflage

Planegg, 1992
Buchgestaltung: Design Rottiers, Pliezhausen
Herstellung:
Satz: Bosch-Druck, 8300 Ergolding
Druck und Verarbeitung: Pera-Druck, 8032 Gräfelfing

Gerd Zipper

Der Hornberg

Geschichte und Porträt
eines traditionsreichen
Segelfluggeländes

AVIATIC VERLAG

„Eine Idee ist nichts wert, der Bau eines Flugzeuges nur wenig, alles aber der Flug.“

– Otto Lilienthal –

Inhalt

Hornberg 1km

Vorweggenommen

Nach dem Ersten Weltkrieg war den Deutschen der Motorflug durch den Versailler Vertrag verboten. Daraufhin wandte man sich in ganz Deutschland verstärkt dem motorlosen Flug zu. Dieser bot die einzige Möglichkeit, sich fliegerisch zu betätigen. So wurde aus der Not heraus der alte Menschheitstraum vom Fliegen wohl durch den Gleit- und Segelflug auf die schönste Art und Weise verwirklicht.

Überall entstanden, wo es von der Geländebeschaffenheit her am günstigsten war, Segelfluggelände und -flugschulen. Neben der Gründungsstätte des Segelfluges, der Wasserkuppe in der Rhön, sind wohl Rositten in Ostpreußen, Grunau in Schlesien und der Hornberg bei Schwäbisch Gmünd als die bedeutendsten Segelfluggelände anzusehen.

Das hier vorliegende Buch soll den Hornberg als Segelfluggelände porträtieren und eine Rückschau auf mehr als sechs Jahrzehnte Hornberggeschichte sein. Außerdem soll damit ein bedeutender Teil deutscher Segelfluggeschichte vor der Vergessenheit bewahrt werden. Der dokumentarische Charakter wird teilweise durch authentische Berichte über einzelne Flugerlebnisse betont.

Die Geschichte des Hornbergs läßt sich grob in drei Zeitabschnitte gliedern. Der erste beginnt mit den fliegerischen Anfängen und dem Weg zur Errichtung der Segelflugschule des unparteiischen Würtembergischen Luftfahrtverbandes (WLV) und endet etwa 1934/35, als der Hornberg schon Weltruf erlangt hatte. Als zweites abgeschlossenes Kapitel kann wohl die Zeit von der vollständigen Enteignung des WLV und Übernahme durch die Nationalsozialisten bis Kriegsende angesehen werden. Der Wiederaufbau und ein Porträt des heutigen Segelfluggeländes ist in einem dritten Teil beschrieben.

Die Zusammensetzung dieser Veröffentlichung kann wohl am treffendsten mit einem Mosaik oder Puzzle verglichen werden, bei dem vielleicht das eine oder andere Einzelteil fehlen mag. Dies ergibt sich zwangsweise daraus, daß bei einem Luftangriff auf das Hornberggelände im Jahre 1945 nahezu sämtliches authentische Schrift- und Bildmaterial den Flammen zum Opfer fiel. Deshalb war es ein sehr langwieriges Unterfangen, in ganz Deutschland und im Ausland brauchbares Dokumentarmaterial aufzuspüren, zusammenzutragen und auszuwerten. Ergänzend dazu waren umfangreiche Nachforschungen und Befragungen zahlreicher Zeitzeugen zu gleichen Sachverhalten erforderlich. Dies schlug sich in vielen, zum Teil abendfüllenden Gesprächen nieder.

Es war nicht immer einfach, die verschiedenen Meinungen und Darstellungen zu gleichen Sachverhalten auf eine Reihe zu bekommen bzw. die treffende Version ausfindig zu machen und dementsprechend darzustellen.

Um die Verknüpfung der historischen und fliegerischen Zusammenhänge auch den Nichtfliegern einigermaßen verständlich zu machen, wird, wo es notwendig ist, auf die wichtigsten Vorgänge im Zusammenhang mit der generellen Entwicklung des Segelfluges eingegangen.

Abschließend noch etwas Erläuterndes zum Begriff „Kaltes-Feld-Gelände", der später oft verwendet wird. In den Anfangsjahren, bis etwa 1932, sprach man in Fliegerkreisen fast nur vom „Kalten-Feld-Gelände". Damit bezeichnete man sämtliche Fluggelände, vom Lindenfeld ganz im Norden bis zum Südhang bei Nenningen. Bis zu dieser Zeit war der Name „Hornberg" ein relativ unbekannter Begriff. Erst mit der Errichtung der Segelflugschule trat er 1933 in den Vordergrund. Man sprach fortan nur noch vom Hornberg, der ein Teil bzw. der nördliche Ausläufer des Kalten Feldes ist. Somit müssen der Hornberg und das Kalte Feld in fliegerischer Hinsicht immer zusammen als Einheit betrachtet werden.

Schwäbisch Gmünd im März 1992

Gerd Zipper

Der Wegbereiter

Am Anfang von Otto Lilienthals bekanntem Werk „Der Vogelflug als Grundlage der Fliegekunst“ stehen folgende einführenden Worte:

„Alljährlich, wenn der Frühling kommt und die Luft sich wieder bevölkert mit unzähligen frohen Geschöpfen, wenn die Störche, zu ihren alten nordischen Wohnsitzen zurückgekehrt, ihren stattlichen Flugapparat, der sie schon viele Tausende von Meilen weit getragen, zusammenfalten, den Kopf auf den Rücken legen und durch ein Freudengeklapper ihre Ankunft anzeigen, wenn die Schwalben ihren Einzug gehalten und wieder in segelndem Fluge Straße auf und Straße ab mit glattem Flügelschlag an unseren Häusern entlang und an unseren Fenstern vorbei eilen, wenn die Lerche als Punkt im Äther steht und mit lautem Jubelgesang ihre Freude am Dasein verkündet, dann ergreift auch den Menschen eine gewisse Sehnsucht, sich hinaufzuschwingen und frei wie der Vogel über lachende Gefilde, schattige Wälder und spiegelnde Seen dahinzugleiten und die Landschaft so voll und ganz zu genießen, wie es sonst nur der Vogel vermag.

Wer hätte wenigstens um diese Zeit niemals bedauert, daß der Mensch bis jetzt der Kunst des freien Fliegens entbehren muß und nicht auch wie der Vogel wirkungsvoll seine Schwingen entfalten kann, um seiner Wanderlust den höchsten Ausdruck zu verleihen? Sollen wir denn diese Kunst immer noch nicht die unsere nennen, und nur begeistert aufschauen zu niederen Wesen, die dort oben im blauen Äther ihre schönen Kreise ziehen? Soll dieses schmerzliche Bewußtsein durch die traurige Gewißheit noch vermehrt werden, daß es uns nie und nimmer gelingen wird, dem Vogel seine Fliegekunst abzulauschen? Oder wird es in der Macht des menschlichen Verstandes liegen, jene Mittel zu ergründen, welche uns zu ersetzen vermögen, was die Natur uns versagte?

Bewiesen ist bis jetzt weder das eine noch das andere, aber wir nehmen mit Genugtuung wahr, daß die Zahl derjenigen Männer stetig wächst, welche es sich zur ernsten Aufgabe gemacht haben, mehr Licht über dieses noch so dunkle Gebiet unseres Wissens zu verbreiten. Die Beobachtung der Natur ist es, welche immer und immer wieder dem Gedanken Nahrung gibt: „Es kann und darf die Fliegekunst nicht für ewig dem Menschen versagt sein.“

Die Gedanken des erfahrenen Mannes werden bei dieser Beschreibung wohl in seine unbeschwerte Jugendzeit zurückgeschweift sein. Dort, wo die landschaftlich reizvolle Umgebung seiner Heimatstadt mit ihrer artenreichen Vogelwelt in dem naturverbundenen Jungen schon früh den Wunsch aufkommen ließ, sich wie ein Vogel in die Lüfte zu erheben und es diesen Geschöpfen gleichzutun.

Otto Lilienthal wurde als erstes von acht Kindern im Jahre 1848 als Sohn eines Tuchhändlers in der alten Hansestadt Anklam in Vorpommern geboren. Schon als Student des Maschinenbaues an der Berliner Gewerbe-Akademie baute er gemeinsam mit seinem Bruder Gustav einen „Flügelschlagapparat“ bzw. ein „Schwingenflugzeug“ und experimentierte damit.

Dieser Apparat setzte sich aus drei schmalen hintereinander angeordneten Flügelpaaren zusammen, die sich unterschiedlich und abwechselnd so um die Längsachse bewegten, daß jeweils eine Hälfte der gesamten Fläche aufwärts und die andere nach unten schlug. Diese Flügelschläge wurden durch eine Tretbewegung der Beine des Piloten bewirkt. Die Flügelfläche des 15 kg schweren Apparates betrug ganze 16 Quadratmeter.

Zur Durchführung der Experimente wurde das Gerät außen am Giebel eines Hauses mit einem über zwei Rollen laufenden Seil aufgehängt. In der Ruhestellung wurde der Flügelschlagapparat zusammen mit einer Person durch ein Gegengewicht von 80 kg am anderen Ende des Seiles im Gleichgewichtszustand gehalten. Nach einigen Versuchen, bei denen die Intensität der Flügelschläge den erwünschten Auftriebseffekt erzielte, konnte das Gegengewicht so Zug um Zug vermindert werden.

Schon nach kurzer Zeit waren Otto und Gustav Lilienthal in der Lage, durch die Flügelschläge die Hälfte des Gesamtgewichtes zu heben. Das Gegengewicht konnte somit bis auf 40 kg reduziert werden.

Dieses Experiment bereitete den Weg zu Gleitflugversuchen, die durch Flügelschläge ausgeweitet werden konnten. Neben diesen Versuchen hatten die beiden Brüder, über Jahre hinweg, gemeinsam Messungen über den Luftwiderstand an Tragflächen mit unterschiedlicher Wölbung vorgenommen.

Der „Flügelschlagapparat“ der Lilienthal-Brüder mit den drei hintereinander angeordneten Flügelpaaren.

Mit diesen Untersuchungen begann die Zeit der wissenschaftlichen Erforschung der „Fliegekunst“ und der systematischen Entwicklung der Flugtechnik. Die Versuche wurden mit unterschiedlichen Anstellwinkeln durchgeführt. Dabei wurde das hohe Tragvermögen der schwach gewölbten Tragfläche entdeckt. Die Ergebnisse schrieb Lilienthal in seinem Buch „Der Vogelflug als Grundlage der Fliegekunst“ nieder.

Damals hatte er jedoch allergrößte Mühe, für dieses Buch einen Verlag zu finden. Erst nach langer Suche konnte er eine Berliner Verlagsbuchhandlung für das Buch gewinnen, das letztlich 1889 herausgegeben wurde. Otto Lilienthal mußte die Druckkosten der 1000 Exemplare umfassenden Erstauflage jedoch selbst übernehmen.

In den Folgejahren bis zu seinem Tode wurden nur ganze 300 Stück dieses fundamentalen Werkes verkauft und verschenkt. In der heutigen Zeit ist dieses Buch eine antiquarische Kostbarkeit.

In den darauffolgenden Jahren baute er 18 verschiedene Gleitflugzeuge als Ein- und Doppeldecker. Mit ihnen führte er in Berlin Tausende von Versuchen und Flügen durch. 1893 flog er in den Rhinower Bergen bei Berlin mit 250 m die weiteste nachgewiesene Strecke.

Oben: Otto Lilienthal kurz vor dem Start.
Mitte: Während eines längeren Gleitfluges am Gollenberg bei Stölln im Havelland.
Unten: Lilienthal in seinem letzten Lebensjahr.

Am 9. August 1896 startete Otto Lilienthal am Nachmittag in den Rhinower Bergen zum ersten Flug des Tages. Der Wind war nicht allzu heftig, dafür aber recht böig. Nach zwei Flügen gab er seinem Gehilfen die Stoppuhr, um die Dauer des nächsten Fluges bestimmen zu können. Auch dieser verlief anfangs völlig glatt, bis der Flugapparat infolge eines Windstoßes plötzlich zum Stillstand kam. Daraufhin warf Lilienthal die Beine nach vorn, um Fahrt zu gewinnen. Im selben Augenblick kippte der Gleiter vornüber und stürzte aus etwa 15 m Höhe zur Erde.

Beim Aufschlag wurde Lilienthal an der Wirbelsäule schwer verletzt. Am Spätnachmittag des darauffolgenden Tages verstarb er in der Klinik des Berliner Chirurgen Bergmann.

Otto Lilienthals Opfer war nicht vergeblich. Seine Gedanken lebten fort, seine Flugbegeisterung steckte andere Pioniergeister an.

Wie alles anfing

Wenngleich auch in der Zeit nach dem verlorenen Ersten Weltkrieg das Fliegen in Deutschland durch Verbote sehr eingeschränkt war, so wurde dies doch als nicht ganz so schmerzlich empfunden wie die sechs Jahre des generellen Flugverbots nach dem Zweiten Weltkrieg. Nach dem Ersten Weltkrieg hatte man den Fliegern die Lufthoheit gelassen, und auch der zivile Luftverkehr war, wenn auch in beschränktem Umfang, möglich. Flugsport durfte jedoch keiner betrieben werden.

Darunter verstand man im allgemeinen, da es ja kaum andere Flugzeuge gab, das Fliegen mit Motorflugzeugen. Also mußte das als unmöglich Erscheinende vollbracht, es mußte ohne Motor geflogen werden. Um sich an diese, in vieler Augen kühne und abenteuerliche Aufgabe heranzuwagen, gehörte ein starker Freiheitsdrang und fliegerische Abenteuerlust. Dies gab den Ausschlag für die Entwicklung des Segelfluges in Deutschland und dessen Aufschwung.

Fliegen! – Wie die Vögel. Mit Hilfe der Natur, ohne Motor wie Otto Lilienthal, aber mit Hang und Wind, das war der Leitspruch, der zu dieser Zeit geprägt wurde. Und Wind und Hänge gab es genug auf der Wasserkuppe.

Etwa 400 m erhebt sie sich in der Rhön aus der umliegenden Landschaft. An ihren Berghängen werden die Winde nach oben abgelenkt. Es schien ein ideales Gelände zu sein für den Gleit- und Segelflug. Dieser war es auch, welcher die vielen jungen Menschen verband, die sich damals in der Rhön zusammenfanden. Sie kamen im Sommer 1920, die Flieger aus dem Ersten Weltkrieg, Wissenschaftler, Techniker und die begeisterte Jugend. Man baute Flugzeuge, jetzt ohne Motor, und versuchte mit Konstruktionen, die aus heutiger Sicht vorsintflutlich erscheinen, zu fliegen.

Es gab die ersten Gleitflüge, die nur ein paar Sekunden dauerten. Der Beste, Wolfgang Klemperer, flog in jenem Sommer in 2 Minuten und 23 Sekunden 1830 m weit. Das war ein Sieg über die Elemente mit einem Flugapparat, schwerer als Luft und ohne Motor. Einer jedoch, Eugen von Loessl, stürzte über dem Westhang tödlich ab. Trotzdem ging es von diesem Jahr an weiter.

„Rhönvater“ Oskar Ursinus (links), der Herausgeber der Fachzeitschrift „Flugsport“.

In dem Frankfurter Bauingenieur Oskar Ursinus fanden die Flieger einen Mann, der schon seit langem an die Sache des Segelfluges glaubte und ihnen mit Rat und Fachwissen zur Seite stand. Sein Anliegen war es, durch die Herausgabe der Fachzeitschrift „Flugsport“ für die Sache des Gleit- und Segelfluges zu werben.

Sommer für Sommer trafen sich nun die jungen Segelflieger aus ganz Deutschland auf der Wasserkuppe und erprobten ihre neuesten Maschinen und ihr fliegerisches Können. Sie lernten aus ihrem Versagen und ihren Erfolgen gleichermaßen, sammelten Erfahrung mit den Launen des Windes, lernten mit ihnen umzugehen und sie sinnvoll einzusetzen. Sie brachten Opfer an Zeit und Geld und manche von ihnen auch an Karriere, und sie hatten Verluste an Menschenleben zu beklagen.

Aus all diesem wuchs allmählich der fliegerische Erfolg, ein Triumph, der den Gleit- und Segelflug aus dem Bereich des Gedachten und Erträumten heraushob und ihm zur Wirklichkeit verhalf. Er konnte nun nicht mehr – weder in Deutschland noch in der Welt – übersehen werden. Die fliegerischen Erfolge auf der Wasserkuppe zu Anfang der zwanziger Jahre veranlaßten auch die Medien zu stärkerem Interesse am Segelfliegen. Dadurch wurde der Segelfluggedanke allen Bevölkerungsschichten nähergebracht und verbreitete sich in ganz Deutschland.

Schon von Anfang an war der höchste Berg der Rhön, von dem aus der Segelflug seinen Anfang nahm, von einer gewissen Romantik umwittert. Auf der Wasserkuppe (950 m) entstand im Laufe der zwanziger Jahre für den Segelflug eine einzigartige Stätte, die, im nachhinein betrachtet, zur Keimzelle aller Segelflugschulen der Welt geworden ist. Dort oben schlugen die ersten „Rhönindianer“ ihre Zelte auf. Hier wurde gebaut, geflogen und eine Kameradschaft gepflegt, die eher auf der gemeinsamen Leidenschaft an der Sache Segelflug als auf der Notwendigkeit gegenseitiger Starthilfe beruhte. Es entwickelte sich jener, von den „Alten Adlern“ heute noch so viel gerühmte, mit Wißbegierde und Forschungsdrang gemischte, sportliche Kameradschaftsgeist. Dieser wurde damals als „Rhöngeist“ zu einem einmaligen und tief verwurzelten Begriff in der Fliegerwelt.

Neben der Rhön und den früheren Segelflugzentren Rositten und Grunau wurden auch das Kalte Feld und der Hornberg bei Schwäbisch Gmünd vom Rhöngeist erfaßt, und dort entwik-

Josef Schedel vor seinem kompliziert verspannten Hängegleiter im Jahre 1910.

IIIS-168

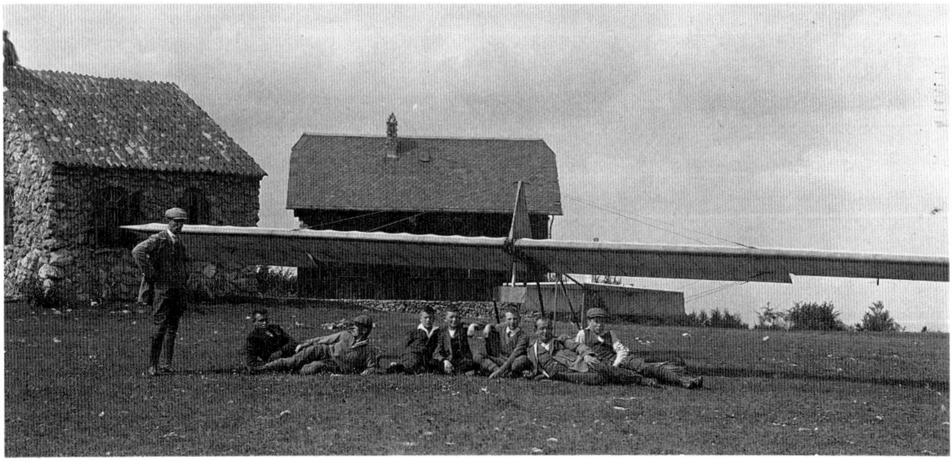

Linke Seite:
Oben: Die „Wiege des Hornbergs", Schedels selbstgebauter Schuppen in Unterbettringen.
Mitte: Schedels „ARG-Zögling" im transportbereiten Zustand.
Unten: Die „Lilienthalgruppe" (FAG Gmünd II) auf dem Kalten Feld 1928. Links im Bild die „Villa Maus", rechts das „Franz-Keller-Haus".

Links: Josef Schedel (1891–1945)

kelte sich ein bedeutendes Zentrum des Segelfluges. Deshalb ist der Hornberg zusammen mit den drei vorgenannten wohl als eine der Wiegen des Segelfluges zu bezeichnen.

Wann überhaupt und von wem der absolut erste „Rutscher", „Hüpfer" oder gar „Flug" auf dem Kalten Feld bzw. dem Hornberg absolviert wurde, ist wohl nicht mehr feststellbar. Fest steht jedoch, daß es in Schwäbisch Gmünd einen jungen Pionier und begeisterten Verfechter des Fluggedankens gab. Sein Name war Josef Schedel. Bereits seit 1909 konstruierte er in Anlehnung an Otto Lilienthals Gleitflugzeuge sein erstes Flugzeug, das für die damalige Zeit schon eine beachtliche Leistung darstellte. Sein eifriges und opferbereites Schaffen wurde jedoch jäh vom Ausbruch des Ersten Weltkrieges unterbrochen.

Als nach Kriegsende den deutschen Fliegern durch den Vertrag von Versailles die Flügel gestutzt wurden, d.h. der Motorflug verboten war, war es in der Schwäbisch Gmünder Gegend wiederum Josef Schedel, der zuerst für die Idee des motorlosen Fluges gearbeitet und geworben hatte. In Unterbettringen, heute ein Stadtteil von Schwäbisch Gmünd, baute er einen Schuppen, der ihm als Werkstatt diente und die er treffenderweise „Wiege des Hornbergs" nannte. Dort begann er 1926 mit dem Bau eines Gleitflugzeuges vom Typ „RRG-Zögling".

Bereits im darauffolgenden Jahr konnte er das ganz in Eigenarbeit und unter großen finanziellen Opfern gebaute Flugzeug fertigstellen und auf den Namen „Kaltes Feld" taufen. Jetzt fehlte nur noch ein geeigneter Hang, wo die Maschine eingeflogen werden konnte. Es begann die Suche nach einem Fluggelände. Daß hierbei für ausgedehnte längere Flüge nur das Kalte Feld in Frage kam, war für „Papa Schedel", wie er von seinen Kameraden genannt wurde, nach gründlichem Studium der Gelände- und Windverhältnisse schon Mitte der zwanziger Jahre selbstverständlich. Zuerst aber brauchte man Schulgelände. So testete er zusammen mit einer Schar flugbegeisterter junger Männer aus Unterbettringen und Gmünd verschiedene ihm geeignet erscheinende Berghänge in der Umgebung.

Die ersten Starts, die damals in dieser Gegend noch etwas Neues und Außergewöhnliches waren, wurden Ostern 1928 auf dem Lindenfeld, dem nördlichsten Teil des Kalten-Feld-Geländes ausgeführt. Später dann, im Frühsommer, wurde noch am Klarenberg in Schwäbisch Gmünd, am Stuifen bei Waldstetten und am Messelberg bei Donzdorf geflogen. Als die Flugleistungen dann allmählich besser wurden, zog man im August 1928 zum erstenmal auf Schedels Wunsch- und Traumgelände, das Kalte Feld. Nachdem sich die Schedel-Gruppe dem Württembergischen Luftfahrtverband (WLV) angeschlossen hatte, nannte sie sich von nun an Flug- und Arbeitsgruppe (FAG) Gmünd II und gab sich aus Bewunderung und in Würdigung der Leistungen Otto Lilienthals den Beinamen „Lilienthalgruppe".

Unmittelbar danach, im Jahr 1930, nahm sie am 2. Württembergischen Heimatwettbewerb teil, aus dem sie als Gewinner im Schulungswettbewerb hervorging. Dieser wird an späterer Stelle im Kapitel „Erster Wettbewerb" noch genauer beschrieben. Die erste C-Prüfung, die

Die erste C-Prüfung im Bereich des „Kalten-Feld-Geländes“ legte Josef Schedel am 24. November 1931 ab. Der Start erfolgte am Nordhang des Kalten Feldes.

auf dem Kalten Feld bzw. dem Hornberg überhaupt abgelegt wurde, war die von Josef Schedel am 24. November 1931 auf dem von ihm selbstgebauten „RRG-Zögling“.

Aufgrund all dieser Tatsachen liegt es wohl auf der Hand, daß ihm das Verdienst zugesprochen werden kann, den Hornberg für den Segelflug erschlossen zu haben.

Der Einfluß der Rhön-Rositten-Gesellschaft

Die Mitglieder der Flug- und Arbeitsgruppen fanden in der Rhön-Rositten-Gesellschaft eine große Hilfe und Weggefährtin, mit der in fliegerischer Hinsicht mancher Weg nicht so hart zu gehen war. Das Ziel der Gesellschaft war es unter anderem, den FAG's unnötige Mühe und Arbeit zu ersparen und sie nach Möglichkeit vor vermeidbaren Mißerfolgen zu schützen. Sie hatte wesentlichen Einfluß auf die Entwicklung der Segelflugschulen und der Segelfliegerei in ganz Deutschland.

Angeregt durch die Erfolge der ersten Rhönwettbewerbe hatte die Segelflugbewegung auch in Württemberg viele Anhänger gefunden. An Hochschulen und in den Flug- und Arbeitsgruppen wurde konstruiert, gebaut und geflogen. Aus teilweise belächelten Anfängen haben intensive wissenschaftliche Arbeiten Segelflugzeuge geschaffen, die in aerodynamischer Hinsicht und in konstruktiver Kühnheit eine Höchstleistung darstellten. Diese Arbeit hatte außerdem auf den Bau von leichten Motorflugzeugen entscheidenden Einfluß.

War auch das Segelfliegen im Hangaufwind der Mittelgebirge und der Seedünen schon seit 1922 kein Problem mehr, so blieben dennoch viele Fragen technischer wie wissenschaftlicher Art offen, zu deren Untersuchung und Lösung das Segelflugzeug besonders geeignet erschien.

Um einerseits all diese Fragen, deren Bedeutung gerade auch für den Motorflug und den Luftverkehr von den maßgebenden Stellen erkannt wurde, planmäßig zu bearbeiten und um andererseits der sportlichen Segelflugbewegung Ziel und Richtung im Hinblick auf die Verbreitung des Fluggedankens in breiten Schichten der Bevölkerung zu geben, wurde im Herbst 1924 die „Rhön-Rositten-Gesellschaft“ (RRG) gegründet. Ursprünglich war sie nur als „Rhönfluggesellschaft“ vorgesehen, um die von den Veranstaltern der Rhön-Wettbewerbe, der Südwestgruppe des Deutschen Luftfahrtverbandes (DLV) und dem Deutschen Modell- und Segelflug-Verband erstellten Anlagen auf der Wasserkuppe zu übernehmen und zu verwalten. Eine weitere Aufgabe war die Beschaffung von Mitteln für den Segelflug durch geeignete Werbung.

Schon bald nach ihrer Gründung übernahm die Gesellschaft die Fortführung der durch den „Ostpreußischen Verein für Luftfahrt“ in Rositten begonnenen Arbeiten. Weitere Schwerpunkte lagen außerdem auf der Durchführung und der Förderung eines sportlichen Segelflugbetriebes

Reparatur von beschädigten Flugzeugen im Fliegerlager auf der Wasserkuppe.

Rositten/Ostpreußen 1925: Flug im Hangaufwind der Seedünen.

sowie der Einrichtung und Betreibung einer Forschungsstelle für Segelflug in der Rhön. Gerade auf diesen letzten Punkt wurde seitens der RRG immer mehr gesteigerter Wert gelegt. Im April 1925 wurde das Forschungsinstitut auf der Wasserkuppe errichtet. Es bezog im Sommer desselben Jahres sein Heim in einem neugebauten, massiven Blockhaus in der Nähe der Stelle, an der die Pioniere der frühen zwanziger Jahre mit Zelten und Hütten ihr Fliegerlager errichtet hatten.

Zunächst mit je einem Meteorologen, Aerodynamiker und Flugtechniker besetzt, erhielt das Institut im Frühjahr 1926 in der Person von Professor Dr. Walter Georgii einen Direktor, der gleichzeitig den Lehrstuhl für Flugmeteorologie an der Technischen Hochschule in Darmstadt innehatte und dadurch eine enge Zusammenarbeit mit den anderen großen Luftfahrtinstituten gewährleisten konnte. Durch seine Stellung als Vorsitzender des Deutschen Modell- und Segelflugverbandes war er die denkbar beste Verbindung mit der gesamten, an der Segelflugbewegung aktiv beteiligten Jugend.

So vermochte das Forschungsinstitut neben seiner rein wissenschaftlichen Tätigkeit den seinerzeit wie Pilze aus dem Boden schießenden Flug- und Arbeitsgruppen mit Rat und Tat zur Seite zu stehen und ihre Arbeiten in die richtigen Bahnen zu lenken. Dadurch ersparten sich die Gruppen Zeit, Mühe und Geld und wurden vor vielen Enttäuschungen bewahrt. Solche

Enttäuschungen waren zur damaligen Zeit unvermeidbar, wenn sich, wie es Mitte der zwanziger Jahre oft der Fall war, flugbegeisterte junge Leute ohne hinreichende technische Kenntnisse an den Bau von Segelflugzeugen wagten.

Das Forschungsinstitut entwickelte daher im Frühjahr 1926 zwei Typen von Schulflugzeugen, die sich sowohl in den Schulen der RRG als auch bei den jährlichen Rhönwettbewerben glänzend bewährt hatten und nunmehr von den Flug- und Arbeitsgruppen nachgebaut werden konnten. Ferner versuchte die RRG den Segelflug in ganz Deutschland dadurch zu fördern, daß sie in ihren beiden Schulen, der im Herbst 1925 übernommenen Fliegerschule Martens auf der Wasserkuppe und der im Mai 1926 eröffneten Schule am Predienberg bei Rositten (Ostpreußen), mit möglichst geringen Kosten jungen Leuten eine Flugausbildung ermöglichte. Dies waren in erster Linie junge Männer, die sich als Flugzeugkonstrukteure oder Flugzeugführer betätigen wollten oder als Segelfluglehrer in ihren Vereinen zu arbeiten beabsichtigten.

Die beiden Schulen wurden nach einheitlichen Richtlinien geleitet. Während in der Rhön hauptsächlich nur Fortgeschrittene sowie Schüler mit gewissen technischen Vorkenntnissen aufgenommen wurden, war Rositten zu Beginn in erster Linie als eine reine Anfängerschule vorgesehen. Die Verbindung der Schulen mit dem Forschungsinstitut auf der Wasserkuppe gewährleistete somit eine fruchtbare Koordination der Ausbildung von Theorie und Praxis.

Diese zielgerichtete Zusammenarbeit führte schließlich dazu, daß in den Jahren 1926 und 1927 der Bau von Segelflugzeugen im Reichsgebiet stark zunahm. Nachdem, wie schon erwähnt, gewisse Standardtypen wie der „RRG-Zögling" entwickelt waren, hatte der eigentliche sportliche Leistungswettstreit, bei etwa gleichen Vorbedingungen in den Wettbewerben, durch einheitliche Flugzeugtypen immer mehr an Bedeutung gewonnen.

Der Weg zum Segelflieger

Die Beschreibung der erstaunlichen fliegerischen Leistungen in der Rhön, in Grunau und Rositten sowie nicht zuletzt auch in der Gmünder Gegend haben Ende der zwanziger Jahre in vielen jungen Leuten den Wunsch aufkommen lassen, selbst Segelflieger zu werden. Die Erfüllung dieses Wunsches war in dieser Zeit fast nur über die vielerorts in Württemberg entstandenen Flug- und Arbeitsgruppen (FAG) möglich.

Von diesen wurde auch schon damals versucht, junge Männer für den Flugsport zu werben, nur eben in der durch diese Zeit geprägten, teilweise politischen, deutschnationalen Eigenart.

Werbeslogans wie „Segelfliegen ist nicht schwarze Kunst“, „Deutsche Jugend lerne fliegen“ oder „Luftfahrt tut not – denkt an Versailles“ sind eigentlich nur die bekanntesten von vielen.

Oben: Luftfahrt-Werbewoche 1930. Die Flug- und Arbeitsgruppe Gmünd II („Lilienthalgruppe“) mit ihrem Werbewagen in der Innenstadt von Schwäbisch Gmünd. Ganz links Josef Schedel.
Unten: Werbeslogan Ende der zwanziger Jahre.

Titel der Erstausgabe der WLV-Verbandszeitschrift „der Adler“, November 1926.

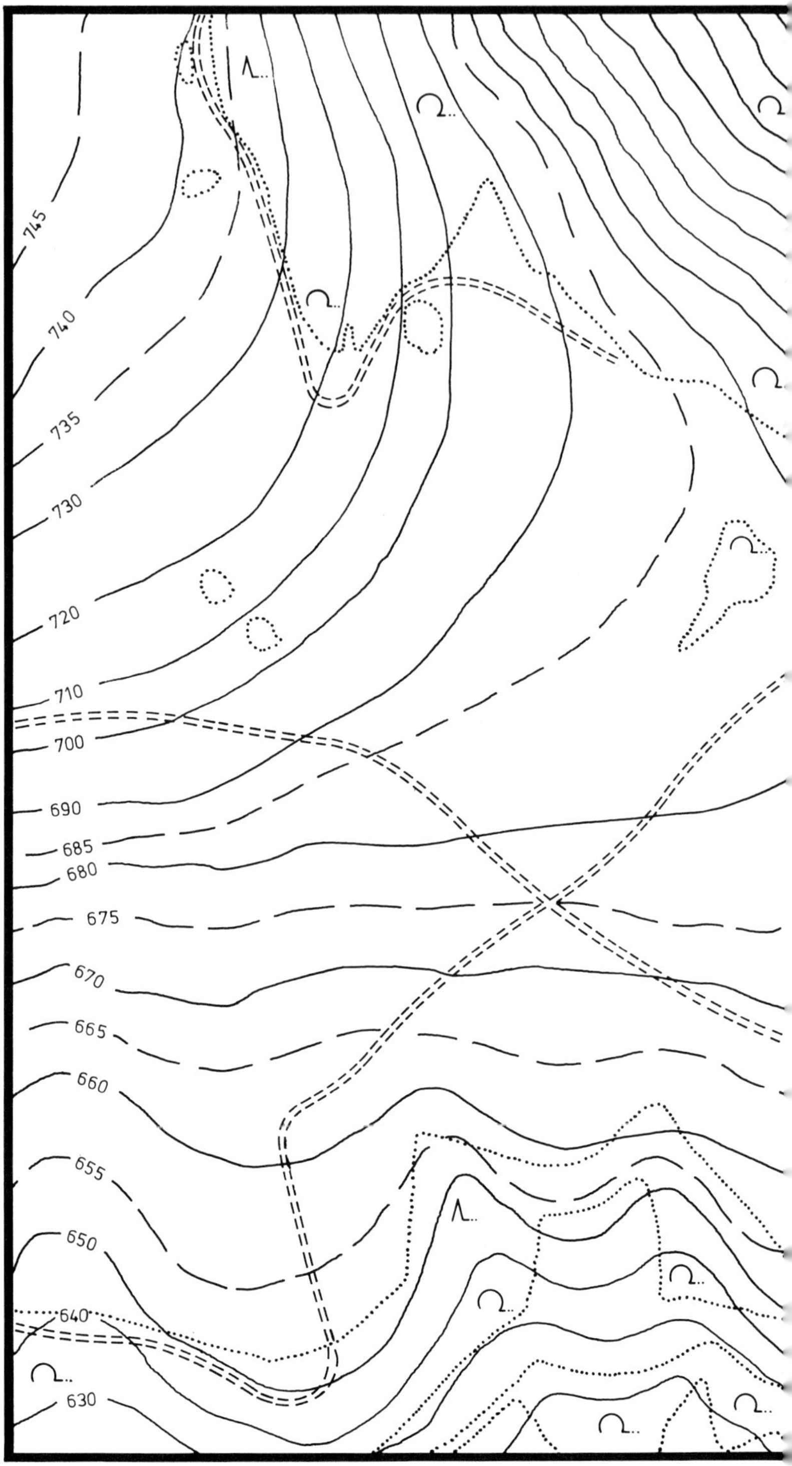

Lage des Feldstalles des Saurenhofbauern, dem ersten Gebäude auf dem Hornberg 1929.

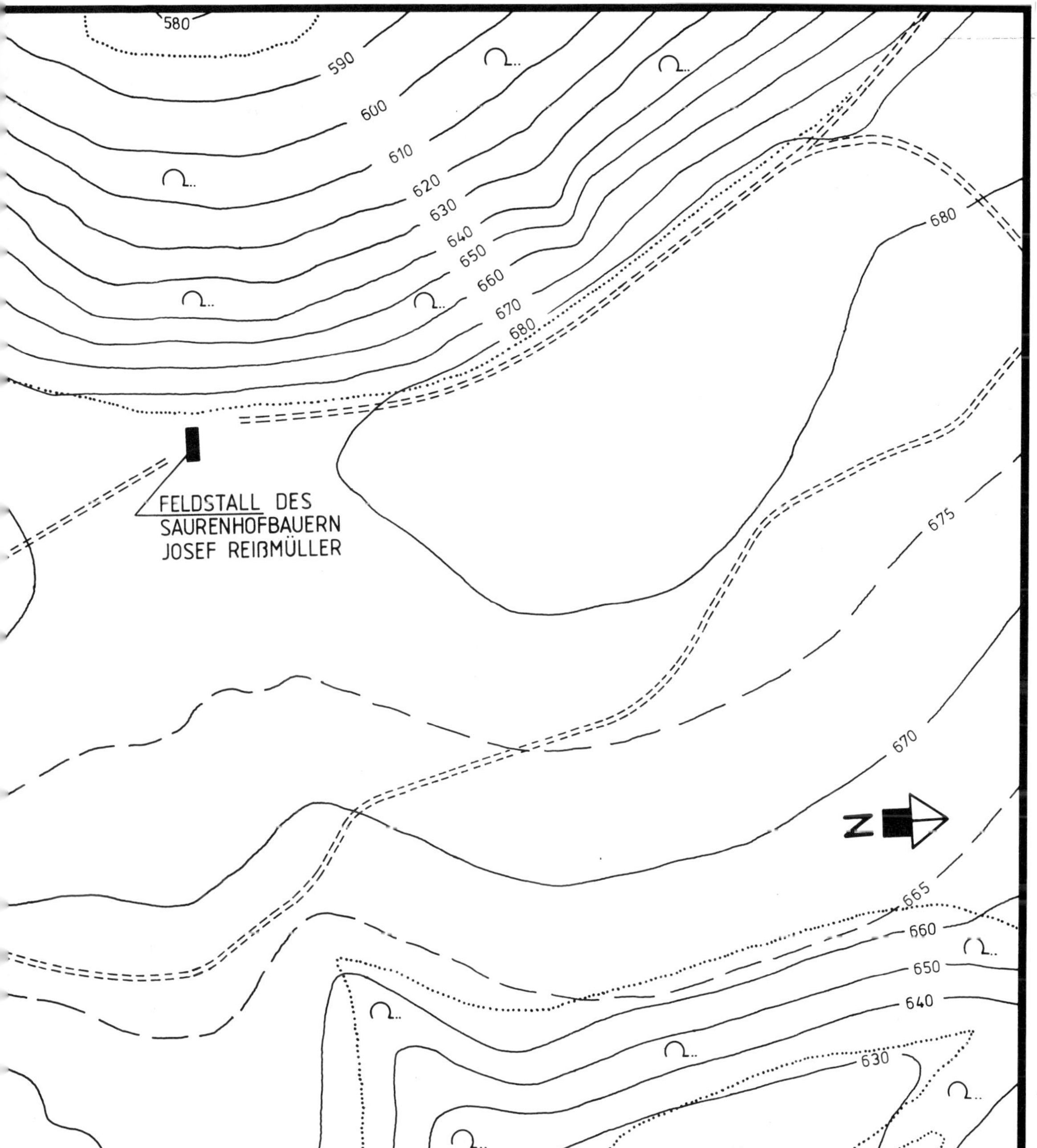
580
590
600
610
620
630
640
650
660
670
680
680
675
670
665
660
650
640
630
620
FELDSTALL DES
SAURENHOFBAUERN
JOSEF REIßMÜLLER
N
0
100
200
300 m

Werbung im Januar 1929

... nicht nur Onkels und Tanten, die dem Herrn Neffen eventuell gerne zum Fliegenlernen verhelfen wollen, gilt es zu bearbeiten; nein, jeder, mit dem man im täglichen Leben in Verbindung steht, muß gewonnen werden. Vom Friseur bis zum Metzger und von der Stammkneipe bis zum Milchmann!

Im allgemeinen wurden junge, tatkräftige und mutige Männer gesucht, die zudem über schnelle Entschlußkraft und Selbstvertrauen verfügten. Die Bewerber wurden zuerst durch ein Mitglied der FAG dem Gruppenleiter vorgestellt. In der darauffolgenden gruppeninternen Beratung wurde über die Aufnahme des Bewerbers als Gast in der Werkstatt und auf dem Fluggelände entschieden. Nach der Abstimmung zugunsten des Neulings mußten, bevor überhaupt geflogen wurde, etwa 100 Arbeitsstunden in der Werkstatt abgeleistet werden. Diese Probezeit war erforderlich, um den „Frischling" genau kennenzulernen und seine „Brauchbarkeit und charakterliche Eignung" zu testen. Dem Bewerber sollte mit der anfänglichen reinen Werkstattarbeit auch verdeutlicht werden, daß der Weg zum Segelflieger nicht nur in fliegerischer Hinsicht über Entbehrungen führt. Auch „fliegerische Zusammengehörigkeit, Uneigennützigkeit und Manneszucht" waren gefordert.

Linke Seite: Singstunde der Flug- und Arbeitsgruppe Gmünd I in ihrer Werkstattbaracke.
Rechts: Emblem des Württembergischen Luftfahrtverbandes e.V.

Nach Ableistung der erforderlichen Arbeitsstunden wurde in geheimer Wahl über die Aufnahme als vollwertiges Mitglied abgestimmt. Daran anschließend erfolgte die Bestätigung des Bewerbers durch den FAG-Leiter. Dabei wurden ihm folgende Vereinsbestimmungen bekanntgegeben:

- Unterordnung unter den FAG-Leiter und seine engeren Mitarbeiter
- Einhaltung der Kameradschaft
- Hingabe an die Segelfliegerei
- Freihaltung von politischen Kämpfen

Nach seiner Aufnahme hatte der fliegerische Neuling z.B. bei der FAG Gmünd I im Jahre 1933 einen monatlichen Mitgliedsbeitrag von 1 Reichsmark und einen vierteljährlichen Versicherungsbeitrag von 1,50 Reichsmark zu entrichten. Auch damals wurden wie auch heute alle Vereinsangehörigen zugleich auch Mitglieder im Württembergischen Luftfahrtverband (WLV). Neben einer Aufnahmegebühr von 1 Reichsmark mußten Jugendliche bis 25 Jahre zusätzlich 2 Reichsmark und „ordentliche Mitglieder" über 25 Jahre jährlich das Doppelte an den Verband entrichten. Als Begrüßungsgeschenk bekam jedes FAG-Mitglied das Abzeichen des WLV. Die damals noch junge Verbandszeitschrift „der Adler" wurde zusätzlich frei Haus geliefert. Nach Erledigung einiger „kleiner Verwaltungsformalitäten" wurde der Jungflieger dann in das Flugprogramm nach „Maßgabe seiner bisherigen Leistungen" eingereiht.

Segelflieger-ABC

Das neu aufgenommene FAG-Mitglied, das bisher schon als Gast auf dem Fluggelände mit Hand angelegt hatte, wurde nun erstmals in ein Flugzeug gesetzt. Es lernte zunächst auf der in den Wind gedrehten Maschine das „Pendeln". Hierbei waren mit gefühlvollen Querruderausschlägen die Flächen möglichst waagerecht zu halten. Hatte der Flugschüler durch diese Übung die „Beherrschung des Knüppels" bewiesen, ging man zu „Rutschern" mittels Gummiseilstart über. Dabei lernte er die Ruderwirkungen und die dadurch hervorgerufenen Bewegungen der Maschine kennen. Nachdem er sich hierbei einigermaßen geschickt angestellt hatte, wurde die Startstelle etappenweise hangaufwärts verlegt und die Startgeschwindigkeit nach und nach gesteigert.

Sinn dieser Vorgehensweise war die allmähliche Gewöhnung an die Flughöhe. Von einigen Zentimetern bis etwa 30 Meter Höhe wurden die Fähigkeiten des Flugschülers dann bis zur sogenannten A-Prüfung gesteigert. Diese hatte er nach dem ersten Gleitflug von 30 Sekunden Dauer bestanden. Vom Fluglehrer bekam er dann das Gleitfliegerabzeichen A angeheftet. Es bestand aus einer runden Plakette, die auf blauem Grund eine stilisierte weiße Möwe zeigt.

Nach der A-Prüfung, deren Zweck die Beherrschung des Geradeausfluges und das „Halten" der Maschine war, folgte als nächstes Ziel die Schulung zur B-Prüfung. Sie erforderte fünf Flüge von mindestens je 60 Sekunden Dauer und einer geflogenen S-Kurve je Flug. Nach bestandener A-Prüfung wurde die Startstelle zur B-Prüfung wieder etappenweise höhergelegt, bis letztendlich die volle Hanghöhe erreicht war, von der aus die für die B-Prüfung erforderliche Zeit geflogen werden konnte.

Damals wurde die B-Prüfung von vielen als das schwerste Hindernis in der fliegerischen Ausbildung empfunden. Während bei der A- und der C-Prüfung nur ein einziger gelungener Flug erforderlich war, sind bei der B-Prüfung oft weit mehr Versuche als die obligatorischen fünf Flüge zum Bestehen notwendig gewesen.

Dies zehrte nicht nur an der körperlichen Kraft der Startmannschaft, die das Flugzeug nach beendetem Flug ständig wieder hangaufwärts ziehen mußte. Auch an die Konzentrationsfähigkeit des Flugschülers wurden dadurch hohe Anforderungen gestellt.

Die A- und die B-Prüfung waren sogenannte „Gleitfliegerprüfungen", d.h., während der Flüge wurde zwischen Start und Landung ein Höhenunterschied verflogen. Bei der darauffolgenden einfachen C-Prüfung mußte vom Prüfling erstmals ein Flug von mindestens fünf Minuten Dauer absolviert werden. Dabei war höher als der Startpunkt zu fliegen und anschließend in Starthöhe zu landen.

Im theoretischen Teil waren Kenntnisse der „Wind- und Maschinenverhältnisse usw." nachzuweisen. Danach wurden in der Regel noch einige Flüge auf der Schulmaschine ausgeführt. Nachdem der junge C-Pilot bewiesen hatte, daß er die „Flugtechnik" beherrscht, wurde er in eine Leistungsmaschine gesetzt und „über den Hang gelassen".

In diesem Flugzeug ist er nun zum erstenmal mit Fluginstrumenten konfrontiert worden. Alles, was er bis jetzt während des Fluges gefühlsmäßig tat, fand er von jetzt an in Instrumenten wie Höhen- und Fahrtmesser bestätigt. Während der Pilot bis zur C-Prüfung hauptsächlich nur relativ kurze Übungsflüge ausführen konnte, waren Flüge mit instrumentierten Flugzeugen zu jener Zeit der Sprung in den Leistungsflug. Sein ganzes Augenmerk galt von da an längeren Dauer-, Höhen- und Streckenflügen. Segelflugweltrekorde mit rund 20 Stunden Flugdauer, 2500 m Startüberhöhung oder ein Streckenflug von annährend 300 km bildeten zu Beginn der dreißiger Jahre den Ansporn zu vielen beachtlichen Leistungen.

Wollte ein Segelflieger außerhalb eines amtlich zugelassenen Segelfluggeländes starten, so mußte er Inhaber eines polizeilich anerkannten Ausweises, des „Segelflugzeug-Führerscheines" (amtliche C-Prüfung) sein. Für diesen mußte er vor Sportzeugen der RRG, des DLV oder der Luftpolizei zusätzlich eine umfangreiche theoretische Prüfung ablegen.

Als praktische Prüfung waren für den Segelflugzeug-Führerschein fünf Segelflüge von insgesamt 30 Minuten Dauer nachzuweisen. Dabei durfte eine einzelne Mindestflugdauer von zwei Minuten nicht unterschritten werden. Zur Ausstellung des begehrten Papieres war zusätzlich ein ärztliches Tauglichkeitszeugnis beizubringen. Dieser Segelflugzeug-Führerschein entspricht in heutiger Zeit dem Beiblatt C des Privatpilotenscheines.

Erforderliche Kenntnisse für die theoretische Prüfung des polizeilich anerkannten Segelflugzeug-Führerscheines (amtliche C) im Jahre 1932:

1. Grundbegriffe der Segelflugzeugkunde einschließlich der Beurteilung der Verkehrssicherheit des Segelflugzeugs; darunter ist zu verstehen: Was ist Segelfliegen, Unterschied zwischen Gleitflug und Segelflug, Erklärung der Begriffe Gleitwinkel, Sinkgeschwindigkeit, Horizontalgeschwindigkeit und deren Beziehungen zueinander, Erklärung eines Flugzeuges in seinen Hauptteilen, Darlegung der verschiedenen Gleit- und Segelflugzeugtypen und ihre Verwendungszwecke und Beurteilung der Verkehrssicherheit durch Beschreibung der vor einem Fluge zu prüfenden Teile (Anschlüsse, Sicherungen, Seil- und Drahtverbindungen, Ruderhebel, Starthaken, Auslösevorrichtung).
2. Das Verhalten während des Fluges auch in besonderen Fällen. Kurvenfliegen, Verhalten beim Abrutschen, Verhalten beim Trudeln, Beschreibung des Starts, Verhalten bei Fehlstarts, Beschreibung der Landung und das Aussehen eines geeigneten Landefeldes.
3. Die Luftströmungen und ihr Einfluß auf die Segelflugzeuge. Allgemeine Wetterkunde, Wolkenkenntnis. Aufwindarten und die Art ihrer Ausnützung. (Hangaufwind, thermischer Aufwind, Wolken, Gelände, Frontenaufwind.) Ausnützung dynamischer Effekte, Geländebeurteilung.
4. Die Vorschriften der Verordnung über Luftverkehr, soweit sie das Segelflugzeug betreffen, z.B. Was ist ein ständiges Übungsgelände (Hierzu: Gottscho „Luftverkehrsrecht", Preis RM. 6.50).
5. Erste Hilfe bei Unglücksfällen.

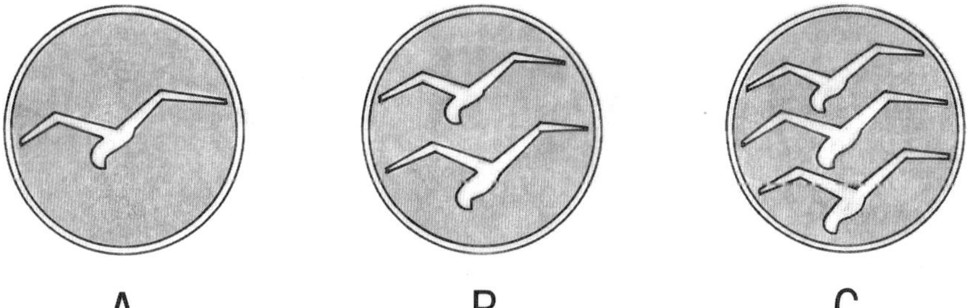

A B C

Mitte der zwanziger Jahre enstanden die Symbole der A-, B- und C-Prüfung.

Die Entwürfe der drei Segelflugabzeichen stammen von Fritz Stamer. Sie symbolisieren das Flugbild der weißen Möven, deren Flugverhalten schon Otto Lilienthal studierte. Der Hintergrund stellt das Blau des Rhönhimmels bei gutem Flugwetter dar.

(Aus „Über sonnige Weiten" von Peter Riedel)

Erster Wettbewerb

Der erste Wettbewerb im Bereich des Kalten Feldes fand im Jahre 1930 statt. Vom 5. Oktober bis 30. November trafen sich Flug- und Arbeitsgruppen aus ganz Württemberg. Aus Kirchheim/Teck, Geislingen, Schorndorf und Schwäbisch Gmünd, ja sogar aus Stuttgart, Bad Cannstatt, Zuffenhausen und Ludwigsburg kamen die Flieger mit ihren Flugzeugen angereist. Dieser „2. Württembergische Heimatwettbewerb“ gliederte sich in einen Schulungs- und einen Übungswettbewerb. Die dabei verwendeten Flugzeuge mußten von den Bewerbern ausschließlich selbst gebaut worden sein. Der für Anfänger bestimmte Schulungswettbewerb bewertete unterschiedliche Kriterien mit verschieden hohen Punktzahlen. Dabei sollte die Ausbildungsqualität bewertet werden.

Für Flüge über 30 Sekunden gab es einen Punkt, für eine Flugdauer über 60 Sekunden zwei Punkte. Ein Flug von 90 Sekunden und mehr wurde mit drei Punkten bewertet. Für eine Gleitflieger-Prüfung B erhielten die Piloten sechs und für eine Segelflieger-Prüfung C zwölf Punkte gutgeschrieben. Die größte Gesamtflugdauer einer Maschine innerhalb des Wettbewerbszeitraumes wurde im Schulungswettbewerb zusätzlich mit einem Sonderpreis belohnt. Dafür wurden nur Flüge mit einer Dauer von über zwei Minuten gewertet.

Am Übungswettbewerb durften laut Ausschreibung nur Flugzeugführer teilnehmen, welche die C-Prüfung nach dem 1. Januar 1930 erfüllt hatten. Um in die Wertung zu kommen, wurden von diesen erfahrenen Fliegern mindestens zwei Flüge mit wenigstens 15 Minuten Flugdauer verlangt. Die für den Wettstreit notwendigen Flüge konnten auf jedem zugelassenen Fluggelände durchgeführt werden. Der Wettbewerb konzentrierte sich jedoch auf das Kalte-Feld-Gelände, das Teckgelände, den Hohenkarpfen bei Spaichingen auf der Schwäbisch Alb sowie Fluggelände bei Künzelsau und Wangen im Allgäu.

Nachdem die genauen Wettbewerbsbedingungen bekannt gegeben waren, galt es innerhalb von wenigen Tagen, die erforderliche Anzahl von Sportzeugen zur Bestätigung der geflogenen Leistungen zu mobilisieren. Zudem bereitete die Geländefrage im Schwäbisch Gmünder Raum noch einiges Kopfzerbrechen, da gerade kurz vor Beginn des Wettbewerbes neue behördliche Vorschriften bezüglich der Geländezulassung herauskamen. Diese Probleme konnten jedoch gelöst werden. So stand dem Beginn des Wettstreites unter der Leitung von Albrecht Kurrer und Josef Schedel nichts mehr im Wege.

Alte Fliegerregel

Wenn Flughöhe groß, dann Kühe klein,
wenn Flughöhe klein, dann Kühe groß!

Der erste Wettbewerbstag auf dem Lindenfeld stand wettermäßig unter keinem guten Stern. Stark aufgeweichter Boden und die zeitweiligen Regenschauer forderten den verschiedenen Gruppen manche harte Kraft- und Ausdauerprobe ab. Die nachfolgenden Flugtage waren wetter- und windmäßig auch nicht gerade gut für Wettbewerbsflüge geeignet. Nach insgesamt nur sieben Wertungstagen fand der „2. Württembergische Heimatwettbewerb“ seinen Abschluß. Das am 2. Dezember unter dem Vorsitz von Ministerialdirektor Staiger zusammengetretene Preisgericht konnte als Sieger im Schulungswettbewerb die FAG Gmünd II (Lilienthalgruppe) feststellen. Mit einer Gesamtpunktzahl von 227 Punkten erhielt sie einen Geldpreis von 302 Reichsmark und als Ehrenpreis einen Anemo-Tachometer. Der Sieg wurde mit 88 Starts und acht B-Prüfungen auf dem verkleideten „Zögling“ der Gruppe erflogen.

Den zweiten Platz erkämpfte sich die FAG Stuttgart I mit 179 Punkten und 62 Starts (vier B-Prüfungen). Sie erhielt 238 Reichsmark und als Ehrenpreis ebenfalls einen Anemo-Tachometer. Als Dritter in der Wertung wurde die FAG Gmünd I (156 Punkte und 52 Starts) mit 208 Reichsmark und einem Gummi-Startseil belohnt. Den Sonderpreis für die größte Gesamtflugdauer einer Maschine holten sich mit einer Zeit von einer Stunde und 79 Sekunden die Flieger aus Kirchheim/Teck.

Der Übungswettbewerb litt sehr stark unter der Ungunst des Windes. Die erforderliche Mindestbedingung von zwei Flügen mit mindestens 15 Minuten Dauer konnte nur von der Akademischen Fliegergruppe Stuttgart erfüllt werden, die mit drei Flügen eine Gesamtflugzeit von einer Stunde und 11 Minuten erreichte. Ein Flugzeugführer namens Röhm flog bei einem seiner Flüge mit dem Hochleistungssegelflugzeug „Stadt Stuttgart" einen Wettbewerbsrekord von 40 Minuten Dauer.

Mit dem 1. Platz der FAG Gmünd II auf dem Kalten-Feld-Gelände wurde dieses in Württemberg auch als „Siegergelände" bezeichnet und bekannt. Dies zeigte sich anschließend auch im regen Zuspruch der auswärtigen Fluggruppen, die von nun an verstärkt das Gelände nutzten. Diese Art von Wettbewerb wurde in den Folgejahren zu einer ständigen Einrichtung des WLV, bei der die Zahl der teilnehmenden Gruppen von Jahr zu Jahr anstieg.

Der Weg zur Errichtung der Segelflugschule

In Württemberg lebte Mitte der zwanziger Jahre ein Großteil der deutschen Segelflieger. Hierdurch entstanden in vielen Orten leistungsfähige Flug- und Arbeitsgruppen, die sich im Jahre 1926 gegründeten „Württembergischen Luftfahrtverband" (WLV) zusammenschlossen. Sie waren zu dieser Zeit dauernd auf der Suche nach neuen, ständig benutzbaren Fluggeländen. In der Regel erlaubten die ortsansässigen Bauern die Benutzung ihrer Wiesen, Äcker und Hänge nur zwischen dem Einbringen der Ernte und dem Aussäen der Frucht. Bei der starken Ausdehnung der Segelflugbewegung in Württemberg entstand nicht nur deshalb immer mehr das Bedürfnis nach einer zentralen Flugübungsstelle zur systematischen gestrafften Ausbildung und Weiterschulung.

Betrachtet man die schwierigen Umstände, mit denen die Gruppen bezüglich der Fluggelände mit Bauern und Gutsbesitzern zu kämpfen hatten, um sich überhaupt fliegerisch betätigen zu können, kann man verstehen, daß dieses Vorhaben schnellstens verwirklicht werden mußte. Aus dieser Tatsache heraus gesehen, wurde es natürlich unumgänglich, für die württembergischen Segelflieger ein zentrales ständiges Fluggelände mit den entsprechenden Einrichtungen und einer guten Infrastruktur zu schaffen. Daraufhin wurden verschiedene zur Auswahl stehende Gelände systematisch auf ihre Eignung hin getestet.

Dazu begutachtete 1929 eine Kommission des WLV das Kalte Feld und den Hornberg. Zunächst wurden zur Geländebeurteilung verschiedene Expertenmeinungen eingeholt, welche die Eignung des Kalten Feldes und des Hornberges für den Segelflug bestätigen sollten. Unter den Sachverständigen befand sich auch der Direktor der Rhön-Rositten-Gesellschaft, Prof. Dr. Walter Georgii, der das Gelände bezüglich der flugmeterorologischen Verhältnisse bewertete. Die fliegerischen Erfahrungen von Josef Schedel und Albrecht Kurrer flossen zusätzlich in die Begutachtung mit ein. Nicht zuletzt diese Erfahrungen führten zu einem gemeinsamen abschließenden Lob über die Vorzüge der vorhandenen Hänge, der Windverhältnisse und der Flugmöglichkeiten.

Aus heutiger Sicht betrachtet, waren eigentlich schon allein die gelungenen Gleit- und Segelflüge, die um das Jahr 1928 im Bereich von Kaltem Feld und Hornberg von Mitgliedern der verschiedenen Flug- und Arbeitsgruppen ausgeführt wurden, Beweis genug für eine Eignung

als ständiges Fluggelände. Ergänzend sei bemerkt, daß es neben den Befürwortern auch Stimmen gab, welche die gleichen fliegerischen Entfaltungsmöglickeiten, wie sie in der Rhön, in Grunau und Rositten gegeben waren, für den Hornberg in Frage stellten.

Von diesem Zeitpunkt an wurde die Schaffung eines Schullagers auf dem Hornberg ins Auge gefaßt, scheiterte jedoch zunächst an den Kosten. Auf der Suche nach einem Alternativgelände wollte der WLV auf dem der Teck vorgelagerten „Hohenbol" eine entsprechende Anlage schaffen. Doch aus diesem Vorhaben wurde nichts, da es dort beim Grundstückskauf Schwierigkeiten gab. Der Plan einer zentralen Flugschule für die württembergischen Segelflieger war damit zunächst begraben. Vorläufige Lager entstanden in Deuchelried bei Wangen im

Linke Seite: Montage des „Grunau-Baby I" der Flug- und Arbeitsgruppe Gmünd I auf dem Lindenfeld.

Oben: Schedels „RRG-Zögling" im Flug über dem Hornberg.

Rechts: Die „HIIPI-Lore" der FAG Gmünd I wird auf einem Transportanhänger verladen.

Rechts: Feldstall des Saurenhofbauern Josef Reißmüller (Zweiter von links).
Mitte: Baustelle des Wirtschaftsgebäudes 1932.
Unten: Die Baukolonne des ersten Bauabschnittes.

Allgäu und am Dreifaltigkeitsberg (Klippeneck). Diese hatten jedoch beide den Nachteil, daß sie zu weit vom Zentrum Württembergs entfernt lagen.

Die Flug- und Arbeitsgruppen Gmünd II, Bad Cannstatt, Ludwigsburg, Schondorf und Stuttgart I, die um das Jahr 1930 vom Kalten Feld zum Hornberg hinunterflogen, mußten jedesmal am Ende eines Flugtages ihre Flugzeuge in die Heimatorte zurücktransportieren. Dem wurde erst Abhilfe geschaffen, als auf Initiative von Josef Schedel der Saurenhofbauer seinen Feldstall als Unterstellmöglichkeit zur Verfügung stellte.

Im Jahr 1928 hatte der Bauer vom nahegelegenen Saurenhof, Josef Reißmüller, etwa 10 bis 15 Morgen Wiesen und Äcker auf dem Hornbergplateau erworben.

Im darauffolgenden Jahr wurde am Westhang ein Feldstall mitsamt einer kleinen Scheune erstellt. Dieses Gebäude bot die einzige, wenn auch bescheidene Schutzmöglichkeit vor den Unbilden der Witterung.

Daraufhin wurde es auf Veranlassung von Josef Schedel im Winter 1930/31 zu einem provisorischen Lokal ausgebaut. Außerdem wurde zusätzlicher Raum zur Unterstellung der abmontierten Flugzeuge bereitgestellt. Dies war notwendig, damit die Flugzeuge vor den nächtlichen starken Winden geschützt waren, die über die damals noch nicht mit so hohen Bäumen bewachsenen Hänge hinwegfegten. In den Wintermonaten entstand ein kleiner gemütlicher Gastraum mit einer provisorischen Küche. Josef Reißmüller und seine Familie sorgten mit Vesper, warmen Speisen und verschiedenen Getränken, darunter auch dem legendären Kalten-Feld-Tee (siehe separates Kapitel), für das Wohl der oft durchgefrorenen Segelflieger. Für die notwendige Wärme sorgte ein kleiner Herd, der eigens mit einem Pferdefuhrwerk herbeigeschafft wurde.

Eine Gaststätten-Konzession, die zur Bewirtung benötigt wurde, war jedoch nur für das Wochenende zu bekommen. Diese Beschränkung hatte Josef Reißmüller den Gastwirten des nahegelegenen Ortes Degenfeld zu verdanken, denen dieser gemütliche Hüttenbetrieb ein Dorn im Auge war. Dies war nicht verwunderlich, denn der Zulauf zum „Fliegerheim des WLV", wie der Feldstall benannt wurde, war relativ gut. Doch nicht nur die Gleit- und Segelflieger profitierten vom Stallumbau. In den Wintermonaten hatten sich neben den Fliegern noch die Skifahrer und Wanderer gestärkt und aufgewärmt. Im Sommer betrieb die Familie Reißmüller zusätzlich vor dem Stall und unter einer Überdachung eine kleine Gartenwirtschaft.

Es war jedoch keineswegs so, daß der Saurenhofbauer auf die ursprüngliche Nutzung des Stalles verzichten mußte. In den Sommermonaten waren im Gebäude Heu und Jungvieh untergebracht, nach der Erntezeit und im Winter konnten Flugzeuge untergestellt werden. Doch bald platzte das Fliegerheim des WLV aus allen Nähten und genügte den wachsenden Bedürfnissen und der steigenden Anzahl von Flugzeugen nicht mehr.

So wurde wieder zunehmend, auch von seiten der Flug- und Arbeitsgruppen, der Ruf nach größerer und ständiger Unterkunft laut. Die unzureichenden Unterstellmöglichkeiten auf dem Hornberg und der Umstand, daß sich die zahlreich vorhandenen lokalen Fluggelände fast nur für die Anfängerschulung eigneten und den Erfordernissen rasch fortschreitender Flugleistungen nicht mehr genügten, veranlaßten den WLV letztlich zur Wiederaufnahme der Planung für eine zentrale Aus- und Fortbildungsstätte, die 1929 aus Kostengründen eingestellt worden war. Sie sollte nach vollendetem Ausbau in ihrem Umfang und der Ausbildungsqualität der Schule auf der Wasserkuppe in nichts nachstehen.

Was die Rhön dem Segelflieger seither war, sollte nunmehr der Hornberg für Süddeutschland bedeuten. Deshalb wurde mit dem Hornberg ein Gelände gewählt, das ähnlich wie die Wasserkuppe in der Rhön Möglichkeiten zum Hangsegeln bei allen Windrichtungen bot.

Mancher wird sich damals gefragt haben, warum man das Lagergelände nicht auf die Hochebene des Kalten Feldes legte, das doch 100 m höher liegt als der Hornberg. Warum verschenkte man also diese zusätzliche Höhe als Energiereserve? Der Grund hierfür wird anhand der Lage der Wasserkuppe in der Rhön verdeutlicht.

Für das Lager auf der Wasserkuppe wirkt sich die große Höhenlage teilweise sehr ungünstig auf die Durchführbarkeit des Flugbetriebes aus. Der 950 m hohe Berg steckt sehr häufig in den Wolken, was dann einen Start unmöglich macht, während die umliegenden kaum 100 m niedrigeren Kuppen frei von Wolken sind.

Ausschlaggebend für die Wahl des genauen Lagerstandortes auf dem Hornberg war der ausgeprägte Westhang sowie die Düsenwirkung in Verbindung mit dem Nordhang des Kalten Feldes, die an dieser Stelle die Hangaufwinde in besonders starker Form auftreten läßt. Um bei der Startphase die Gefahren durch Bäume zu vermindern, wurde die Düse später in einer

Oben: Die Zimmerleute beim Aufrichten des Wirtschaftsgebäudes.
Links: Vereinsausflug der Flug- und Arbeitsgruppe Gmünd I mit Besichtigung der Hornberg-Baustelle.

Breite von etwa 100 Metern bis zu den Talwiesen des Tannhofes abgeholzt. Dadurch wurde auch ein bequemerer Bergtransport der im Tal gelandeten, sogenannten „abgesoffenen“ oder „abgekochten“ Maschinen zur Startstelle ermöglicht.

Nachdem die Rhön durch ihre jährlichen Segelflugwettbewerbe auf der Wasserkuppe ihren Ruf als Geburtsstätte des Segelfluges weit über die Grenzen Deutschlands hinausgetragen hatte, erhofffte man sich ähnliches auch vom Hornberg. In den Augen vieler maßgebender Leute des WLV sollte er die „Schwäbische Rhön“ werden.

Scheiterte die Errichtung des Fliegerlagers 1929 an den hohen Kosten, so war 1931 eine andere Ausgangslage gegeben. Inzwischen hatte das Reichsministerium für Luftfahrt dem WLV in Anerkennung seiner Leistungen im Dienste der Luftfahrt einen erheblichen Betrag als Beihilfe zum Bau des Lagers in Aussicht gestellt. Wertvolle Unterstützung bei der Verwirklichung des Planes fand der WLV auch bei der Verwaltung des Oberamtsbezirks, der Stadtverwaltung und des Arbeitsamtes Schwäbisch Gmünd sowie den umliegenden Gemeinden Waldstetten und Degenfeld. Für den Aufbau der gesamten Anlage wurde ein sogenannter Generalbebauungsplan aufgestellt, der vorsah, die Gebäude in mehreren Abschnitten zu erstellen.

Das wichtigste Problem, das es zu lösen galt, war jedoch der Grunderwerb von den Landwirten aus Degenfeld und Waldstetten. Obwohl es sich bei den Flurstücken größtenteils um wertvolles Ackerland handelte, wurden die Grundstücksverhandlungen bald ohne größere Schwierigkeiten zu Ende gebracht. Maßgebende Verhandlungsführer auf der Seite des WLV waren der Geschäftsführer Hauptmann a.D. Wilhelm Schmidt und Christian Biser, in dessen Händen auch die Ausbauplanung lag.

Der Beginn der Verhandlungen, besser gesagt die Auslotung einer eventuellen Verkaufsbereitschaft durch Sondierungsgespräche mit den Landwirten, reichte bis zum Ende des Jahres 1929 zurück. Diese Verkaufsgespräche waren auch die wirklichen Gründe dafür, weshalb den auf dem Kalten-Feld-Gelände fliegenden FAG's trotz mehrerer Anträge die offizielle Genehmigung von Kaltem Feld und Hornberg als unbeschänktes Fluggelände bisher versagt wurde. Das Projekt sollte durch eventuellen Ärger mit den Bauern wegen auftretender Flurschäden nicht gefährdet werden. Offiziell wurde die Ablehnung der Genehmigung mit der Gefährlichkeit und den Turbulenzgefahren des Nord- und Westhanges begründet.

Man schrieb inzwischen das Jahr 1932. Im Januar erreichte die Arbeitslosigkeit in Deutschland mit über sechs Millionen Menschen ihren Höhepunkt. Am 10. April wurde Generalfeldmarschall Paul von Hindenburg zum Reichspräsidenten wiedergewählt. Auf der Konferenz von Lausanne wurde Deutschlands Restreparationsschuld aus dem Ersten Weltkrieg auf eine einmalige Schlußzahlung von drei Milliarden Reichsmark festgelegt. Bei den Reichstagswahlen am 31. Juli erhielt die NSDAP mit 41% die meisten Stimmen.

Diesen politischen Ereignissen brachte die deutsche Öffentlichkeit ein weitaus stärkeres Interesse entgegen als den Vorgängen auf einem nördlichen Ausläuferberg der Schwäbischen Alb, dem Hornberg. Abgeschieden und nur wenig, selbst von der Bevölkerung im näheren Umkreis, beachtet, war im Juni mit der Errichtung des I. Bauabschnittes der Segelflugschule des WLV begonnen worden. Bereits schon im Frühjahr war als erstes eine Wasserleitung von der Quellfassung im Bereich des Egentales zu den geplanten Gebäuden verlegt worden. Im August konnte dann an der ersten Flugzeughalle Richtfest und für das Wirtschaftsgebäude die Grundsteinlegung gefeiert werden.

Ein aus diesem Anlaß in der Rems-Zeitung erschienener Artikel prophezeite einen starken Werbeeffekt für die Stadt Schwäbisch Gmünd durch den Ausbau des Hornbergs zu einem Segelfluggelände. So wurde die Meinung vertreten, daß es nach der Fertigstellung der Anlage auf dem Hornberg „lebendig“ würde, wofür der Verfasser folgende Worte fand:

„Wenn die ersten Herbstwinde durch die Täler streichen und die Felder abgeerntet sind, werden wir es erleben, wie die Segelflieger auf dem Hornberg ihre Kreise ziehen wie die Raben um den alten Turm. Von weit her werden sie kommen, aus allen Teilen des Reiches, auch aus den benachbarten Ländern wie Österreich und der Schweiz; besonders dann, wenn wie in der Rhön in Zukunft auch bei uns auf dem Hornberg die internationalen Wettbewerbe ausgetragen werden. Die Orte um die Wasserkuppe haben einen überraschenden Aufschwung erlebt und weisen einen Betrieb auf, wie ihn die Gegend um den Hornberg bisher sicher nicht kennt.

Der Name unserer Stadt wird im Zusammenhang mit dem Flugplatz wirksamer hinausgetragen werden, als es jede andere Werbung vermag. All die Fremden werden nicht allein die besonderen Vorzüge des Hornbergs als Flugplatz, sondern auch seine herrrliche Umgebung kennen und schätzen lernen.

In der Tat erhält die in den letzten Jahren mit Nachdruck betriebene Fremdenwerbung für Gmünd durch die Nähe des Flugplatzes ein beachtliches „Aktivum“. Die maßgebenden Stellen werden es sicher nicht außer acht lassen, von dieser zusätzlichen Werbemöglichkeit regen Gebrauch zu machen.

Bereits einen Ansatz hierfür sieht man in dem von der Stadtgemeinde Gmünd ausgeschriebenen Preisausschreiben zur Erlangung von Entwürfen zu einem Werbebild für die Stadt und den Segelflugplatz Hornberg-Schwäbisch Gmünd!“

Gebäude und Zufahrten

Der I. Bauabschnitt umfaßte die Errichtung der Flugzeughalle I und des Wirtschaftsgebäudes. Die ganz in Holzbauweise erstellte Flugzeughalle I wurde für die Unterstellung, Wartung und Instandsetzung einer großen Anzahl ab- und aufmontierter Segelflugzeuge konzipiert. Allein die Fläche des Halleninnenraumes mit 52,7 mal 18 m betrug fast 950 qm. Die beiden seitlich angebauten Werkstätten für Holz- und Metallbearbeitung (je 22,5 mal 9 m) boten mit ihren Flächen von jeweils 202 qm den erforderlichen Bearbeitungsmaschinen reichlich Platz. So waren neben Bohr-, Hobel- und Fräsmaschinen auch Band-, und Kreissägen sowie zwei Drehbänke vorhanden. Für die Schweißerei der Metallwerkstatt wurde eigens aus Feuerschutzgründen ein 13 qm großer gemauerter Raum hergestellt. An Sanitärräumen waren ein Waschraum und ein WC vorhanden.

Die Hauptkonstruktion der Halle bestand aus acht Querbindern mit Längsverbänden und den dazugehörigen Aussteifungen. Die Außenwände waren in ausgeriegeltem Holzfachwerk mit äußerer Stulpschalung hergestellt. Wegen der extremen Wintertemperaturen, die auf dem 680 m über dem Meer liegenden Gelände herrschen, hatte man die inneren Wände und die Decken der beiden Werkstätten mit sogenannten Zostamatten isoliert und mit Nut- und Federbrettern verschalt. Sämtliche Holzbauteile wurden wegen der hohen Feuergefahr imprägniert. Das Dach war ebenfalls mit Nut- und Federbrettern verschalt und mit Dachpappe abgedichtet. Außerdem war noch ein Blitzschutz installiert.

Um ein schnelles Aus- und Einräumen der Flugzeuge zu gewährleisten, waren an der Ost- und Westseite der Halle große und an der Nord- und Südseite etwas kleinere Schiebetore an-

Oben: Das Wirtschaftsgebäude. Auf dem Turm der Dachterrasse befand sich ein Meßpunkt, von dem aus jeden Morgen die Werte zur Wetterwarte am Flughafen Böblingen durchgegeben wurden.
Links: Gesamtansicht des ersten Bauabschnittes. Am unteren Bildrand die Aussichtsterrasse der Gaststätte.

Sommer-Fahrplan

der Omnibus-Gesellschaft Schwäb. Gmünd

Gmünd-FLUGPLATZ HORNBERG-Weißenstein

	Mi Sa SF		Sa SF				So Mo			Mi Sa SF	
7^{50}	12^{30}	16^{20}	19^{15}	ab	Gmünd Bahnhof	an	6^{33}	10^{30}		14^{28}	18^{56}
7^{53}	12^{33}	16^{23}	19^{18}	↓	Gmünd Marktplatz	↑	6^{30}	10^{27}		14^{25}	18^{53}
7^{55}	12^{35}	16^{25}	19^{20}		Gmünd Weißer Ochsen ..		6^{28}	10^{25}		14^{23}	18^{50}
7^{57}	12^{38}	16^{27}	19^{23}		Gmünd Margaritenheim ..		6^{25}	10^{22}		14^{20}	18^{48}
8^{05}	12^{46}	16^{37}	19^{31}		Unterbettringen Ochsen .		6^{17}	10^{14}		14^{12}	18^{40}
8^{16}	13^{00}	16^{50}	19^{44}		Weiler Mondschein		6^{05}	10^{02}		14^{00}	18^{31}
8^{28}	13^{12}	17^{02}	19^{56}		Furtlepaß		5^{54}	9^{50}		13^{48}	18^{18}
8^{40}	13^{20}	17^{14}	20^{04}		**Flugplatz Hornberg** .		5^{50}	9^{45}		13^{43}	18^{13}
Mi. Sa. SF 8^{47}		17^{21}	—		Degenfeld Pflug		—	Mi. Fr. SF 9^{16}			Sa. SF 17^{52}
8^{55}		Sa. SF 17^{29}	—	↓	Weißenstein Stadt, Felsen .	↑	—	9^{08}			17^{44}
9^{00}		17^{34}	—	an	Weißenstein Bahnhof .	ab	—	9^{03}			17^{40}

Bei größerer Beteiligung werden jederzeit Sonderfahrten auf den Hornberg ausgeführt.

Oben: Links oben im Bild der Hornberg-Westhang, rechts oben der Nordhang des Kalten Feldes. Gut erkennbar ist die in den Hang geschlagene Schneise an der Schedeldüse.
Links: Fahrplan der Hornberg-Buslinie.

geordnet. Das Wirtschaftsgebäude war als Bauteil 2 des I. Bauabschnittes südlich der Flugzeughalle I vorgesehen. Dabei wurde dieses nicht als endgültige fertige Einheit betrachtet. Zuerst mußte es nach dem genau festgelegten Ablauf des Generalbebauungsplanes den Bedürfnissen für die folgenden zwei bis drei Jahre genügen.

Den größten Teil des Bauteils 2 umfaßten die Wirtschaftsräume mit allen erforderlichen zusätzlichen Einrichtungen. Die Gasträume waren von der Anzahl der Sitzplätze her großzügig bemessen, um nicht nur den Segelfliegern, sondern auch den Wanderern und Ausflüglern genügend Platz zu bieten. Sämtliche Räumlichkeiten waren auch deshalb genügend groß ausgelegt, um dem Massenbetrieb bei Flugveranstaltungen, Wettbewerben und anderen Anlässen gerecht zu werden. Der Erfüllung dieser Erfordernisse wurde besonders mit einer sinnvoll gestalteten Raumaufteilung Rechnung getragen. Der große Gastraum und ein kleineres Nebenzimmer, das den Namen Göring-Loerzer-Stube trug, bildeten zusammen mit den Abmessungen von 33 auf 11 m einen geschlossenen Bautrakt. Beide Räume boten zusammen etwa 250 Sitzplätze, die sich um etwa 30 Rund- und Rechtecktische gruppierten. Die Gaststättenbetriebsräume waren sinnvoll um die Küche gegliedert und durch eine direkte Treppenverbindung mit den Kellerräumen verbunden.

Alle gastronomischen Einrichtungen, insbesondere das Bier- und Weinlager sowie die Kühlanlagen, waren mit den für die damalige Zeit modernsten technischen Anlagen ausgestattet. Südlich der Gasträume schloß sich eine großflächige Aussichtsterrasse an, von der die Gäste den Blick auf die drei Kaiser-Berge genießen und den Flugbetrieb hautnah erleben konnten. Außer der Gaststätte gab es im Wirtschaftsgebäude auch Unterkunftsräume für Flugschüler und Personal.

Der I. Bauabschnitt wurde zunächst für eine Kapazität von etwa 100 Betten ausgelegt. Für die folgenden Jahre war eine Erweiterung auf 200 Betten vorgesehen. Die ersten 100 Plätze waren in drei Schlafsäle mit je 22 bis 30 Betten, sechs Schlafstuben mit je sechs bis 8 Betten sowie zwei Lehrerstuben mit je zwei Betten aufgeteilt. Die Möblierung bestand aus weiß lackierten Stahlrohrbetten mit Draht- und Fibermatratzen, weißen Bettüchern, Kopfpolstern und Wolldecken in farbigen Schutzhüllen. In den Schlafräumen befanden sich außerdem verschließbare Holzspinde, Arbeitstische und Holzhocker. Für die Körperreinigung waren im Westteil des Unterkunftstraktes Gemeinschaftssanitärräume vorhanden.

Bei der Planung spielte auch die Benutzbarkeit während der Wintermonate eine Rolle. Neben dem eigentlichen Zweck, nämlich eine Unterkunft für die Segelflieger zu schaffen, mußte auch daran gedacht werden, das Gebäude im Winter bei geringem Flugbetrieb für die Skisportler auf dem Kalten Feld mitzuverwenden. Dies war erforderlich, um auch zu dieser Jahreszeit die Wirtschaftlichkeit des Betriebes zu gewährleisten.

Ebenfalls zum Wirtschaftsgebäude gehörten die Räumlichkeiten der Verwaltung, die sich auf der dem Flugplatz zugewandten Seite befanden. Hierin war auch die örtliche Vertretung des WLV, das sogenannte Platzkommando, untergebracht. Die Geschäftsstuben und sonstigen Büroräume lagen in unmittelbarer Nähe der Unterkunfts- und Gaststättenräume. Im Verwaltungsbauteil befand sich auch der Haupteingang, der in eine große Halle mündete. Von dort führte ein Gang zum Büro des Lagerleiters, der in diesem Raum u.a. die Decken für die Schlafräume ausgab. In der Nähe befand sich der Postraum der selbständigen Poststelle Hornberg.

Im ersten Stock des Nordflügels lagen die Wohnung des Schulleiters sowie einige Schlafzimmer für Gäste und weitere Büroräume. Auf dem Dach wurden für die Flugleitung eine kleine Terrasse mit einem Kontrollturm sowie eine Wetterstation geschaffen. Darauf war an einer hohen Stange ständig ein Windsack angebracht, der den Fliegern die für sie wichtigste Information, die Windrichtung, angab. Wie die Flugzeughalle I war auch das Wirtschaftsgebäude in Holzfachwerkbauweise errichtet. Mit Rücksicht auf die Höhenlage und auf die an dieser Stelle auftretenden starken und böigen Winde war die Konstruktion mit speziellen Zimmermannsverbänden, Aussteifungen und Ausriegelungen versehen. Diese wurden außen mit einer 2,5 cm dicken Bretterstulpschalung verkleidet. Darunter befanden sich eine dünne Teerpappe zum Fernhalten des Windes sowie eine Wärmeisolierung, die innen ebenfalls mit Brettern verkleidet war. Das Wirtschaftsgebäude war auch mit für die damalige Zeit „neuzeitlichen Bequemlichkeiten“ wie elektrischem Licht und Fernsprechanschluß ausgestattet. Die in der kalten Jahreszeit erforderliche Wärme erzeugten die drei großen Kessel einer Dampf- und Warmwasserheizung.

Parallel zum Bau der Gebäude erfolgte das Räumen des gesamten Geländes von Kalksteinbrocken. Bäume wurden gefällt, Gebüsch entfernt und die Unebenheiten planiert. Die Kanalisierung und der Bau einer eigenen Kläranlage waren ebenfalls Maßnahmen, die zur baldigen Aufnahme eines reibungslosen Flugbetriebes durchgeführt werden mußten.

Die Anlage der Segelflugschule samt Fluggelände erforderte auch eine leistungsfähige Erschließung für Kraftfahrzeuge. Zusammen mit dem WLV wurden von der Amtskörperschaft Schwäbisch Gmünd verschiedene Erschließungsmöglichkeiten auf ihre Durchführbarkeit hin untersucht. Am zweckmäßigsten erwies sich eine Verbindung zur Straße Schwäbisch Gmünd – Weißenstein, die beim Furtlepaß angeschlossen werden sollte. Von dort aus konnte das Fluggelände nach einer Strecke von etwa 1,5 km erreicht werden. Dies entspricht der kürzesten Verbindung, die von einer bereits bestehenden Straße aus herzustellen war.

Fußweg von Waldstetten über den Saurenhof zum Fliegerlager Hornberg.

Die Zufahrt ist mit einer Steigung von 6% in den Südhang gelegt und folgt etwa nach halber Strecke größtenteils einem bestehenden Feldweg. Für die Trassierung in den Hang mußten mit hohem Personalaufwand große Gesteinsmassen herausgebrochen werden, die jedoch für den Straßenunterbau Verwendung fanden.

Der Straßenbau erfolgte als sogenannte Notstandsarbeit mit der Unterstützung der „Produktiven Erwerbslosenfürsorge“ von der Amtskörperschaft Schwäbisch Gmünd und der Gemeinde Degenfeld. Damit konnte einer Reihe von Arbeitern aus dem 6-Millionen-Heer der Arbeitslosen ein vorübergehender Verdienst geschaffen werden. An den Kosten der 5 m breiten Zufahrtsstraße, die im Juni 1933 fertiggestellt wurde, hatte sich auch der WLV beteiligt. Unmittelbar nach der Einweihung erfolgte die Einrichtung einer Buslinie Schwäbisch Gmünd – Hornberg – Weißenstein durch die Omnibusgesellschaft Schwäbisch Gmünd.

Zusätzlich war eine zweite Zufahrtsmöglichkeit geplant. Da der kürzeste Weg von Schwäbisch Gmünd zum Hornberg über Waldstetten und den Saurenhof führt, wurde dafür diese Route gewählt. Für die Anlegung als befahrene Straße waren die Kosten für die 2,5 km lange Strecke jedoch immens hoch. So wurde das Projekt auf einen ebenso langen Fußgängerweg aus Schotter reduziert, der ebenfalls als Notstandsarbeit von der Gemeinde Waldstetten gebaut wurde.

Der Geist auf dem Furtlepaß

Es ist noch nicht lange her, da trieb auf dem Furtlepaß ein Geist, das „Zumpenmännle", sein Unwesen. In mancherlei Gestalt sah man ihn: Einmal als Tier, das einem Kalbe glich, ein anderes Mal als Wanderer mit einer Laterne am Hals, der ungebärdig durch Wiesen und Felder tollte, als Reiter, der wild vorübersauste, oder als Fuhrmann auf einem von vier schönen Rappen gezogenen Wagen mit feurigen Rädern. Manchmal kam er auf dem Wagen vom Bernhardus herunter.

Oft ging sein Weg von den Furtlachen über den Hornberg auf das Kalte Feld. Auch in Rupertstetten wurde er oft gesehen.

Gefürchtet war der Geist nicht sonderlich, da er niemand etwas zuleide tat.

Aus: Gmünder Hefte, Sagen der Heimat, von Georg Stütz, Schwäbisch Gmünd 1950.

Das „Zumpenmännle" erhielt seinen Namen vom Gewann „Zumpen". Damit wurde ein Teil des Hornberg–Osthanges vom Furtlepaß bis zum südlichen Flugplatzende bezeichnet.

Der Begriff „Zumpen" stammt aus dem Mittelhochdeutschen und bedeutet soviel wie „klein", „niedlich" oder „winzig". 1932 taufte die FAG Bettringen einen „Hi" mit Boot und Stahlrohrschwanz auf den Namen „Zumpenmännle".

Oben: Der „Hi" mit dem Taufnamen „Zumpenmännle" der Flug- und Arbeitsgruppe Bettringen.
Rechts: Der Sattel des Furtlepasses von Süden her gesehen.

Die Eröffnung

Ohne Zweifel, die Eröffnung der „Verbandssegelflugschule Hornberg" des WLV, die unter großer Beteiligung der Bevölkerung erfolgte, war ein bedeutsamer Tag in der Geschichte der deutschen Zivilluftfahrt. Dies bewies nicht nur der Besuch einer Reihe hoher Gäste, darunter Persönlichkeiten wie Seine Königliche Hoheit Herzog Albrecht von Württemberg, der Ministerpräsident des Landes Württemberg Mergenthaler, die Flugzeugkonstrukteure Dr. Ernst Heinkel, Dr. Claude Dornier und viele andere.

Schon am Morgen des 12. Juli 1933 waren die Straßen von Schwäbisch Gmünd mit Wimpeln und Flaggen geschmückt. Kaum waren um die Mittagszeit die ersten Sonnenstrahlen durch die grauen Regenwolken gedrungen, da setzte auch schon eine wahre Völkerwanderung zu Fuß, mit Kraftrad, Kraft- und Lastwagen sowie Omnibussen zum Hornberg ein. Dabei waren Autokennzeichen aus dem ganzen Land und dem benachbarten Ausland zu sehen. Der Platz zwischen der Brücke am ehemaligen Waldstetter Tor und dem Gasthaus Weißer Ochsen, glich dem Hauptverkehrsknotenpunkt einer Großstadt. An jeder Straßenecke standen Polizeibeamte, Landjäger und Sanitäter. In Weiler in den Bergen wies ein Fesselballon den Kraftwagen den Weg an einer Tankstelle vorbei Richtung Furtlepaß. Der Flugplatzrand war mit etwa 1000 Kraftwagen und 500 Motorrädern in dicht gedrängten Reihen zugeparkt. Nahezu 10 000 Menschen belagerten das Fluggelände und die Abhänge des Kalten Feldes.

Ununterbrochen kreiste über den Köpfen der Besucher ein Segelflugzeug, das von Hanna Reitsch geflogen wurde. Ihre Landung nach vier Stunden Flugzeit wurde ein neuer Hornberg-Dauerflugrekord.

Nachdem die Gäste unter der Führung von Schulleiter Wolf Hirth das Fliegerlager mit großem Interesse besichtigt hatten, erfolgte am Spätnachmittag der „Weiheakt". Vor dem mit Fahnen und Girlanden geschmückten Wirtschaftsgebäude versammelten sich inzwischen die Ehrengäste. Zur Eröffnung der Feierlichkeiten kreisten drei Motorflugzeuge der Akademischen Fliegergruppe Stuttgart im Formationsflug über dem Platz und landeten anschließend. Es wurden zahlreiche Ansprachen und Reden gehalten, deren beabsichtigte Radioübertragung infolge Gewitterstörungen jedoch nicht möglich war. Im Anschluß daran wurden 400 Brieftauben aufgelassen, um Grußbotschaften zu ihren heimischen Schlägen in alle Gegenden Deutschlands zu bringen.

Oben: Wolf Hirths Blick auf die Menge.
Links: Nahezu 10 000 Besucher kamen zur Einweihung der Verbandssegelflugschule Hornberg.

Oben: Blick von Nordwesten auf das Fliegerlager 1933. Im Tal hinten liegt Degenfeld, auf dessen Markung das Fluggelände größtenteils liegt.
Rechts: Die Eröffnungsansprache. Im Vordergrund einer der Täuflinge, ein „Falke".

Verbunden mit der Einweihung war die Taufe von sechs gestifteten Segelflugzeugen, die von Prof. Dr. Georgii vorgenommen wurde. Ein Flugzeug vom Typ Falke erhielt den Namen des Reichsluftfahrtministers „Hermann Göring". Zwei vom DLV gestiftete Flugzeuge wurden nach dem Staatssekretär im Reichsluftfahrtministerium „Erhard Milch" und dem Führer der Landesgruppe Württemberg „Hermann Palmer" benannt. Die drei restlichen Flugzeuge erhielten die Namen „Claudius Dornier", „Dr. Heinkel" und „RWE" (Rheinisch-Westfälische Elektrizitätswerke). Ein von der Rhön-Rositten-Gesellschaft gestifteter „Falke", der den Namen „Schorschi" erhalten sollte, konnte an der Taufe nicht teilnehmen. Am Tage vor der Eröffnung hatte ihn ein allzu begeisterter Segelflieger „breitgesegelt", genauer gesagt in die Bäume des Westhanges gelandet.

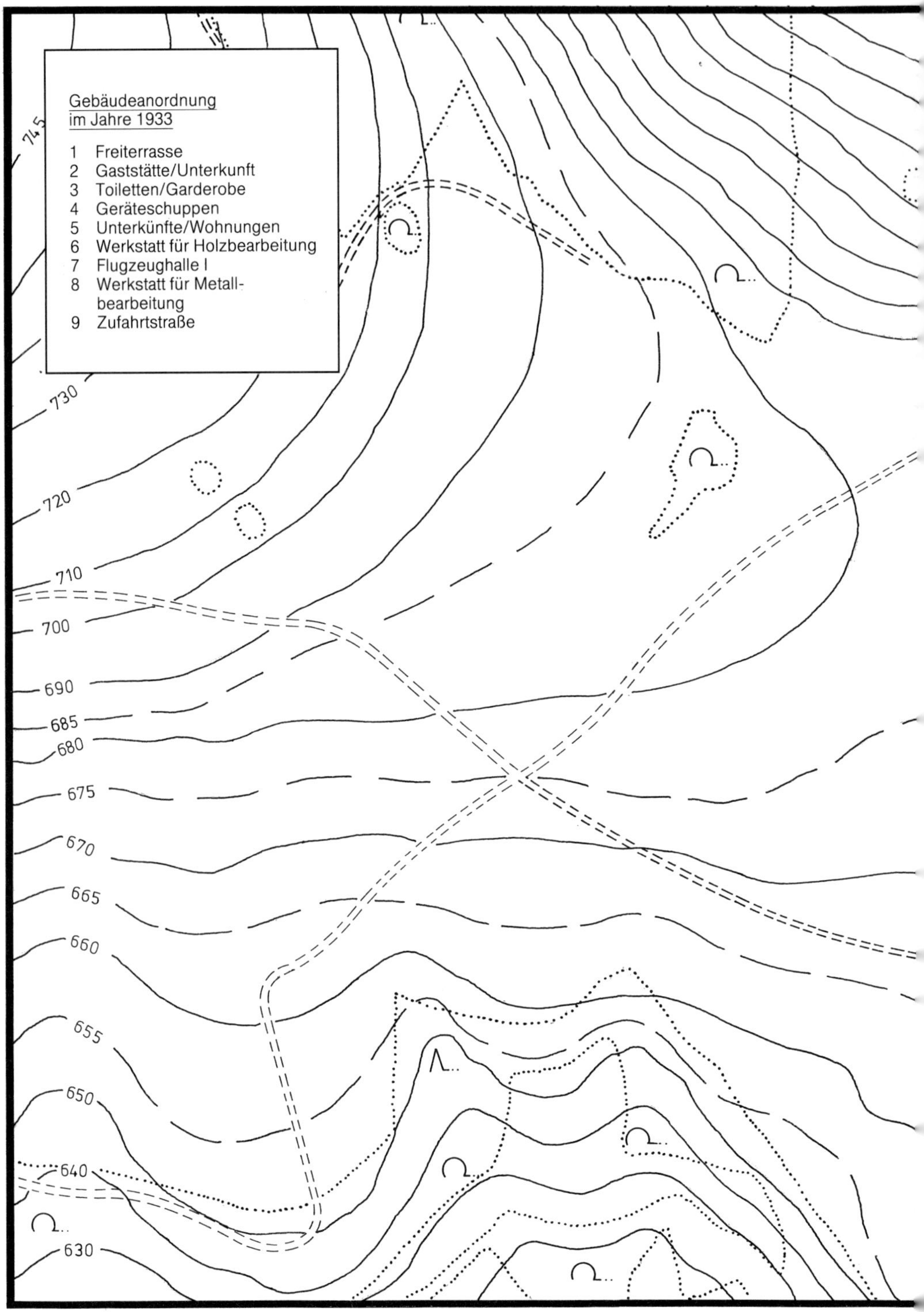
Gebäudeanordnung
im Jahre 1933
1 Freiterrasse
2 Gaststätte/Unterkunft
3 Toiletten/Garderobe
4 Geräteschuppen
5 Unterkünfte/Wohnungen
6 Werkstatt für Holzbearbeitung
7 Flugzeughalle I
8 Werkstatt für Metall-
bearbeitung
9 Zufahrtstraße
745
730
720
710
700
690
685
680
675
670
665
660
655
650
640
630

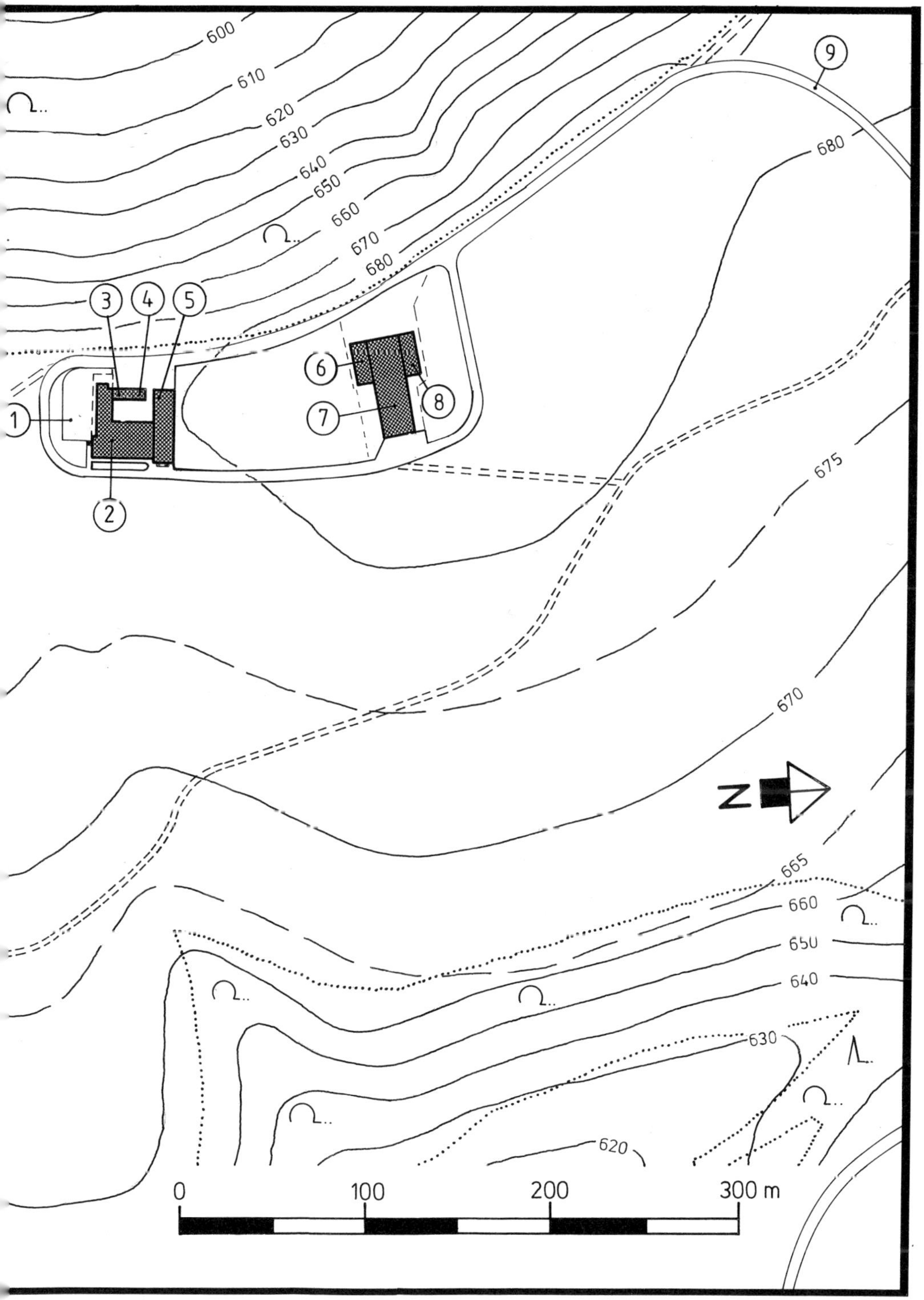
600
610
620
630
640
650
660
670
680
9
680
3
4
5
6
7
8
1
2
675
670
N
665
660
650
640
630
620
0
100
200
300 m

Zur Einweihung der Segelflugschule Hornberg 1933

1. Auf dem Hornberg auf der Höhe
stehen Hallen groß und weit;
Schwabens Segler dort sich scharen
aus den Landen weit und breit.

2. Mit dem Falken um die Wette
fliegen wir ins Land hinaus,
grüßen unsern Hohenstaufen
unserer Väter Kaiserhaus.

3. Rechberg, Stuifen, eure Burgen,
ragen kühn noch in die Luft;
mit den Wolken, mit den Winden
gleiten wir um eure Brust.

4. Heimwärts zu des Hornbergs Hallen,
lautlos wie des Adlers Flug,
kehren wir voll stolzen Mutes
ein jauchzend Herz in unsrer Brust.

5. Bei der Dämmerschatten Kühle
landen wir im Abendglanz,
wenn die Sonne glutig färbet
Schwabens Berge, Schwabens Land.

6. In den hohen Hallen tönen
noch bis in die späte Nacht,
deutsche Lieder, deutsche Chöre;
deutsche Jugend ist erwacht.

Otto Schwarz

Blick nach Westen. Im Hintergrund links der Stuifen, rechts der Rechberg.

Flugzeugtypen

Schulgleiter „Grunau 9" mit der Strebe vor dem Führersitz, dem sogenannten „Schädelspalter".

Der von Arthur Martens konstruierte Schulgleiter „Pegasus" beim Gummiseilstart.

Die Ausübung der Gleit- und Segelfliegerei stellte anfangs ganz besondere Anforderungen an die Flieger, die sich ein Segelflieger heutzutage kaum mehr vorstellen kann. Diese bestanden darin, daß die Flugzeuge zu Anfang selbst gebaut und dann mit diesen auch das Fliegen erlernt werden mußte.

Der Bau der Flugzeuge machte teilweise weniger Schwierigkeiten, besonders dann, wenn viele der FAG-Mitglieder Handwerker wie Schreiner, Schlosser usw. waren. Anders war es bei der Schulung. Oft wurde diese von gar nicht oder nur unzureichend ausgebildeten, unerfahrenen Fluglehrern durchgeführt.

Die unterschiedlichen konstruktiven Merkmale und Flugeigenschaften der einzelnen Flugzeugtypen legten deren Verwendbarkeit im Flugbetrieb fest. Das zeigte sich auch darin, daß damals beim motorlosen Flug zwischen Gleit- und Segelflug unterschieden wurde. Beim Gleitflug ist die Bahn des Flugzeuges abwärts gegen die Horizontale geneigt. Unter Segelflug verstand man damals einen motorlosen Flug ohne Höhenverlust. Bei beiden Flugarten erfolgte der Start anfangs hauptsächlich durch katapultartiges Abschnellen vom Hang mit Hilfe eines Gummiseiles. Zur Anfängerschulung wurden ab Mitte der zwanziger Jahre standardisierte Schulgleiter verwendet. Der Weg zu diesen Flugzeugen führte die Flug- und Arbeitsgruppen über manche harte Durststrecke. Dabei setzte sich als der zweckmäßigste Flugzeugtyp der mit Drähten verspannte Eindecker durch. In der Regel waren dies zunächst offene, später dann halb verkleidete Fachwerkrumpf-Flugzeuge. Diese waren billig und einfach herstellbar, und ihre Bauweise erlaubte auch eine schnelle und einfache Reparatur.

Der erste Typ dieser Bauart war der von Alexander Lippisch und Friedrich Wenk 1924 herausgebrachte „Hol's der Teufel" (Djävlar Anama). Als zwei weitere Vertreter dieser Konstruktionsweise folgten eine von Gottlob Espenlaub entwickelte Schulmaschine sowie der von Arthur Martens konstruierte Schulgleiter „Pegasus". Aus Espenlaubs Schulmaschine entstand dann später die „Grunauer Einheitsschulmaschine" mit der Bezeichnung „ESG" bzw. „Grunau 9". Ein Hauptmerkmal dieser Bauweise war die Strebe vor dem Führersitz, die scherzhaft „Schädelspalter" genannt wurde. Einige Exemplare dieser „Grunau 9" wurden bis Mitte der dreißiger Jahre an der Segelflugschule Hornberg hauptsächlich im Autoschleppbetrieb eingesetzt.

1926 konstruierten Alexander Lippisch und Fritz Stamer aus dem „Hol's der Teufel" und dem „Pegasus" den bekannten „RRG-Zögling" mit Holzfachwerkrumpf und freiem Sitz. Dabei entfiel der „Schädelspalter". Diesen Typ baute auch Josef Schedel mit seinen Kameraden der FAG Gmünd II in den Jahren 1926/27. Rudolf Opitz entwickelte aus all den vorgenannten Typen sein „Opitz-Gleitflugzeug", das von der FAG Gmünd I als erstes eigenes Flugzeug gebaut wurde.

Oben: „Grunau 9" mit Führersitzverkleidung (Bost), auch „Grunau 9v" oder „Grunau-Ei" genannt.
Mitte: Der „Hi" der Flug- und Arbeitsgruppe Gmünd I wird zum Start an der Schedeldüse vorbereitet.
Unten: Schulgleiter „SG 38".

Der Württembergische Luftfahrtverband konstruierte aus dem verbesserten „RRG-Zögling" von Stamer und Lippisch das verbesserte Schulgleitflugzeug „Hi", den auch die FAG Gmünd I nachbaute. Der nächste Schritt in Richtung auf die heutige Bauform war die Verkleidung der Führersitze. Teilweise, später dann vollständig, wurden die Holzfachwerkrümpfe mit Sperrholz ummantelt. Diese Maßnahmen dienten jedoch nicht, wie man annehmen könnte, der Aufnahme von Biegemomenten um die Hochachse oder gar von Torsionsmomenten, sondern anfangs nur der Verbesserung der Aerodynamik. Für die tragenden Teile der Flugzeugzelle gab es alle möglichen Varianten, die von der rechteckigen oder fünfeckigen über die runde bis zur elliptischen Spantform reichte. Hierbei ließ sich bei jedem der bisher erwähnten Typen die gemeinsame Abstammung vom „Hol's der Teufel", dem Stammvater aller Schulgleiter, nicht verleugnen. Im Laufe der Jahre stetzten sich verschiedene Modelle durch und wurden zu den Standardtypen der Flug- und Arbeitsgruppen. Die zu dieser Zeit am meisten gebaute Maschine war wohl in Deutschland der „Zögling" und in Württemberg der „Hi".

Im Jahre 1938 hatte sich dann der „Schulgleiter 1938" (SG 38) von Rehberg, Schneider und Hofmann in ganz Deutschland als Einheitstyp für die Anfängerschulung durchgesetzt. Er

Fertig zum Flugzeugschlepp: Wolf Hirth im Führersitz eines „Falken".

zeichnete sich durch einfache Bauweise, besondere Robustheit und ein gutmütiges Flugverhalten aus. Für die Popularität dieses Flugzeuges spricht allein schon die Tatsache, daß es als Standard-Schulgleiter bis zum Ende des Zweiten Weltkrieges und nach der Wiederzulassung des Segelfluges bis Mitte der fünfziger Jahre bei fast allen Fliegergruppen eingesetzt wurde.

Für die ausgebildeten Gleitflieger, das hieß für die A- und B-Flieger, wurde bald eine neue Flugzeuggeneration notwendig, mit der auch längere Segelflüge durchgeführt werden konnten. Nach einer Vielzahl verschiedener Konstruktionen entstand im Jahre 1926 speziell für Fortgeschrittene der von Lippisch konstruierte „Prüfling". Aus den Erfahrungen mit diesem Flugzeug wurde 1929 der „Falke" entwickelt. Bei diesem abgestrebten, gepfeilten Hochdecker saß der Pilot nicht wie bei anderen Typen vor, sondern unterhalb der Tragflächen. Dadurch war er bei eventuellen harten Bruchlandungen besser geschützt. In der Tat ereignete sich mit diesem Flugzeugtyp überhaupt kein ernster Unfall, sodaß es verständlich ist, warum er nicht nur auf dem Hornberg bis Ende der dreißiger Jahre geflogen wurde.

Nach der Aneignung einiger fliegerischer Grundkenntnisse bzw. der A- und B-Prüfung durfte der Jungflieger dann in der Regel, soweit in den FAG's vorhanden, auf dem „Prüfling" weiterfliegen. Dieses Muster besaß schon einen verkleideten Rumpf, und die Steuerung war schon etwas empfindlicher. Bewies der Schüler dann, daß er den„Zögling" und den „Prüfling"

Rechts: „Falke“ im Fluge. Deutlich erkennbar ist die starke Flügelpfeilung.
Mitte: Der von Heini Dittmar und Fritz Krämer konstruierte „Condor I“.
Unten: „Grunau-Baby“ über dem Hornberg.

Oben: Eine Konstruktion von Hans Jacobs, der „Rhönadler". Das Bild zeigt die Maschine im Rhönwettbewerb 1932 mit Peter Riedel als Pilot.
Unten: Der „Rhönbussard", der „kleine Bruder" des „Rhönadlers", bereit zum Gummiseilstart an der Schedeldüse.

Oben: Die von Wolf Hirth konstruierte „Gö 2“, einer Weiterentwicklung der ebenfalls von ihm konstruierten „Grunau 8“.
Mitte links: Eine „Goevier“ wurde für den Film „Himmelhunde“ extra mit einem Haifischmaul bemalt.
Mitte rechts: „DFS-Reiher“ ‚mit dem Erwin Kraft 1939 Sieger im Rhönwettbewerb wurde.

Vorläufige Zulassungsdaten für folgende Gleit- und Segelflugzeuge

Flugzeugmuster	Flugzeugschlepp km/Std.	Auto- und Windenschlepp km Std.	Seilwinkel	Rüstgewicht	Fluggewicht	nur zugelassen zum Windenschlepp, wenn vorhanden:
Zögling 33 . . .	—	max. 60	30°	100	180	Tragseile, Höhenflosse-Streben
Grunau 9	—	60	30°	95	190	Tragseile, Holzdiagonalen im Außenflügel, Höhenflosse-Streben
St.-L.-Zögling . .	—	60	30°	95	175	Tragseile, verstärkte Flügelverspannungsbeschl.
Hols der Teufel .	—	60	30°	125	205	i. Flügel Kastenholme 22 mm breit. Doppelte Holzdiagonalen i. Außenflügel. Vord. Flügelstrebe verstärkte Ausführung. Höhenflosse gegen Gitterschwanz verspannt.
Grüne Post . . .	100	80	45°	110	190	Aenderg. b. Beschaffungsst. anford.
Fliege II	100	80	—	115	200	
Falke R V u. R V a	90	70	—	150	230	
Grunau Baby II .	120	80	—	120	210	
Rhönbussard . . .	120	80	—	130	215	
Rhönadler . . .	120	80	—	150	240	
Condor	120	80	—	155	250	

oder „Falken" völlig beherrschte, bzw. hatte er die C-Prüfung erreicht, stand der Benutzung eines Hochleistungssegelflugzeuges nichts mehr im Wege.

Durch den Übergang vieler Segelflieger zum Leistungssegelflug, entstanden im Laufe der Jahre eine Vielzahl von verbesserten Übungs- und Leistungssegelflugzeugen. Damit sollte den gestiegenen Ansprüchen Rechnung getragen werden. Die bis dato vorhandenen Flugzeugtypen konnten jedoch nicht allen Anforderungen gleich gut entsprechen. Nach Erfahrungen mit verschiedenen neuen Mustern hatte sich seit 1932 das „Grunau-Baby" in verschiedenen Baureihen bestens bewährt und durchgesetzt. Dieser Typ erfreute sich selbst bis in die fünfziger Jahre hinein größter Beliebtheit. Er wurde in großen Stückzahlen (ca. 5000) gebaut und auch in viele Länder aller Kontinente exportiert.

Parallel dazu wurden 1932 zwei weitere bekannte Flugzeugmuster entwickelt, die auch auf dem Hornberg für den Leistungsflug eingesetzt wurden. Hans Jacobs konstruierte den „Rhönadler", der für die FAG's einfach in der Herstellung und als Fertigflugzeug mit einem Preis von 2000 Reichsmark relativ billig war. Fritz Krämer und Heini Dittmar entwickelten den „Condor", der wie der „Rhönadler" bei der Firma Schleicher in Poppenhausen/Rhön in Serie gebaut wurde. Ein Jahr später, 1933, entstand durch Hans Jacobs ein kleines und billiges Leistungssegelflugzeug, der „Rhönbussard", mit dem damals schon Überlandflüge von bis zu 300 Kilometern gelangen. Zur gleichen Zeit brachten Wolf Hirth und Friedrich Wenk das „Moazagotl" heraus, welches sich durch seinen stark ausgeprägten Flügelknick von den bisherigen Konstruktionen unterschied. Durch seinen gepfeilten Flügel ähnelte das Flugbild dem einer Möwe. Beim „Moazagotl" konnte zum ersten Mal ein vor der Landung ablaßbarer Wasserballast von 50 Litern mitgeführt werden. Dies war erstmals eine Maßnahme, ohne die heutige Segelflugmeisterschaften und -wettbewerbe undenkbar wären. Bei der Mitführung von Wasserballast wird eine geringe Vergrößerung der Sinkgeschwindigkeit in Kauf genommen. Dadurch kann an Tagen mit guter Thermik eine höhere Reisegeschwindigkeit erzielt werden.

Die Charakteristiken des „Moazagotl" (20 Meter Spannweite) wurden 1935/36 bei der anschließenden Weiterentwicklung zur „Minimoa", die von Anfang an in Serie hergestellt wurde, beibehalten. Der Name des 17-Meter-Flugzeuges ist die Abkürzung von „Miniatur-Moazagotl". Die Flächenstreben konnten dabei durch strukturelle Verbesserungen entfallen. Die Konstruktionsarbeiten erfolgten während Wolf Hirth's Zeit auf dem Hornberg. Sein Ziel dabei war, für die Mitte der dreißiger Jahre verstärkt zunehmende Anzahl von Leistungsfliegern ein Kunstflugzeug mit erträglichen Baukosten zu schaffen. Der Preis für ein Leistungssegelflugzeug betrug im Jahre 1936 etwa 1300 bis 1500 Reichsmark. Ein zugehöriger Transportanhänger kostete etwa 600 bis 800 Reichsmark.

Parallel zu diesen Einsitzern wurde der Doppelsitzer „Grunau 8" gebaut und zur „Gö 2" weiterentwickelt und auch auf dem Hornberg im Schulbetrieb speziell für den Hangflug eingesetzt. Ende der dreißiger Jahre wurde er durch die „Goevier", einen Typ mit nebeneinanderliegenden Sitzen, abgelöst. Ebenfalls auf dem Hornberg flogen von 1933 bis Kriegsende nahezu alle von Hans Jacobs konstruierten Typen wie „Rhönadler", „Rhönbussard", „Reiher", „Kranich" und „Weihe".

Bis Ende der zwanziger, Anfang der dreißiger Jahre wurde mit offenem oder verkleidetem Führersitz geflogen. Nach und nach erfolgte, vor allem bei den letztgenannten Typen, die Anbringung kleiner Windschutzschilde und Kabinenhauben aus Plexiglas. Ab Ende der dreißiger Jahre war dann nahezu jedes moderne Leistungssegelflugzeug mit einer Plexiglashaube versehen.

„Moazagotl“ und „Hol’s der Teufel“

Oben: Ein Bild von besonderer Schönheit, Wolf Hirths ,,Moazagotl“. Unten: ,,Hol's der Teufel“.

Immer wieder taucht in Verbindung mit den Wettbewerben auf der Wasserkuppe und der Fliegerei auf dem Hornberg der Name eines Flugzeuges von Wolf Hirth auf, das „Moazagotl“. Bei diesem sonderbaren Namen handelt es sich um die Bezeichnung einer „stehenden Wolke“ zwischen dem Riesengebirge und der nordöstlich davon gelegenen Stadt Hirschberg, welche schon seit alten Zeiten den Namen „Moazagotl“ führt.

Was dieser Ausdruck bedeutet, ist nicht genau bekannt. Es existiert aber eine Sage, die von einem wunderlichen Bauern erzählt, der vor vielen Jahren anstatt nur den Pflug und das Ochsengespann zu führen, allzuoft zum Himmel und den Wolken hinaufschaute. Er erzählte anderen Leuten, daß es mit dieser Wolke eine besondere Bedeutung auf sich haben müsse. Die Wolke ziehe bei Südwind nicht wie andere anständige Wolken mit dem Wind, sondern bliebe immer an derselben Stelle stehen.

Dieser Bauer soll Gottlieb Motz geheißen haben, der in schlesischer Mundart einfach der „Moatza Gottl“ genannt wurde. Bei der erstmaligen Beobachtung dieser „Wellenwolke“ ahnte wohl damals niemand, daß diese Wolkenart einmal die Voraussetzung für das Fliegen von Höhenrekorden in der ganzen Welt werden würde.

Ein weiterer außergewöhnlicher Name für ein Segelflugzeug war der Name „Hol's der Teufel“. Im Winter 1922/23 waren schwedische Flugschüler auf der Rhön zur Ausbildung. Dazu gehörte natürlich auch die Arbeit in der Werkstatt. Bei der für die Schweden ungewohnten Beschäftigung, der Fertigung von Nagelleisten, schlugen sie sich andauernd mit dem Hammer auf die Finger. Dabei wurde ständig auf schwedisch geflucht: „Djävlar anama“. Das ging so die ganzen Tage über und veranlaßte schließlich Alexander Lippisch dazu, seiner im Bau befindlichen Maschine den Namen „Djävlar anama“ zu geben. Die Schweden versicherten, daß dieser Ausdruck auf deutsch etwa soviel wie „Hol's der Teufel“ bedeute. Dieser Flugzeugtyp war billig und einfach zu bauen und flog ausgezeichnet. Damit wurde er zum konstruktiven Vorbild aller Gleitflugzeuge.

Anfang der fünfziger Jahre flog die Akademische Fliegergruppe Stuttgart noch mit einem „Original-Hol's der Teufel“ auf dem Hornberg. Dieses Exemplar wurde in den vierziger Jahren in der Schweiz als Rohbau mit einem aluminiumverkleideten Führersitz hergestellt. Die Stuttgarter Flieger tauschten das Flugzeuggerippe gegen eine hochwertige deutsche Markenkamera ein.

Mein C-Prüfungsflug

Von Fritz Dietrich, Aka-Flieg, Stuttgart

Am Donnerstag, den 22. Februar, sollte ich auf dem ornberg zur Segelflug-C-Prüfung starten. Zwar hatte noch nicht in einem Segelflugzeug gesessen, aber die atsache, daß das „Grunau-Baby“ sich wie eine Motormaschine fliegen lassen sollte, gab mir die Gewißheit, daß als Motorflieger ohne weiteres in der Lage sein ußte, ein solches Segelflugzeug fliegen zu können.

Wir hatten nur 7-Meter-Sekunden Wind, darum hrte mir ein im Segelflug erfahrener Kamerad nochals einen kurzen Flug vor. Dann wurde ich hineinrfrachtet, angeschnallt, bekam noch einige gute Ratläge, und noch ehe ich mich richtig sammeln konnte, eß es auch schon „Ausziehen — Laufen — Los“. Die aschine schießt über die Hangkante hinaus, ich versuchte ne Rechtskurve und muß feststellen, daß das „Baby“ tsächlich einer Motormaschine gleich dem Steuer gercht. Die Richtung der Hangkante einhaltend, bemühe mich eine gleichmäßige, zunächst etwas mehr gedrückte uglage innezuhalten, und bin erstaunt, wie ich ohne otor schnell aufwärts befördert werde. Am Ende des anges bin ich schon zirka 50 Meter hoch, drücke zur orsicht noch etwas mehr Fahrt an und kurve zurück. ach dreimaligem Auf- und Abpendeln habe ich eine öhe von 150 Meter erreicht. Jetzt ziehe ich etwas mehr, d bald glaube ich mit 200 Meter über Start die renze der Steigfähigkeit der Maschine erreicht zu haben.

Am Hang auf- und abpendelnd muß ich feststellen, daß mir diese Segelfliegerei immer mehr Spaß macht. Im Fliegerlager ist inzwischen Mittagspause. Zur Unterhaltung der Zuschauer drücke ich größere Fahrt an und drehe Steilkurven nach alter Motorflieger Sitte. Aber bald danach macht mir eine zunehmende Böigkeit viel zu schaffen. Auch die Tatsache, daß ich vergaß, ein Sitzkissen mitzunehmen, wirkt sich mit der Zeit unangenehm aus; aber noch macht mir die Fliegerei zu viel Spaß, so daß ich darauf keine Rücksicht nehmen kann. Nach 6 Stunden dreht der Wind nördlicher, und zwingt mich, zum höheren Nordhang hinüberzupendeln, den ich auch bald überstiegen habe. So erreiche ich bald eine Höhe von 300 Meter über Start. Mit der Zeit wird es da oben empfindlich kalt, und da ich mich wenig bewegen kann, fange ich bald an, beachtlich zu klappern. Noch eine halbe Stunde durchhalten, denke ich, dann bin ich 7 Stunden in der Luft gewesen. Scheinbar langsamer schleicht jetzt die Zeit und mein Zustand wird immer unangenehmer. Sobald ich glaube, daß die 7 Stunden erreicht sind, fliege ich zur Startstelle zurück und versuche eine Ziellandung in Nähe der Hallen, was mir auch einigermaßen gelingt. Herbeieilende Kameraden sind mir beim Aussteigen behilflich und ich erfahre, daß ich mit 7 Stunden und 11 Minuten den zuletzt aufgestellten württembergischen Dauerflugrekord um eine halbe Stunde überboten habe.

Schulbetrieb

Die Arbeit, die Schulungsarten und das gesamte Aufgabengebiet der Segelflugschule wurden maßgeblich von ihrem ersten Leiter, von Wolf Hirth geprägt. Seine Absicht war es, die Erfahrungen von wenigen Leistungsfliegern an möglichst viele junge Flieger weiterzugeben, die Schulung zu systematisieren sowie neue Startmethoden und Techniken zu erproben. Immer wieder mußte nach Unfällen festgestellt werden, daß die Anfängerschulung von Lehrern ohne entsprechende Erfahrung und somit völlig unzureichend durchgeführt wurde. Da es zu wenige wirklich erfahrene Fluglehrer gab, wurde bei den FAG's in den meisten Fällen „Selbstschulung" durchgeführt. So war es ein Hauptanliegen von Wolf Hirth, seine Erfahrungen verstärkt an die Mitglieder der Flug- und Arbeitsgruppen weiterzuvermitteln.

Die Anfängerausbildung wurde systematisiert, und man begann mit einer geregelten Fluglehrerausbildung. Auch in der Technik waren Verbesserungen nötig, so daß auch Werkstattleiter zur Überwachung von Reparaturen und Flugzeugneubauten auf dem Hornberg ausgebildet wurden. Die Mitglieder der Flug- und Arbeitsgruppen starteten im Rahmen ihres Vereinsflugbetriebes und aus Mangel an entsprechenden Fluggeländen in der Regel nur mit dem Gummiseil. Die Einweisung in Winden-, Auto- und Flugzeugschlepp erfolgte deshalb auf dem Hornberg.

In den dreißiger Jahren unterschied sich die Segelflugausbildung generell von der sonst üblichen Motorflugschulung.

Während die Schüler damals schon bei der Motorflugschulung in einem doppelsitzigen Flugzeug an der Doppelsteuerung ausgebildet wurden, mußte bei der Segelflugausbildung der Schüler von Anfang an allein starten. Die Methode der Segelfug- Alleinschulung wurde aus der Notwendigkeit heraus in einer Zeit geboren, in der man noch nicht in der Lage war, geeignete doppelsitzige Gleit- bzw. Segelflugzeuge zu bauen. Sie setzte sich durch und behauptete sich auch noch in späteren Jahren, als es schon geeignete Doppelsitzer gab.

Dadurch, daß der Fluglehrer den Schüler von Anfang an allein fliegen ließ, konnte er erst nach dem Flug die Fehler mit ihm durchsprechen. Auf dem Hornberg der dreißiger Jahre war es in der Regel so, daß ein Fluglehrer eine Gruppe von etwa fünf bis zehn jungen Männern auszubilden hatte. Dies waren viele verschiedene Charaktere, auf die der Lehrer einzeln einzugehen hatte, wollte er allen zu Lernerfolgen verhelfen. Da war zum Beispiel der vorwitzige

Links: Fluglehrer Paul Espenlaub
Unten: Der Fluglehrer erteilt letzte Anweisungen vor dem Start.

Oben: Fluglehrer Erwin Kraft (links) schnallt einen Flugschüler fest. Daneben Wolf Hirth.
Rechts: Der Fluglehrer erklärt dem Schüler (mit dem „Trudelbecher" auf dem Kopf) gewissenhaft seine Aufgabe.

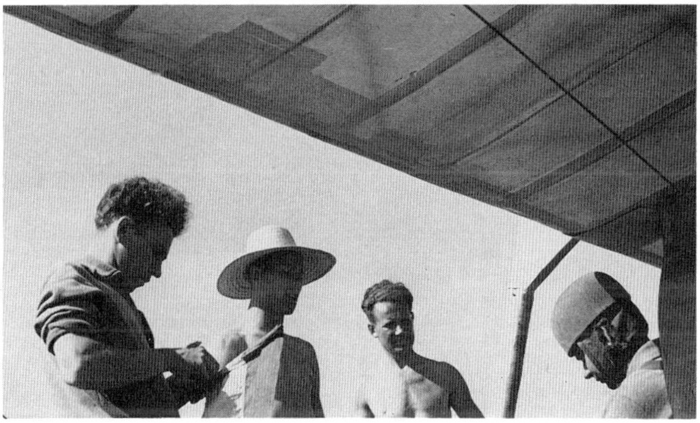

Freche, der die Sache oft allzu leicht nahm und bei jedem Flug gebremst werden mußte, damit er nicht zuviel wagte und sich dabei überschätzte. Dem Schüchternen und Unsicheren war ständig sein Selbstvertrauen zu stärken. Da gab es dann noch den bürokratisch Gründlichen, dessen angelesenes theoretisches Wissen es nun in die Praxis umzusetzen galt.

Vor dem Start stellte der Lehrer genau Windgeschwindigkeit und Windrichtung fest und ließ das Flugzeug fast peinlich genau in den Wind ausrichten. Je nach Windstärke wurde die Anzahl der Starthelfer bestimmt. Je stärker der Wind war, um so geringer war jeweils die Stärke der Startmannschaft. Der Fluglehrer kniete sich neben seinen in der Maschine sitzenden Schüler, schnallte ihn selbst richtig fest und erklärte ihm gewissenhaft nochmals seine Aufgabe. Beim Start blieb er am Startplatz stehen, von dem aus das Flugzeug langsam talwärts glitt. Er sah von hinten auf die Maschine, so daß ihm kein Ruderausschlag entging. Somit konnte er jedem Schüler nicht nur über das allgemeine Flugbild etwas sagen, sondern jede einzelne Ruderbewegung und jeden kleinsten Fehler genauestens beobachten und im anschließenden Gespräch korrigieren.

Die vielen kleinen Rutscher und Sprünge, welche der Schüler zu Anfang seiner Ausbildung ausführen mußte, sollten ihn an das Flugzeug gewöhnen. Je routinierter das Starten, Abheben und Gleiten wurde, um so sicherer und gelöster wurde er. Erst von dieser Schulungsphase ab begann er, seine Umgebung bewußt wahrzunehmen und sich nicht mehr so krampfhaft nur auf das Flugzeug zu konzentrieren. Er sah jetzt wirklich den Richtungspunkt, auf den er von Anfang an zuhalten sollte, mit ganz anderen Augen. Er spürte von Mal zu Mal die Bewegungen der Maschine intensiver, ohne daß ihn jedesmal ein Schreck durchzuckte. Plötzlich fühlte er es ganz deutlich, wie die Maschine reagierte, wenn er ein Ruder betätigte. Er empfand, wie das Flugzeug gehorchte, ihm gehorchte! Im Augenblick dieses Empfindens hatte der Fluglehrer gewonnen, denn die schwerste Hürde war jetzt genommen. Sein Schützling glaubte nun an sich und sein Flugzeug. Er konnte fliegen!

Während mit dem Erreichen von A- und B-Prüfung die Gleitflugausbildung abgeschlossen war, begann mit der C-Prüfung die Ausbildung zum Segelflieger. Für jeden Ausbildungsabschnitt wurden die dafür am besten geeigneten Flugzeugtypen verwendet. So waren beispielsweise 1935 25 Flugzeuge an der Segelflugschule Hornberg im Einsatz. Flugbereit waren davon jedoch immer nur etwa 12 bis 15. Der Rest war zur Wartung oder Reparatur in den Werkstätten. Nach der C-Prüfung hatten Fluglehrer die Schüler mit Doppelsitzern auf „sauberes Fliegen“ hin überprüft. Dabei erhielten sie ihren letzten Schliff im Kurvenflug und Thermikkreisen. Dazu gelangte zunächst eine „Grunau 8“ zum Einsatz, die später dann durch den „Kranich II“ und die „Goevier“ mit nebeneinanderliegenden Sitzen abgelöst wurde.

Bei längeren Thermikflügen erfolgte dann die Einweisung in den Blindflug. Die Beherrschung von Gefahrenzuständen, das Fliegen von Loopings und das Trudeln schlossen sich an.

Falsch

Richtig

Fluggerät ist sorgsam zu behandeln!

Ein Segelflugzeug ist kein Scheunentor! Wer zum Hochheben keine bessere Handhabe findet als eine Düse oder einen Flügelstiel, wird nicht viel Freude an seiner Kiste haben.

Wer Freude an seiner Kiste haben will, behandelt sie so wie vorgeschrieben: Hände nur an die Griffstellen, vorsichtig auf den Transportwagen legen.

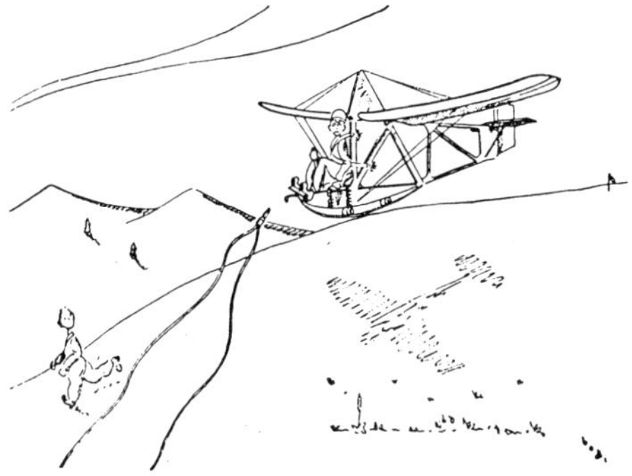

Zeichnungen (4): Bonitz

Start

Beim Start nicht ziehen — erst muß der Gleiter genügend Geschwindigkeit aufnehmen, sonst gibt es eine „Himmelsfahrt“ wie hier

Der Knüppel ist kein Pumpenschwengel! Der Schüler hat sich stets genau nach den Anweisungen des Fluglehrers zu richten

Dabei erhielt der Unterwiesene eine noch größere Sicherheit im Umgang mit seiner Maschine und lernte ihre Eigenschaften in allen Flugzuständen besser kennen. Nach diesen Ausbildungsabschnitten wurde auf verschiedene andere Typen umgeschult.

Diese umfangreiche Ausbildung lief natürlich über einen Zeitraum von mehreren Monaten. Nach längeren Dauerflügen am Hang und in der Thermik konnten dann die ersten Streckenflugversuche unternommen werden. Dazu fanden zunächst einmal Übungssegelflugzeuge wie das „Grunau-Baby II", die „Hütter H 17" oder die „ESG-31 Stanavo" Verwendung, bevor dann später mit Leistungs-Segelflugzeugen „auf Strecke" gegangen werden durfte.

Schulleiter Wolf Hirth war auch bekannt für seine guten Einfälle, die teilweise geradezu genial einfach waren und sich in der Schulpraxis hervorragend bewährten. Bei der großen Anzahl von Flugschülern in der Mitte der dreißiger Jahre kam es häufiger vor, daß die Lehrer die Übersicht über die Gruppen und den Ausbildungsstand einzelner verloren.

Oben: Gewitterstimmung über dem Hornberg.
Rechts: Segelflughauptlehrer Max Beck (vorn) im Doppelsitzer „Grunau 8".

Bilder linke und rechte Seite: Wolf Hirth im Kunstflug in einem „Grunau-Baby II" über dem Flugplatzgelände.

Wolf Hirth löste dieses Problem durch die Einführung von Mützen mit unterschiedlicher Farbe. So erhielten die A-Flieger grüne, die B-Flieger gelbe und die C-Flieger blaue Mützen. Die Farbe für die Leistungsflieger war rot, und die Segelfluglehreranwärter trugen eine weiße Kopfbedeckung.

Hatte z.B. ein A-Flieger die B-Prüfung abgelegt, so befestigte er beim nächsten Morgenappell zusätzlich ein Zeichen wie z.B. eine Kastanie oder Feder an seiner Mütze. Somit wußten die Lehrer Bescheid, und der Flugschüler bekam die ihm zustehende gelbe Mütze.

Mein Höhen- und Dauerflug am Hornberg

Am 8. März startete ich mit der „Fledermaus" der Akaflieg Stuttgart zu einem Dauerflug und krebste zwei Stunden am Westhang des Hornberg. Gegen 12 Uhr machte sich über dem zum Teil noch schneebedeckten Gelände Thermik bemerkbar. Ich bekam nach einigen vergeblichen Versuchen Anschluß und durch dauerndes Kreisen erreichte ich in 20 Minuten die Wolkenbasis. Der Höhenmesser zeigte zwar nichts an, aber schätzungsweise war ich 800 Meter über Start. Ich wollte mir nicht wieder, wie während der letzten Rhön den Vorwurf machen, 1000 Meter Höhe verpaßt zu haben. So entschloß ich mich, meine Rechtskreise fortzusetzen und einen Wolkenflug zu wagen.

Noch kurz die Fallschirmgurte geprüft, Pelzhandschuhe angezogen, und schon war die „Fledermaus" in dichtes Grau gehüllt. Knisternd froren die Fenster in wenigen Sekunden zu. Der Fahrtmesser stellte sich auf Null, denn die Düse war sofort vereist. Dem Wendezeiger wäre es wohl ebenso gegangen, wenn er überhaupt eingebaut gewesen wäre. Nur der Kompaß drehte sich gleichmäßig und das Variometer zeigte unentwegt zwischen 2 und 4 Metersekunden. Steigen. Langsam schlich der Zeiger der Uhr um 6 Minuten weiter, und ich wunderte mich schon, wie einfach das Blindfliegen in der Wolke auch ohne Wendezeiger war.

Da fing es auf einmal an, finster bockig zu werden. Schokolade fiel im Führersitz umher, und dichter Hagel trommelte auf die Flächen. Es brauste, und bei leichtem Ziehen am Knüppel glaubte ich durch den Sitz gedrückt zu werden. Vermutlich lag die Kiste zu steil in der Rechtskurve, und ich versuchte, sie flacher zu legen.

Dabei habe ich wohl zu lange die linke Endscheibe ausgetreten, denn der Kompaß machte jetzt ordentlich Touren nach der andern Richtung. Das Variometer zeigte minus 5, aber ich war froh, auf diese Weise bald wieder unten aus dem Hexenkessel herauszukommen. Es dauerte zwei lange Minuten, bis ich endlich durch das offene Guckloch der in steiler Linkskurve liegenden „Fledermaus" ein Stück Erde erblickte.

Aus dem Barogramm ersieht man, daß ich in acht Minuten 800 Meter gewonnen und 500 Meter wieder verloren hatte, als ich seitlich aus der Wolke herausfiel. Ich befand mich zwischen zwei hoch aufsteigenden Kumulusbergen und schickte mich an, in östlicher Richtung auf Strecke zu gehen, denn ich mußte schon ziemlich weit von der Startstelle abgetrieben sein. Da erkannte ich durch ein Wolkenloch die Felsen des Rosenstein, und ich entschloß mich, die 12 Kilometer zum Hornberg zurückzukehren. Dort kam ich sehr tief an, bekam aber bald wieder Thermikanschluß und erreichte noch zweimal in 1000 und 1200 Meter Höhe die Wolkenbasis. Da ich nicht geneigt war, ohne Wendezeiger wieder hineinzugehen, wich ich den Wolken jedesmal aus.

Als gegen 16 Uhr Thermik und Wind nachließen, landete ich nach 6 Stunden 47 Minuten neben der Startstelle. Ich konnte es kaum erwarten, bis der Barograph ausgebaut war, der mit 1500 Meter über Start anzeigen sollte, daß die letzte Bedingung für das Leistungsabzeichen erfüllt war.

K. Baur.

Prüfender Blick von Wolf Hirth zu den am Westhang fliegenden C-Piloten.

Der Albschäfer

Kaum wegzudenken von einem Segelfluggelände auf der Schwäbischen Alb wäre der Schäfer, sowohl heute wie auch in den dreißiger Jahren.

Damals erfuhr ein Fluglehrer auf dem Hornberg, was wohl so ein alter, vom rauhen Klima gegerbter Albschäfer von der Fliegerei hielt. Wiederholt wurde er eingeladen, einmal im Doppelsitzer mitzufliegen. *„Aber et mit sechs Gäul brenget ihr mi en so a Flugzeig nei!“* Er habe

Oben: Albschäfer auf dem Kalten Feld. Links im Bild die „Villa Maus“, die bereits im Jahre 1904 als erste Unterkunftshütte erstellt wurde. Rechts im Bild das „Franz-Keller-Haus“. Unten: „Buschlandung“.

es genau gesehen, als er einmal – was er selten tat – ganz nahe dabei gestanden habe, daß die Piloten nur gezwungenermaßen fliegen. Diese würden ja angebunden und damit sie ja nicht mehr herauskönnten, setze man auch noch einen Deckel oben drauf. Außerdem sei es höchst selten, daß einer wieder heil und unversehrt herunterkomme.

Zwar gab es in den dreißiger Jahren entschieden mehr Unfälle und Brüche als heutzutage, aber ganz so selten waren normale Landungen auch wieder nicht.

Oben links: ,,Ein ganz normaler Bruch".
Oben rechts und rechts: Kollision eines ,,Wolf" mit einer Egge, deren Pferdegespann erschreckt davonlief und das leicht beschädigte Flugzeug mitschleifte und dabei vollständig zerstörte.

Startarten

„Condor I" startbereit! Gut erkennbar ist das dicke Flügelprofil.

Wurden in den Anfangsjahren des Segelfluges die ersten, recht zerbrechlich anmutenden Flugapparate noch durch Lauf- und Handstart in die Luft gebracht, so wurden im Laufe der Jahre verschiedene weitere effektivere Startarten entwickelt. Zunächst beschränkte sich das Gleit- und Segelfliegen in den zwanziger Jahren und Anfang der dreißiger Jahre nur auf die Mittelgebirge und den Gummiseilstart. Erst mit der Entwicklung von Seilwinden-, Autoschlepp- und Flugzeugschlepp-Start konnte der Segelflug auch in der Ebene betrieben werden.

Der Erfinder des Gummiseilstartes war der Sieger des 1. Rhönwettbewerbes im Jahre 1920, Wolfgang Klemperer. Zu dieser Zeit wurde das Gummiseil noch hinter dem Schwerpunkt am Kufenende des Flugzeuges befestigt. Erst als einige Brüche die Gefährlichkeit und Instabilität dieser Befestigungsart zeigten, ging man dazu über, das Gummiseil an einem an der Rumpfspitze angebrachten Haken einzuhängen. Die Befestigungs- und Hakenart wurde von Jahr zu Jahr verbessert. Ebenso die Qualität und Haltbarkeit der Startseile, die mit einer speziellen Garnumspinnung versehen waren, welche die notwendige Abriebfestigkeit gewährleistete.

Auf dem Hornberg befanden sich die Startstellen für den Gummiseilstart, den man wohl als die klassische Segelflugzeug-Startart bezeichnen kann, je nach Windrichtung an verschiedenen Stellen der Hochebene. Die Hauptstartstelle, an der fast ausschließlich wegen der überwiegenden Winde aus westlichen Richtungen gestartet wurde, befand sich an der „Schedeldüse". So wurde bei West- und Nordwestwind an der „Schedeldüse" und bei Südwestwind am „Kurrerbaum" gestartet. Für den selten auftretenden Wind aus Nordost wurde eine Startmöglichkeit am „Kranzbühler-Haus" angelegt. Der jeweilige Startplatz wurde von der Flugleitung festgelegt und, falls erforderlich, auch mehrmals am Tag geändert. Von den Schülern mußten zu Beginn des Flugbetriebes die Startgeräte zur Startstelle gebracht werden. Neben Startseilen, Fallschirmen und Sitzkissen durften auch Dinge wie Flugleitungsflagge und der Windmesser nicht fehlen. Der Start erfolgte vor Errichtung des Fliegerlagers auf blankem Grasboden. Im Flugbetrieb der Flugschule wurde dann auf einer sechs Meter langen Bretterbahn gestartet. Um die Kufenreibung weiter zu verringern, wurde sie auch mit Schmierseife eingerieben. Zum Reinigen der Holzbohlenstartbahn wurde außerdem ein Besen mitgenommen.

Oben: Die Haltemannschaft in Aktion.
Rechts: Gummiseilstart des Doppelsitzers ,,Gö 2" (Göppingen 2) an der Schedeldüse.
Rechte Seite: Start an den Westhang vom Blickwinkel der Haltemannschaft aus gesehen.

Gießkannen mit Brausekopf, ein Stab zum Aufrühren sowie Wasser und Schmierseife waren zur Erzielung einer besseren Rutschfähigkeit der Flugzeuge auf dem Holz zu Beginn des Startes notwendig.

Die Startseile, die eine Länge von etwa 30 bis 50 Metern hatten, wurden täglich vor dem ersten Flug von den Fluglehrern auf ihren einwandfreien Zustand überprüft. Unter normalen Bedingungen erforderte ein Start eine Seilmannschaft von etwa acht bis zehn Mann. Die Haltemannschaft setzte sich aus zwei bis vier Leuten zusammen. Schwere Flugzeuge, wie die „Grunau 8“ oder das „Moazagotl“, erforderten dagegen 12 bis 16 Helfer.

Je nach Art und Gewicht der Flugzeuge wurden unterschiedliche, d.h. 600- oder 800fädige Startseile verwendet. Bei ausgesprochen schweren Maschinen oder wenn eine erhöhte Anfangsgeschwindigkeit gewünscht wurde, fanden, um einen sicheren Start zu gewährleisten, teilweise auch zwei Seile zusammen Verwendung. Mit den Kommandos „Ausziehen!“ – „Laufen!“ – „Los!“, die in der Regel der Mann an der Fläche gab, wurden die Maschinen dann mehr oder weniger gelungen an den Hang hinauskatapultiert.

Das erste Kommando „Ausziehen!“ ertönte, nachdem sich der Flugzeugführer und die Startmannschaft startfertig gemacht hatten. Dabei wurde das Gummiseil von der Startmannschaft im Schrittempo gespannt. Beim Ertönen von „Laufen!“ rannte die Zugmannschaft im Laufschritt bergabwärts, um das Seil mit dem Schwung ihrer Körper verstärkt zu spannen und damit einen gewissen Katapulteffekt zu erzeugen. Beim Ausruf „Los!“ ließ die Haltemannschaft den Schwanz des Flugzeuges los. Durch die starke Seilspannung ruschte die Maschine auf ihrer Kufe einige Meter auf dem Boden bergab und hob dann nach Erreichen einer gewissen Geschwindigkeit ab.

Um auch mit weniger Starthelfern starten zu können, übernahm die Aufgabe der Haltemannschaft teilweise eine sogenannte „Startfalle“. Dabei wurde das Flugzeugende mittels einer im Boden verankerten Haltevorrichtung festgehalten. Bei genügender Seilspannung durch die Ausziehmannschaft konnte der Pilot die Startfalle über einen Auslösemechanismus selbst auslösen und das Flugzeug im geeigneten Moment zum Start freigeben.

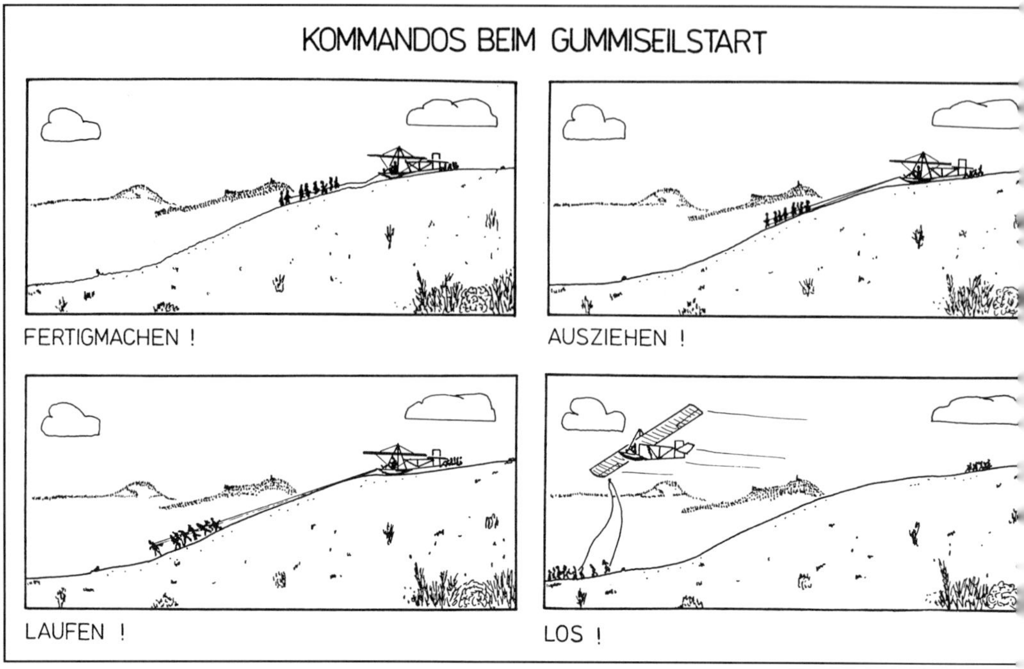

Max Beck am Steuer des Schleppfahrzeuges 1935.
Im Hintergrund die Flugzeughalle III im Bau.

Oben: Autoschlepp auf der eigens dafür angelegten Schleppstraße.
Mitte und unten: Für die ersten Schlepps, bei denen es nicht selten Brüche gab, wurde die „Radelrutsch“ mit einem dritten Rad im Rumpfbug verwendet. Die Rumpfverkleidung bestand aus einer besonders festen Pappe.

Eine wesentlich besserere, weil maschinelle Startart war der Autoschlepp. War er auch lange Zeit sehr umstritten, so hatte er Mitte der dreißiger Jahre eine große Bedeutung für den Segelflugsport. Es ist vielleicht nicht allgemein bekannt, daß bereits die Gebrüder Wright mit ihrem ersten Gleitflugzeug Autoschleppflüge an der amerikanischen Westküste durchgeführt haben. Erst später bauten sie dann einen Motor in das Flugzeug ein. In den USA wurde 1928 und 1930 durch deutsche Expeditionen eine starke Segelflugbewegung ins Leben gerufen, die ihrerseits wieder das Bedürfnis nach einem einfachen Startverfahren im Flachland hatte. Was lag also im Land der automobilen Freiheit näher, als mit dem Auto die Segelflugzeuge in die Luft zu ziehen. Schnell entwickelte sich in den USA der Autoschlepp als gebräuchlichste Startart, die schließlich auch ihren Weg nach Deutschland fand.

Der erste Autoschleppstart in Deutschland wurde von Wolf Hirth, der ihn in den USA kennenlernte, 1931 in Grunau ausgeführt.

Später, 1933 und in den folgenden Jahren, wurde er dann von ihm auf dem Hornberg systematisch weiterentwickelt und ausgebaut. Auf der eigens dafür angelegten Straße wurden

Linke Seite oben: „Grunau-Baby II" im Schlepp einer „Klemm 25".
Linke Seite unten: Chrysler-Cabriolet mit verkleideter „Grunau 9v" im Schlepp.
Ganze rechte Seite: Die 100 PS starke Seilwinde. Von Sicherheitseinrichtungen für den Fahrer noch keine Spur.

für den Schlepp nur Fahrzeuge mit einer starken Beschleunigung sowie einem mindestens 50 PS starken Motor verwendet. So war z.B. 1935 ein Chrysler-Cabriolet mit Auslösevorrichtung und entsprechender Erdung im Einsatz. Die 30 bzw. 120 Meter langen Schleppseile hatten einen Durchmesser von 3,5 bis 4,2 mm. Neben diesen Schleppseilen wurde auch ein 80 m langer Schleppdraht aus verkupfertem Bettfedernstahl verwendet. Während die Seile im Gerätestand der Halle II lagerten, ist der Draht, gegen Knicken geschützt, im Freien entlang des Zaunes am Wirtschaftsgebäude aufbewahrt worden.

Als Hauptargumente für die Anfangsschulung im Autoschlepp galten damals die Kürze und die Gründlichkeit der Ausbildung bei kleinem Bruchrisiko. Mit dieser rationellen Anfängerschulung machte man sich erstmals unabhängig vom personalintensiven Gummiseilstart. Außerdem konnten große Ausgangshöhen über Grund erreicht werden, wobei auch eine bessere Vorschulung für das Hangsegeln gegeben war. Bei gut eingespieltem Flugbetrieb waren pro Tag manchmal bis zu 100 Flüge mit einer durchschnittlichen Flugzeit von 30 Sekunden möglich. Geschleppt wurden bis Ende 1934 in der Regel Schulgleiter vom Typ „Grunau 9", in besonderen Fällen auch die zweisitzige „Grunau 8" und vereinzelt auch andere Typen.

Ab 1935 erfolgte dann die Schulung im Autoschlepp nur noch auf offenen oder verkleideten Schulgleitern vom Typ „Grunau 9". Für den Autoschleppstart wurden nur besonders geeignete und teilweise umgerüstete Flugzeuge verwendet. So besaß die „Grunau 9" anfangs, bis Ende 1934, ein Dreirad-Fahrgestell („Radelrutsch") und ab 1935 dann nur noch zwei Räder und eine Kufe. Wegen des großen Verschleißes wurde die Kufe mit Blech oder einer alten Auto-Blattfeder überzogen. Dies war notwendig, da das Flugzeug bei den ersten Rutschern nur auf dem Boden rollte und der Schüler sein ganzes Augenmerk auf die richtige Bedienung des Seitenruders legen mußte, um hinter dem fahrenden Auto Kurs zu halten.

Hatte er etwa fünf solcher Rutscher am 30-Meter-Seil erfolgreich hinter sich gebracht, so wurde das Flugzeug durch einen stärkeren Rädersturz oder ein Einradfahrgestell labiler gemacht. Damit war der Schüler gezwungen, ab jetzt zusätzlich noch das Querruder zu betätigen.

Der nächste Ausbildungsabschnitt verlangte die Handhabung des Höhenruders, die so erfolgen mußte, daß teilweise die Kufe vom Boden frei kam. Das hieß, daß das Flugzeug nur auf den Rädern rollte. War er in diesen Übungen sicher, so durfte er ein bis zwei Meter vom Boden abheben und in dieser Höhe hinter dem Schleppfahrzeug herfliegen. Die Landung erfolgte zwangsläufig durch Verlangsamung der Fahrgeschwindigkeit des Schleppwagens. Ausgeklinkt wurde vorerst durch den Lehrer vom Fahrzeug aus. Nach weiteren 15 solcher Flüge wurde die Flughöhe auf bis zu 15 Meter gesteigert.

Bei zunehmender Sicherheit im Schlepp und schrittweise größerer Höhe mußte der Flugschüler auf eine Winkzeichen des Fluglehrers hin selbst ausklinken und sich überzeugen, ob das Seil tatsächlich abgefallen war. Anschließend wurde ein 90-Meter-Seil verwendet, mit dem eine Flughöhe von etwa 25 Metern erreicht werden konnte. Ausgehend von dieser Höhe war nun erstmals das Üben von flachen 45-Grad-Kurven möglich. Nach einer Gesamtzahl von etwa 25 bis 30 Flügen wurde die Höhe mit dem 120-Meter-Seil auf 50 bis 60 Meter gesteigert. Hierbei war die Durchführung von S- und Wendekurven sowie von Ziellandungen möglich. Für letztere wurde im Landefeld eine Landemarke ausgelegt. Die Schüler waren in zwei Gruppen eingeteilt, die Start- und die Umkehrgruppe. Geflogen wurde in zwei Richtungen. Der Startplatz, an dem der Führerwechsel vorgenommen wurde, war immer am Südende der Autoschleppstrecke, dem „Rondell".

Eine weitere Startmöglichkeit auf dem Hornberg war der Flugzeug-Schlepp. Den ersten wirklichen Flugzeug-Schlepp führte Gottlob Espenlaub im Schlepptau von Gerhard Fiseler am 12. März 1927 in Kassel durch. Die Idee, Segelflugzeuge durch Motorflugzeuge in die Luft zu schleppen, griff die Rhön-Rositten-Gesellschaft auf und entwickelte sie weiter, so daß diese Schleppart praxiserprobt auch auf dem Hornberg angewandt werden konnte. Zur Erlangung einer gewissen Praxisreife leisteten zudem Peter Riedel als Schleppilot und Günter Groenhoff im Segelflugzeug wertvolle Erprobungsarbeit. Auf dem Hornberg dienten Motorflugzeuge der Typen Klemm 25 und Heinkel „Kadett", später dann Fw-44 „Stieglitz" und Klemm 35 als Schleppmaschinen.

Durch eine weitere Startart, den Seilwindenstart, konnte auf dem Hornberg eine Starthöhe von etwa 200 bis 300 Metern erreicht werden. Zu Beginn des Schulbetriebes 1933/34 war die Seiltrommel neben einem Rad auf der Hinterachse eines Autos angebracht. Erst in späteren Jahren wurden Schleppwinden mit je einem separaten Schlepp- und Fahrmotor auf dem Hornberg eingesetzt.

Der Isidor

„Isidor“! Wahrlich, ein außergewöhnlicher und seltener Name. Eigentlich war der „Isidor“ eine Institution, die zu den Fliegern auf dem Hornberg gehörte wie Hans Moser zum Wiener Film.

Isidor Schmid, Jahrgang 1878, Bauer des Tannhofes und zeitweise Schäfer auf dem Hornberg und dem Kalten Feld, war die schwäbische Gemütlichkeit in Person und hatte eine besondere Beziehung zu den Segelfliegern. Die Verbundenheit des Fliegerlagers mit Isidor ging so weit, daß die Außenlandungen hinter seinem Hof am Fuße des Hornbergs nach ihm benannt wurden. War einem Flugzeugführer die Landung oben auf dem Fluggelände nicht möglich, so war er nicht wie sonst etwa „abgesoffen“ oder „abgekocht“, sondern mußte „einen Isidor machen“.

Eine verkleidete „Grunau 9v“, auch „Grunau-Ei“ genannt, wird mit Hilfe eines Transportkarrens vom Landefeld beim Tannhof hangaufwärts zur Startstelle transportiert.

Dies vernahm einmal ein soeben erstmals im Fliegerlager eingetroffenes „Nordlicht“. Bei seinen Kameraden wagte er sich nicht nach der Bedeutung dieses Ausdruckes zu erkundigen. So fragte er unten im Tal zufällig die Tannhofbäuerin, die es ja wohl auch wissen könnte, *„Isidor – wat is dat denn, is dat en Berg oder wat?“* Die resolute Bäuerin antwortete daraufhin herzhaft lachend auf schwäbisch: *„Das ist ein Berg von einem Mann, mein Mann!“*

Ein Zeitungsreporter schrieb einmal in einem Artikel über den Hornberg: *„Der Isidor, das ist der Bauer des unterhalb des Hornbergs gelegenen Tannhofes, ein Urschwabe von echtem Schrot und Korn!“* Eines Tages hatte Isidor, wie so oft, auf dem Hornberg Schafe gehütet und

„Ein Urschwabe von echtem Schrot und Korn": Tannhofbauer Isidor Schmid mit einem seiner Hütehunde und seiner Schafherde.

war in der warmen Frühlingssonne eingedöst. Er muß diesmal wohl etwas länger geschlafen haben, als er von Norbert Burkhardt, der damals in der Werkstatt auf dem Hornberg tätig war, geweckt wurde. Burkhardt teilte ihm mit, daß seine Schafe schon allein talwärts nach Hause getrottet waren. Daraufhin sprang er erschreckt auf und lief so schnell er konnte seinen Schafen hinterher.

Doch er war nicht nur ein „Original und Urviech", sondern auch bekannt dafür, einen guten Most herzustellen, der sogar überregionalen Ruf genoß. Tagsüber hatte sich Isidor mit seiner Familie um 20 Stück Vieh und 200 Schafe zu kümmern. Abends versorgte er die durstigen Segelflieger vom nahen Hornberg mit kühlem Apfelwein.

Böse Zungen behaupteten, mancher Könner und Leistungsflieger wäre trotz des guten Windes und der ausreichenden Flughöhe absichtlich beim Tannhof gelandet, um so schneller bei Isidor und seinem guten Most sein zu können. Bei der strengen Lagerordnung und den Flugregeln der Segelflugschule war das kaum möglich. Diese absichtlichen Landungen beim Isidor blieben demnach wohl an den auf dem Hornberg fliegenden FAG-Mitgliedern hängen. Die Flugschüler und Fluglehrer der Schule marschierten dann abends, nachdem die Tore der Flugzeughallen geschlossen waren, den Steilhang zum Tannhof hinunter.

Im Sommer saß man vor dem Haus auf Bänken, den Rest des Jahres in der warmen gemütlichen Bauernstube beisammen. Je nach Anzahl der Flieger, der Größe des Durstes und der Stimmung mußte mehr oder weniger oft perlig klares Apfelgetränk aus dem Keller geholt werden. Bei den zwei- bis dreitausend Litern, die pro Jahr im niedrigen Gewölbekeller gelagert wurden, dürfte es kaum Nachschubprobleme gegeben haben. Dabei ist unschwer vorstellbar, daß sich anschließend der Heimweg bergwärts zum Fliegerlager manchmal weitaus schwieriger gestaltete als der Weg hinab zum Tannhof.

Hangflug

Der Großteil der Flugzeit auf dem Hornberg wurde im Aufwind des Westhanges erflogen. Nach dem Start am Hang war ein Kurvenflug, das hieß die Startkurve, erst nach dem Passieren der Bäume an der Hangkante erlaubt. „Immer vom Hang wegkurven", so lautete die wichtigste Hangflugregel, auf deren Einhaltung streng geachtet wurde. Die Hangflugordnung verbot außerdem, in niedriger Höhe, etwa 50 Meter über dem Hornberg, hinter die westliche Hangkante über die Gebäude und die Parkplätze des Fliegerlagers zu fliegen.

Daß Kunstflug am Hang nicht erlaubt war, versteht sich zwar von selbst, es wurde aber dennoch in den Regeln darauf hingewiesen.

Die Wendemarken an den einzelnen Hängen waren genau vorgeschrieben und mußten peinlichst eingehalten werden. Bei Wind aus der Hauptwindrichtung West waren die Schedeldüse und das Hörnle die Wendepostitionen, bei Nordwestwind die Schedeldüse und der Tannfelsen. Blies der seltenere Südwestwind, so wurde nur zwischen Wirtschaftsgebäude und dem Steinbruch beim Hörnle geflogen.

Für die genaue Einhaltung der Hangflugordnung, der Vorschriften und fliegerischen Disziplin sorgte die ständig auf dem Hornberg stationierte Luftpolizei. Der erste Luftpolizist, welcher auf dem Hornberg nach der Eröffnung der Schule Dienst tat, war Wachtmeister Streckfuß. Dieser war gefürchtet, da er beim geringsten Fehlverhalten den Piloten unverzüglich Startverbot erteilte. Sobald ein Flugzeug über die einzelnen Wendepositionen hinausflog, schoß er ihm sofort eine Leuchtkugel vor den Bug. Bei großem Andrang konnte die Zahl der am Hang segelnden Flugzeuge von der Flugleitung beschränkt werden, um die Flugsicherheit zu gewährleisten.

So wurden für „Grunau-Baby", „Albbussard", „Grunau 8" und „Falke" eine Höchstwindgeschwindigkeit von 70 km/h festgelegt. Für den „Professor", die „Fliege" und das „Grunau-Ei" lag dieser Höchstwert bei etwa 45–55 km/h. Diese Werte konnten jedoch je nach Heftigkeit und Stärke der vorherrschenden Böigkeit nach oben und unten verändert werden, was nur allein der Flugleiter zu entscheiden hatte.

Sperrholzwolke über dem Hornberg-Westhang. Über die genaue Einhaltung der Hangflugordnung wachte die Luftpolizei.

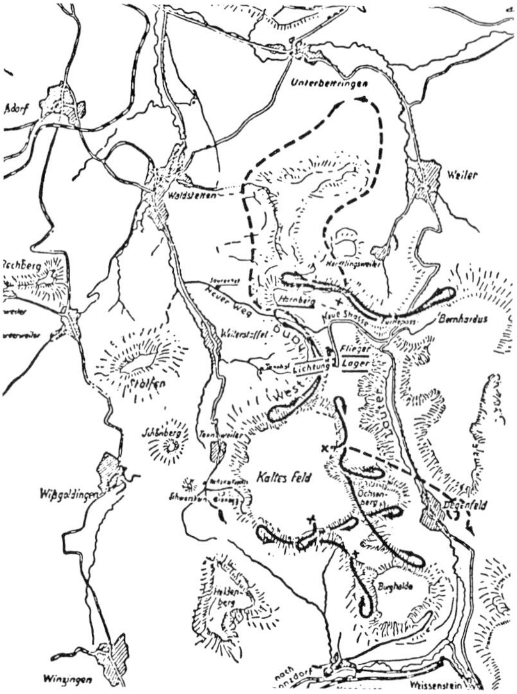

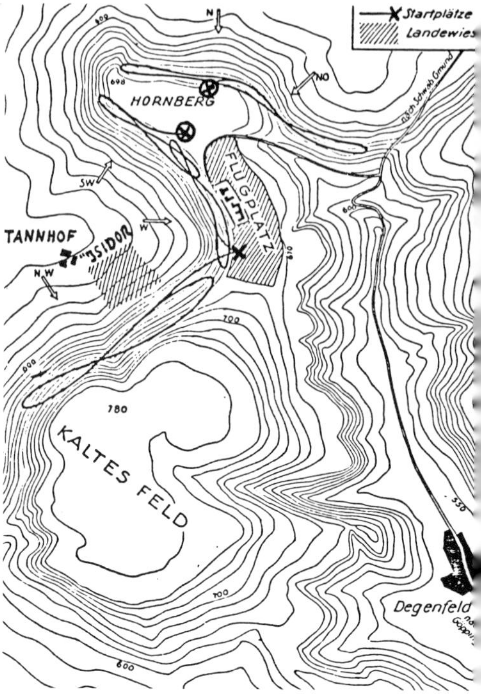

Oben: Fluggeländeübersicht mit eingezeichneten Hangflugmöglichkeiten.
Unten: Landeaufforderung!

Wolf Hirth mit Georg Brütting in der „Grunau 8". Dieser Doppelsitzer wurde von Wolf Hirth im Auftrag des Deutschen Luftfahrtverbandes konstruiert und gebaut.

Das Landen in die Schedeldüse hinein direkt über dem Startplatz, war im allgemeinen nicht gestattet. Nur im Notfall, z.B. bei plötzlichem Nachlassen des Windes, war dies den noch etwas höher fliegenden Maschinen erlaubt. Die Landung auf dem Flugplatz hatte parallel zur Autoschleppbahn zu erfolgen. Die eigentliche Landewiese lag westlich am Fuße des Hornbergs beim Tannhof. Kam es, und das nicht zu selten, zu einer Bruchlandung, so war der Pilot angehalten, sofort auszusteigen und durch Schwingen seines Taschentuches anzuzeigen, daß er unverletzt geblieben war. Für eventuelle schwere Unfälle mit Verletzungen war ein Lagerarzt anwesend.

Da es in jenen Jahren noch keine Funkgeräte gab, war jedem Piloten im jeweiligen Flugzeug ein bestimmtes Landezeichen vorgegeben. Die Aufforderung zur Landung erfolgte zum Beispiel durch Kreise, Ketten oder Kreuze, die von den Startmannschaften gebildet wurden, oder durch Auslegen von weißen Tuchbahnen. Für jedes Flugzeug gab es ein Landezeichen, welches im jeweiligen Führersitz abgebildet war. Jeder der hangsegelnden Piloten konnte so das am Boden angegebene Landesymbol mit dem seines Flugzeuges vergleichen und sofort erkennen, ob ihm die Landeaufforderung galt. Dem Startschreiber, der in einem Holzhäuschen am „Busch" saß, lag ein Verzeichnis sämtlicher Flugzeuge mit ihren zugehörigen Landezeichen vor.

Eine weitere, jedoch seltener genutzte Möglichkeit zur Landeaufforderung war das Abschießen von weißen Leuchtkugeln. Der Abschuß von grünen Leuchtkugeln war die generelle Landeaufforderung für alle sich am Hang befindlichen Flugzeuge. Rote ermahnten zur Vorsicht bei der Landung auf dem Flugplatzgelände.

Bei vorkommenden Nachtlandungen mußte die Autoschleppstraße als Ausschweberichtung eingehalten werden. Beleuchtete Anhaltspunkte hierfür waren Autoscheinwerfer am Südende der Schleppstraße sowie drei rote und drei grüne Lampen an den Flugplatzgebäuden. Bei Nachtflügen am Hang wurden die Wendemarken durch Lampions gekennzeichnet.

Wolf Hirth

„Man muß euch Segelflieger nicht nur an den weißen Möwen auf blauem Grunde erkennen, sondern an dem helleren, freieren Blick, der immer hilfsbereiten Kameradschaft, dem völligen Mangel an Eitelkeit und kleinlicher Gesinnung. Dann werdet ihr euch überall unter den Völkern finden und verbinden, werdet ihr der Anfang eines neuen Adels sein und zugleich die ersten Bürger einer freien, friedlich vereinigten Welt."

Diese Worte stammen aus Wolf Hirths „Zwölf Geboten für Segelflieger". Nicht nur sie allein spiegeln wohl seine Lebenseinstellung und seine Wesensart wider, mit der er dem Luftsport, besonders dem Segelflug, nicht nur in Deutschland, sondern auch weltweit so viel gegeben hat. Auch seine Willenskraft sowie seine vielen Leitmotive, wie z.B. *„Nur nie klein bei geben!"* oder „Nimmer verzagen, wieder wagen!", waren beispielgebend für einen ungebändigten Tatendrang, von dem eine Zeitlang auch der Hornberg profitierte.

Kurz nach der Jahrhundertwende, am 28. Februar 1900, wurde Wolfram Hirth als fünftes Kind des schwäbischen Erfinders und Fabrikanten Dr. Albert Hirth in Stuttgart geboren. Durch seinen 14 Jahre älteren Bruder Hellmuth, einen der berühmtesten Zivilpiloten vor dem Ersten Weltkrieg, wurde er früh an die Fliegerei herangeführt. Schon als kleiner Junge drückte er sich viel auf dem Cannstatter Wasen herum, auf dem sein Bruder Flugversuche durchführte und Schaufliegen veranstaltete. Als Elfjähriger flog er mit Hellmuth das erstemal in einer „Rumpler Taube". Dabei durfte Wolf auf den Knien eines Mannes sitzen, den Hellmuth auf dem Passa-

Wolf Hirth mit Venenentzündung im Feldbett. Das Bett wurde auf der Dachterrasse des Verwaltungsgebäudes aufgestellt, damit er den Flugbetrieb beobachten konnte. Rechts neben ihm seine Frau Clara. Ganz links Hellmuth Hirth.

giersitz mitgenommen hatte. Es war Hellmuth's Freund Ernst Heinkel, der zu dieser Zeit als junger Ingenieur in Cannstatt seinen ersten Doppeldecker baute. Als Wolf nach diesem einschneidenden Erlebnis wieder aus dem Flugzeug hüpfte, da stand für ihn fest, selbst einmal Flieger werden zu wollen. Dieser feste Wunsch begleitete ihn während seiner ganzen Schulzeit, in der er sich mit dem Bau von Flugmodellen befaßte.

Nachdem er als achtzehnjähriger die Notreifeprüfung abgelegt hatte, meldete er sich im Frühjahr 1918 zur Fliegertruppe. Wegen seinen Augen – er war Brillenträger – wurde er jedoch für fluguntauglich erklärt. Der Musterungsarzt hatte wiederholt erklärt, daß er ihm niemals ein Tauglichkeitszeugnis für die Flugausbildung ausstellen werde. *„Begraben Sie diesen Wunsch!"*, hatte er ihn zuletzt kurzerhand abgefertigt. Doch Wolf Hirths fester Glaube und sein unabänderlicher Wille blieb es, daß auch er einmal, ganz gleich wie, fliegen werde. Im Januar 1919 gründete er zusammen mit seinem Freund Paul Brenner den „Flugtechnischen Verein Stuttgart" und wurde dessen Schriftführer. Schon ein knappes Jahr später begab er sich mit mehreren Freunden und einem selbstgebauten Hängegleiter auf den Weg zur Wasserkuppe, auf der er seine ersten „Sprünge" ausführte.

Die folgenden Jahre waren ausgefüllt mit einem Ingenieurstudium an der Technischen Hochschule Stuttgart. Daneben erfolgten der Erwerb des Segelflugzeug-Führerscheines sowie der Bau und das Einfliegen verschiedener Flugzeugtypen. Während dieser Zeit nahm Wolf Hirth auch erfolgreich an Motorradrennen teil. 1925 verlor er durch einen Motorradunfall in der Stuttgarter Innenstadt sein linkes Bein. Die sich daraus ergebende schwere Krisenzeit während seines Krankenhausaufenthaltes überwand er mit Hilfe seines unerschütterlichen Optimismusses und einer ungeheuren Willenskraft. Voll neuerwachten Lebensmutes gründete er am Krankenbett die „Akademische Fliegergruppe Stuttgart".

Im Jahre 1927 erfolgten die Wiederaufnahme des Studiums und der Erwerb des Motorflugscheines. Ein Jahr später, Wolf Hirth war inzwischen fertiger Diplom-Ingenieur, errang er Siege bei einem französischen Segelflugwettbewerb und nahm am 9. Rhönwettbewerb teil. Im gleichen Jahr zeichnete er als technischer Berater des Württembergischen Luftfahrtverbandes (WLV) für die Gründung von etwa 60 Flug- und Arbeitsgruppen mitverantwortlich, indem er unermüdlich mit Flugzeug und Auto durch Württemberg reiste.

Oben: Wolf Hirth mit Höhenschreiber in seinem Arbeitszimmer.
Rechts: Karl Stöber, ein Mitarbeiter der Fa. Sportflugzeugbau Göppingen, mit dem abnehmbaren Rumpfteil des Minimoa-Prototyps.

Er warb für die Fliegerei durch Vorträge und Schauflüge auf seiner eigenen Motormaschine, einer Klemm 25. Diese hatte er sich teils mit dem Versicherungsgeld, das er für seinen Motorradunfall erhalten hatte, und teilweise von seinen Preisgeldern bei den Wettbewerben finanziert.

Von nun an jagte ein fliegerischer Erfolg den anderen. Der Hindenburgpokal für Motorflug, später dann für Segelflug, ein Flug mit der Klemm 25 nach Island, Sieger beim ersten Elmira-Segelflugwettbewerb in den USA sowie ein Segelflug über New York, bei dem mit dem Gummiseil am Ufer des Hudson-Rivers gestartet wurde, waren nur einige von vielen fliegerischen Glanzleistungen.

Es war schon im Herbst des Jahres 1932, als ihm durch Christian Biser, den „Vater des Hornberges“, die Leitung der neu errichteten Segelflugschule auf dem Hornberg angeboten wurde. So beendete er 1933 seine Ausbildungsarbeit in Grunau/Schlesien und verlagerte seine fliegerische Arbeit auf den Hornberg.

Unter seiner umsichtigen und fachkompetenten Leitung gewann die neu errichtete Segelflugschule rasch an Bedeutung. Anfang 1934 unterbrach nun Wolf Hirth seine Schulleitertätigkeit auf dem Hornberg und nahm an einer Segelflugexpedition nach Brasilien und Argentinien teil. Bei dieser Reise, die von Prof. Dr. Georgii geplant und geleitet wurde, waren auch Hanna Reitsch, Heini Dittmar und Peter Riedel dabei.

Neben seiner Arbeit auf dem Hornberg gründete er 1935 mit seinem Freund Martin Schempp die Firma „Sportflugzeugbau Schempp-Hirth Göppingen“. Aus Hirths berühmter Einzelkonstruktion „Moazagotl“ wurde die „Minimoa“ entwickelt und in Serie gebaut.

Rechts: Der Prototyp der „Minimoa" (Gö 3), die „D-Göppinger Industrie", war noch als Schulterdecker gebaut.
Unten: „Serien-Minimoa" im Flugzeugschlepp.

„Serien-Minimoa" vor Ruine und Wallfahrtskirche Rechberg.

Oben und rechte Seite: Die ,,Minimoa", das erste Hochleistungs-Segelflugzeug der Welt, das in Serie gefertigt wurde.

Im Sommer desselben Jahres bat der Japanische Aero-Club den Deutschen Aero-Club um einen Lehrer für die Ausbildung von Segelfiegern. Dafür fand man in Wolf Hirth einen geeigneten Lehrmeister. Sein Wirken in Japan begann mit einer Reihe von Vorträgen und Flugzeugvorführungen. Während der anschließenden zweimonatigen Lehrertätigkeit zog Wolf Hirth in Japan einen Schulbetrieb auf, wie er ihn schon die Jahre vorher auf dem Hornberg verwirklicht hatte. Anstatt der auf dem Hornberg üblichen Segelflug-Startkommandos „Ausziehen!" – „Laufen!" – „Los!" ertönte dort *„Maje!" – „Haschire!" – „Hanase!"*.

Eines Tages wurde der Betrieb auf dem etwa 150 km nordwestlich von Tokio gelegenen Flugplatz Ueda plötzlich unterbrochen. Es ertönte der erschreckende Ausruf: *„Asama, Asama!"*. Was war geschehen?

Wolf Hirth konnte beobachten, wie der nahegelegene Vulkan Asama eine riesige Wolke ausstieß. Gewaltige Mengen von Rauch und Dampf quollen wie ein riesiger Blumenkohl über die umliegenden Berge und Dörfer und bedeckten diese mit einem grauen Aschenregen.

Schulgleiter „Grunau 9" auf dem Flugplatz Ueda. Im Hintergrund der Ausbruch des Asama.

Kurz danach erschütterte eine weitere heftige Explosion die Umgebung des 2542 m hohen, speienden Kraters. Die Ausbruchswolke stieg nun mit einer solchen Schnelligkeit empor, daß sie schon nach wenigen Sekunden eine Wolkenschicht erreichte, die etwa 3000 m über dem Gipfel des Asama lag. Unverzüglich bestieg Wolf Hirth mit seinem Kameraden Karl Baur die 80-PS-Klemm und nahm Kurs auf den ausgebrochenen Vulkan. Um dieses einmalige Naturschauspiel im Bild festzuhalten, umkreiste er die aufsteigenden Eruptionswolken und machte mit einer Schmalfilmkamera und einem Fotoapparat Aufnahmen.

Zu seinen fliegerischen Erfolgen gesellten sich leider auch Unfälle mit teilweise sehr schweren Verletzungen. Einer der schwersten war wohl der im Jahre 1936, als er bei einer Flugvorführung in Budapest mit einem Grunau-Baby verunglückte. Wegen einer schweren Unterleibslähmung, hervorgerufen durch Rückenwirbelbrüche, mußte er mehrere Monate im Krankenhaus verbringen. Doch auch diesen Schicksalsschlag überwand er durch die Fürsorge seiner Frau, die Tag und Nacht an seinem Bett wachte, und seiner ungeheuer starken Willenskraft.

1938 führte ihn ein Alleinflug mit einer Bücker „Jungmann“ 13 000 km über Gebirge, Meer, Wüste, Urwald, Busch und Steppe bis nach Kapstadt in Südafrika. Die Zeit des Zweiten Weltkrieges verbrachte er als Fluglehrer für Lastensegler sowie mit verschiedenen Entwicklungen für Flugzeuge und Flugzeugteile. Nach dem Krieg war er wieder einer der Männer der ersten Stunde. Er gründete den neuen Deutschen Aeroclub und wurde zu dessen erstem Nachkriegs-Präsidenten gewählt. Am 25. Juli 1959 fand sein aktives Fliegerleben ein plötzliches Ende, als er mit einer Lo 150 aus 80 m Höhe im Landeanflug auf dem Flugplatz Nabern/Teck tödlich abstürzte.

Kaum ein Name ist wohl fliegerisch so mit dem Hornberg verbunden wie der von Wolf Hirth. In den dreißiger Jahren gab er ihm ein eigenes Gepräge und trug seinen Namen durch seine Auslandsaufenthalte und „segelfliegerische Entwicklungshilfe“ in alle Welt hinaus. Der von ihm gestaltete Ausbildungbetrieb auf dem Hornbcg ließ trotz der vielen Schüler keine Anonymität aufkommen. Ein respektvoller und kameradschaftlicher Umgang mit den Flugschülern sowie sein Einfühlungsvermögen für „Problemkinder“ taten ein übriges. Mit seinen Erlebnisschilderungen verstand er es meisterhaft, seine Zuhörer zu fesseln. Seine Worte waren das „Fliegerevangelium“. Nicht umsonst saßen die Jungflieger abendelang mit glühenden Wangen und erlebnishungrigen Augen in der Hornberg-Gaststätte und lauschten begeistert seinen Erzählungen. Dies kann man heute noch nacherleben, wenn man sich Tonbandaufzeichnungen mit seinen Vorträgen und Ausführungen anhört. Viele seiner fliegerischen Erlebnisse und Erfahrungen schrieb er in 13 Erlebnis- und Lehrbüchern nieder, die schwerpunktmäßig in den dreißiger Jahren veröffentlicht wurden.

Als Konstrukteur vieler Segelflugzeugtypen und als Produzent einer Vielzahl von Segelflug- und Segelfluglehrfilmen machte er sich ebenfalls einen Namen. Charakteristisch für seine Filmarbeit ist der Streifen mit den Kunstflugfiguren über dem Hornberg aus dem Jahre 1935. Dabei flog er selbst mit einem Grunau-9-Schulgleiter (Schädelspalter) Loopings und Turns. Höhepunkt dieses Programms war der Flugzustand „steuerlos“, bei dem er den Steuerknüppel aus dem Steuergestänge nahm und an einem kleinen Fallschirm zu Boden schweben ließ. Selbstverständlich hatte er einen zweiten in seiner Jacke versteckt, den er nach kurzzeitigem ausgetrimmten Geradeausflug wieder in die Hülse am Steuergestänge hineinsteckte.

Zur Erinnerung an sein Wirken auf dem Hornbeg wurde in Schwäbisch Gmünd-Unterbettringen auf Initiative des Gmünder Segelfliegers Gerold Wamsler im Jahr 1961 eine Straße nach ihm benannt.

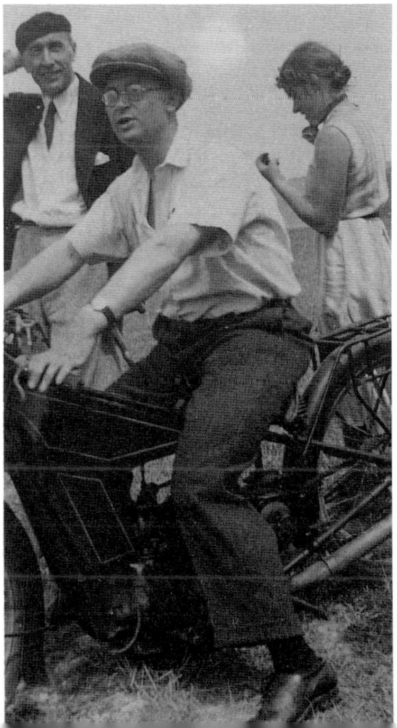

Links: Wolf Hirth, der erste Leiter der ersten „Segelflieger-Hochschule“. Rechts: Wolf Hirth auf seinem Motorrad bei einer Prüfungsabnahme 1933. Rechts im Bild: Hanna Reitsch.

Ein Looping von Wolf Hirth im

1 Die linke Hand zieht am Draht. Die Film-Kamera an der Tragfläche ist aufnahmebereit.

2 Ein prüfender Blick zur Kamera.

3 Die Nase des Gleiters senkt sich und holt Fahrt auf.

4 Mit angezogenem Steuerknüppel geht es aufwärts.

5 Immer steiler richtet sich der Gleiter auf.

6 Das Höhensteuer ist voll gezogen.

Reihenbilder eines von Wolf Hirth geflogenen Loopings für Filmaufnahmen.

offenen Schulgleiter über dem Hornberg

7 Hier fliegt der Gleiter senkrecht gegen den Himmel —

8 verliert an Fahrt und klappt deshalb schnell um.

9 Es geht wieder der Erde zu!

10 Hier beinahe senkrecht!

11 Durch langsames Anziehen des Knüppels geht es zum

12 Normalflug über.

Oben links: Erwin Kraft im Flugzeug sitzend mit Wolf Hirth. Oben rechts: Max Beck beim Justieren der Kamera. Unten: Wolf Hirth vor dem Start zum zweiten Flug für einen Lehrfilm. Für die Dreharbeiten wurde extra die Rumpfverkleidung abgenommen.

„Kleines Bröckele“

Im Sommer 1933 wurde Wolf Hirth zum Leiter der gerade neuerbauten Segelflugschule auf den Hornberg berufen. Er verließ die Flugschule in Grunau/Schlesien und verlegte seine fliegerische Arbeit ganz auf den Hornberg. Hanna Reitsch, die Wolf Hirth scherzhaft „kleines Bröckele“ nannte, studierte damals in Kiel Medizin. Er bot ihr an, den Sommer über als Fluglehrerin auf dem Hornberg zu arbeiten. Freudig nahm sie dieses Angebot an und unterbrach dafür ihr Studium für ein Semester.

Die erste Arbeit der 21jährigen „Hilfsfluglehrerin“ bestand darin, eine Gruppe von übermütigen jungen Männern im Segelfliegen zu unterweisen und bis zur C-Prüfung zu schulen. Was die Lösung dieser Aufgabe so schwierig zu machen schien, war das Problem der Anerkennung und Respektierung von Hanna Reitsch als weiblichen Fluglehrer.

Bereits während ihrer Ausbildung an der Flugschule Grunau hatte sie ja selbst erfahren, daß die Absicht eines Mädchens, fliegen zu lernen, von ihren männlichen Mitschülern nicht mit der gleichen Selbstverständlichkeit wie ihre eigene Begeisterung akzeptiert wurde. Die allgemeine Ansicht, eine junge Frau sollte vernünftigerweise bei den Kochtöpfen bleiben, war zu dieser Zeit noch weit verbreitet. Ein Mädchen als Flugschüler war zudem damals ein Kuriosum, das nicht alle Tage vorkam. Die meisten sahen wohl in der Flugbegeisterung einer Frau nichts anderes als eine vorübergehende Stimmung. Durch ihre Zielstrebigkeit, ihren Ernst und ihre Beständigkeit, vor allem aber mit ihrem ausgesprochenen fliegerischen Talent bewies Hanna Reitsch den Fliegern in Grunau, daß sie alle unrecht hatten. Trotz alledem ließ sich zu jener Zeit, in der die Begriffe „Macho“ und „Emanze“ noch unbekannt waren, ein Mann nicht gerne von einer jungen Frau etwas sagen oder gar belehren.

Hielt einen unkonventionellen Unterricht: Hanna Reitsch, die 1933 auf dem Hornberg als Fluglehrerin tätig war.

Hanna Reitsch, stets froh gelaunt, im Kreise ihrer Fliegerkameraden.

Aufgrund dessen war ihr klar, daß aus dieser Situation heraus einige Probleme vorprogrammiert waren, zumal gerade das Fliegen als ausgesprochen männlicher Sport betrachtet wurde. Um diese Problematik zu entschärfen, unterrichtete Hanna Reitsch nicht wie eine Lehrmeisterin, die ihren Schützlingen mit der Distanz einer Autoritätsperson gegenübertritt, sondern sie ließ die Ausbildung zu einem kooperativen Miteinander werden. Im Flugbetrieb ging das relativ leicht vonstatten. So ließ sie zum Beispiel einen der Schüler in das Flugzeug steigen und erläuterte nun den anderen, während dieser flog, was er richtig machte und was fehlerhaft war. Nach der Landung am Fuße des Westhanges beim Isidor lief sie mit den Schülern den Hang hinunter, um beim Rücktransport des Schulgleiters mitzuhelfen. Normalerweise blieb der Fluglehrer oben und schickte seine Schüler alleine hangabwärts.

Komplizierter zu bewältigen war ihrer Meinung nach dagegen die Art des theoretischen Unterrichtes, der immer abends abgehalten wurde. Um die Rolle der Lehrerin mit dem Zeigestock zu umgehen, fand sie auch hier eine Lösung. Wenn die Flugschüler abends zum Unterricht zusammenkamen, ließ sich Hanna Reitsch zu Beginn von ihnen ein Themengebiet nennen, über das sie etwas von ihr hören wollten. In der Regel mußte sie immer etwas von ihren persönlichen Flugerlebnissen erzählen. Dabei verknüpfte sie geschickt den Lernstoff mit ihren eigenen Erfahrungen. Mit dieser Art des Unterrichts fesselte sie ihre Zuhörer.

So auch eines Abends, als sie von ihrem ersten Wolkenflug erzählte und begleitend die hierfür notwendigen Instrumente erklärte. Dabei malte sie gleichzeitig die erforderlichen Zeichnungen an die Wandtafel. Plötzlich stand Wolf Hirth überraschend in der Tür und beobachtete die Szene. Zunächst stimmte er der Gestaltung dieses unkonventionellen Unterrichtes nicht ganz zu. Hanna Reitsch konnte ihn jedoch davon überzeugen, daß alle ihre Schützlinge neben den guten fliegerischen Fähigkeiten auch ein fundamentales theoretisches Wissen besaßen. Dies zeigte sich unter anderem dadurch, daß alle das gesteckte Lehrgangsziel voll erreichten. Auf diese Art und Weise traten im Unterricht keinerlei Probleme auf. Es herrschte sogar eine ausgeprägte heitere und partnerschaftliche Atmosphäre in diesem Kurs, bei dem jeder, Schüler wie auch Lehrer, voll Enthusiasmus dabei war.

Eine detaillierte Beschreibung von Hanna Reitschs Leben und ihrer Zeit auf dem Hornberg enthält ihr Buch „Fliegen mein Leben“.

ZWÖLF GEBOTE FÜR SEGELFLIEGER

Erstes Gebot

Wer Segelflieger werden will, der muß das reine und starke Verlangen danach haben, sich den Himmel zu seiner zweiten Heimat zu machen – so wie der Seemann das Meer.

Zweites Gebot

Und wie der Seemann das Element des Wassers kennen und lieben muß, so muß der Segelflieger das Element der Luft kennen und lieben mit allem, was in ihm ist, seinen Winden, Wolken, Stürmen und Gefahren.

Drittes Gebot

Er muß fliegen um des Fliegens willen.

Viertes Gebot

Aber er muß auch Augen und Herz für die Schönheiten haben, die ihm das Fliegen durch die blauen Weiten des Himmels mit seinen strahlenden Wolkengebirgen und über eine für den Fliegerblick neue, seltsam veränderte Erde öffnet, sonst bliebe sein Herz leer und er wäre mit sehenden Augen blind.

Fünftes Gebot

Und er muß das Element der Luft immer besser kennen lernen wollen, er muß auch ein Wißbegieriger und ein Forscher sein, damit sein Flug zu immer größeren Leistungen führt und sich ihm alle Möglichkeiten des Luftmeeres erschließen.

Sechstes Gebot

Er muß den Kampf mit den Gewalten der Natur lieben, und es muß ein Trotz in ihm sein, stärker sein zu wollen als Sturm und Gewitter.

Siebentes Gebot

Niemals aber soll er mehr riskieren, als er leisten kann

Achtes Gebot

Dem reinen Element der Luft soll er auch einen reinen Menschen anbieten. Er muß, wenn er in sein Flugzeug steigt, körperlich, geistig und seelisch in Form sein.

Neuntes Gebot

Wie der Seemann sein Schiff und wie der Reiter sein Pferd, so muß der Segelflieger sein Flugzeug genau kennen und beherrschen, muß er um dessen Flugeigenschaften und Leistungsgrenzen und um dessen besondere Neigungen und Abneigungen wissen.

Zehntes Gebot

Und wie der Seemann sein Schiff und wie der Reiter sein Pferd sorgfältig pflegt und instand hält, muß das gleiche der Segelflieger auch mit seinem Flugzeug tun. Er muß es hegen und pflegen, und er muß es liebhaben wie ein lebendiges Wesen.

Elftes Gebot

Er muß allmählich mit seinem Flugzeug so eins werden, als seien dessen Flügel seine eigenen.

Zwölftes Gebot

Man muß euch Segelflieger nicht nur an den weißen Möwen auf blauem Grunde erkennen, sondern an dem helleren, freieren Blick, der immer hilfsbereiten Kameradschaft, dem völligen Mangel an Eitelkeit und kleinlicher Gesinnung. Dann werdet ihr euch überall unter den Völkern finden und verbinden, werdet ihr der Anfang eines neuen Adels sein und zugleich die ersten Bürger einer freien, friedlich vereinigten Welt.

Wolf Hirth

Gampi

Die Wälder auf den umliegenden Bergen zeigten eine herbstliche Färbung, über den Hornberg pfiff ein schneidiger Westwind. Es war einer von vielen gelungenen, gemütlichen Abenden in der Hornberg-Gaststätte. Mit am Tisch saßen Wolf Hirth, seine Frau Clara sowie ein paar Fluglehrer und Flugschüler.

In jenem Jahr gab es in der Unterkunft der Flugschule besonders viele „Ohrenzwicker".*

Niemand weiß wohl mehr, wie es dazu kam, daß der Flugschüler mit dem Spitznamen Gampi für eine beachtenswerte spaßige Einlage sorgte. War es chronischer Geldmangel oder etwa das Bedürfnis nach Anerkennung? Wie auch immer, nach kurzer Zeit hatte man sich auf eine Wette geeinigt, die folgendermaßen lautete: „Gampi muß mindestens 20 lebende Ohrenzwicker auf einem Butterbrot essen. Schafft er es, bekommt er 10 Reichsmark."

Gampi entschied sich dafür, aus Sicherheitsgründen gleich 22 der Tierchen in die Butter zu drücken. Die zusätzlichen zwei waren als Sicherheit gedacht. Wäre von den geforderten 20 auch nur einer beim Abbeißen heruntergefallen, so wäre die zu Gampis Gunsten ausgefallene Wette verloren gewesen.

Wandplakate in der Gaststätte 1934.

---

* Der „Ohrenzwicker" (schwäbisch), zu deutsch Ohrwurm und auf lateinisch *Forficula auricularia*, ist in Europa stark verbreitet. Er wird zwischen 9 und 16 mm lang. Die kleinen Zangen am Hinterleibsende werden zur Abwehr und zum Entfalten der häutigen Flügel benützt. Er tritt von April bis Oktober auf. Das Weibchen legt seine Eier in Klümpchen unter Stein und Mauerritzen und bewacht sie, ebenso die geschlüpften Larven. (Aus „Der Große Naturführer" von Kosmos)

Segelflieger

Beschreibung des Hornbergs durch einen jungen Flieger. Originaltext von Karl Theodor Haanen aus dem Jahre 1935:

„Vor dem Bahnhof in Gmünd steht der fliegerblaue Omnibus mit den großen Fenstern und den blinkenden, verchromten Metallteilen, der zum Hornberg fährt. Er ist das Mädchen für alles, er bringt entwickelte Filme und Anzüge, kleine Kinder, würdige Greise, Pakete, Gemüse, einen C-Flieger aus Stuttgart, einen schwarz gekleideten Priester, alte Frauen und junge Mädchen von der Ebene in die Berge.

Die Straße windet sich am Hang vorbei in großen und kleinen Schleifen. Es sind die letzten, die Sterbestunden des Winters. An den Nordhängen liegt er noch, in Talmulden kämpft er gegen die Frühlingwärme, und unter den Tannen tut er so, als ob er gar nicht wüßte, daß es schon März ist. Je höher wir kommen, je mehr die dünner werdende Luft gegen das Trommelfell drückt, um so massiger liegt der Schnee da, und auf dem Hornberg hat man eine richtige Straße in den weißen Berg schaufeln müssen.

Transportanhänger, mit denen außengelandete Segelflugzeuge zurückgeholt wurden.

Weit, unendlich weit dehnt sich das Land. Gelb und braun, von einem frisch-blauen Himmel überdacht, breitet sich die Landschaft aus, zahlreiche Dörfer mit roten Dächern grüßen die Berge, spitze Kirchtürme stechen in die Luft, und über allem liegt ein zarter, jungfräulicher Schleier, ein feiner blauroter Dunst. Zwei dicke Berge ragen aus der Ebene empor, zwei Berge, die eigentlich ja nicht dahin gehören, so verlassen und allein stehen sie da. Schwarz ist ihre Silhouette, und nur wenn die Sonne sich hinter ihnen verbirgt, dann glänzt ihr Rand golden, dann brennt hinter ihnen ein großes Feuer, und der Widerschein der Flammen erfüllt das ganze Land.

Auf dem Hornberg weht ein steifer Wind. Alles, was sich in der vorgelagerten Ebene ansammelt, wird hier gegen den Hang geschleudert, wird hier in mächtigen Wirbeln hochgerissen. Stundenlang hängen sich die Flieger an diesen windumtosten Hang, fliegen auf und fliegen ab, kurven, steigen, fallen, drehen und klettern, und wenn es ihnen zu langweilig wird, dann gehen sie auf Strecke, besuchen die Kameraden auf dem 60 km entfernten Hesselberg oder versuchen sich mit List, Tücke, gutem Aufwind und reicher Thermik zur Teck durchzuschlängeln.

Segelflug – es gibt auch für den Segelflug Volkschulen, mittlere Schulen und Universitäten. Der Hornberg ist eine Universität der Segelflieger.

Wir wandern durch die weiten luftigen Hallen. Neue Flugzeuge warten auf den Jungfernstart in den Frühling, Schulflugzeuge, Leistungsmaschinen für Fortgeschrittene. Dort wird ein geknickter Flügel wieder repariert. „Da war einer, der drehte die Steilkurven heute morgen bis auf die Erde, und die Erde war stärker als die Tragfläche – aber morgen früh ist die Maschine wieder klar."

In einer Ecke stehen die beiden Transportwagen, der eine war mit Hirth in Nordamerika, der andere in Südamerika, – stundenlang, in mondhellen Nächten, wenn der Mondschein mit den Aufwinden Polka tanzt, wenn aus den Schluchten die Berggeister zum fröhlichen Gelage sich auf dem Hornberg treffen, wenn die Nixen aus den Quellen und den Bächen aufsteigen, wenn die Sternschnuppen durch den Himmelsraum gleich festlichen Raketen jagen, dann werden auch die Transportwagen lebendig, und sie wackeln hinaus und erzählen der staunenden Gemeinde von dem ersten Flug, den ihr Meister über New York machte, als der Verkehr stockte, aus jedem Fenster der Wolkenkratzer die Menschen herausschauten, von dem Alkohol, der damals in den Vereinigten Staaten verboten war und der in ihrem Innern auf Schmuggelfahrten so gelungen gluckste, von den billigen Strohhüten, die Brasilien herstellt, von dem Schlangenfell, das vor der Wohnung hängt, von Weltrekorden und Glanzleistungen, und keiner von den Anwesenden wagt den Transportwagen den Vorwurf des Angebens zu machen. Denn was diese erzählen, ist wahr, und ihr Meister hat noch viel mehr erlebt, als sie wissen.

In einer anderen Ecke steht das Motorrad, das Hirth ruhmreich auf Rennen zum Ziele fuhr, das ihm bei einem schweren Sturz auch zum Verlust seines Beines verhalf. Nicht weit von ihm wächst langsam wieder aus seinen Trümmern das Moazagotl, jene Maschine, mit den geknickten Tragflächen, die Weltrekorde brachte, die weit über die Lande zog, die zum erstenmal die 300-km-Zone überwand, die ein anderer am letzten Tage des Wettbewerbes zerbrach, weil er ihre Launen und ihren Charakter noch nicht kannte.

Gut fünfzehn Jahre werden diese 100pferdigen Mercedesmotoren mit ihrem Kompressor in den Ventilen sitzen haben, hier auf dem Hornberg arbeiten sie unentwegt und schleppen an langem Drahtseil Maschinen in die Luft.

Überall in dieser Schule herrscht eine peinliche Ordnung. Mit einem einzigen Schlüssel lassen sich alle Türen öffnen, und die Spiralbohrer liegen genau so ausgerichtet wie die Spannschlösser. Dort hängen die bunten Lampions, die den Flugplatz in der Nacht erhellen, dort ist auf einer Tafel genau zu sehen, welche Maschinen klar sind und welche beim Flugzeugdoktor wieder zusammengeflickt werden. Alles ist von jener peinlichen Akkuratesse, wie sie Wolf Hirth zeigt, wenn er seinen Namen konstruiert, wenn er am Steuer seines Wagens oder am Knüppel seines Flugzeuges sitzt.

Frisch und luftig, hell und fröhlich wie das Volk der Flieger selbst sind die Unterkunftsräume, alles ist in hellen Farben gehalten und im Gegensatz zur Wasserkuppe mit reichlich fließendem Wasser versehen. Das fließt in ein regelrechtes Schwimmbad, das entströmt den Brausen der Duschräume und den Kranen der Waschbecken in kaltem und heißem Zustand. Zwar ist die alte Romantik, das Zigeunerhafte der Urzeit des Segelfluges geschwunden, aber das lebt weiter in den Herzen der Schüler. Auch dafür sorgt Wolf Hirth, der die ersten Wettbewerbe auf der Wasserkuppe mit erlebte und der zur Zeit der älteste aktive Segelflieger in Deutschland ist. „Ist es nicht mitunter recht einsam hier?" „Nein, meine Buben machen Theater genug." In einem Schlafzimmer stehen vier Betten nebeneinander, und deren Bewohner pflegen unregelmäßig und abwechselnd zu schnarchen. Da hat einer an einer langen Schnur, an einer Schnur, die so lang ist, daß sie auch den äußersten erreicht, einen Lutscher aufgehangen und jeder, der schnarcht, bekommt ihn unbarmherzig in den Mund gesteckt, so wie es einstens war, als Mutti das schreiende Kind nicht anders beruhigen konnte.

In einem Zimmer sind ältere Herren bei einer seltsamen Arbeit, aus Drähten und kleinen Hölzern, aus Leinwand und kaltem Leim formen sie eigenartige Gebilde, von denen im ersten Stadium nur der Fachmann weiß, daß sich hier ein kleines Segelflugmodell, ein Säugling entwickelt, der sich von diesem aber dadurch unterscheidet, daß er sich in der Luft recht selbständig benimmt und weite Strecken zurücklegt. Die würdigen Herren mit Brillen und wenigen Haaren sind Lehrer, die Flugbegeisterung und Flugbaukunst in die Ebene tragen, in ihre

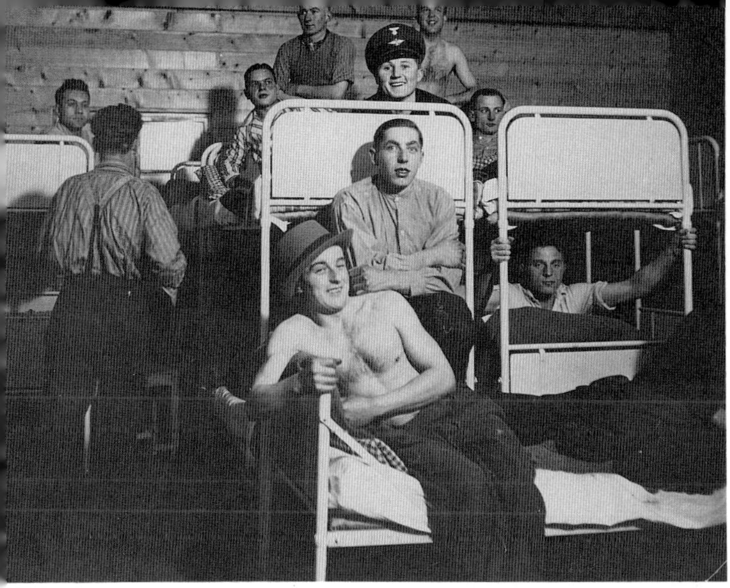

Drückende Enge in einem der 22-Betten-Schlafsäle des Unterkunftsgebäudes.

Das 1934 erstellte Schwimmbad des Fliegerlagers. Für den Brandfall sollte es als Löschwasserbehälter dienen. Am Beckenrand sitzend Wolf Hirth.

Schule, in denen die Jugend früh mit all den Herrlichkeiten vertraut gemacht werden soll, die dem winken, der sich dem lustigen Spiel mit Wolken, Wind und Sonne hingibt.

Über 1000 Flugstunden brachte das letzte Jahr dem Hornberg. – 1000 Flugstunden, ihr, die ihr im Flachlande Staub schluckt, die ihr angstvoll dem Flugzeug nachschaut, das mit donnerndem Motorengedröhn über das Land zieht, wißt ihr, was das heißt, wißt ihr, wieviel Aufopferung, Sorge, Mut, Heiterkeit, Stolz, Freude, Kunst, Ausdauer, Liebe, Energie und Kraft dazu gehören, wißt ihr, daß hier das Geschlecht der Flieger heranwächst, jener Menschen, die Kameraden und Künder der Gemeinschaft sind? Wißt ihr, daß dieser Hornberg, daß die zahlreichen Segelfluggelände in Deutschland Menschen, starke Charaktere, opferbereite Flieger und Träger einer stolzen Zukunft schaffen?

Ihnen allen ist Wolf Hirth Führer, Vorbild, Freund, sicher steuert er seinen Wagen durch die Schneemassen, jenen alten Wagen, der ihn so oft von Streckenflügen heimholte, der ihn auch mal verfehlte, ohne Rücksicht darauf, daß das neue, herrliche, mit so viel Liebe und so großem Fleiß von den Kameraden erbaute Moazagotl langsam vom Regen aufgeweicht wurde, der Wagen eilt in die hereinbrechende Dämmerung, langsam zieht ein Bussard seine Kreise über der Talmulde. „Unsere Kameraden", sagt Wolf Hirth und gibt dem alten Wagen eine Portion mehr Gas, damit er den Berg hinunter schnellere Fahrt bekommt. Tiefschwarz steht die Silhouette des Bussard gegen den gelbroten Abendhimmel.

G-ACVP sucht den Hornberg

Es war am Mittwoch, dem 3. April 1935. So gegen 19 Uhr war über Schwäbisch Gmünd das Motorengeräusch eines Flugzeuges auszumachen, das immer lauter wurde. In der fortgeschrittenen Dämmerung gerade noch erkennbar, kreiste ein gelber Doppeldecker mit englischem Kennzeichen über dem Osten Gmünds. Kurze Zeit später schwebte die Maschine zur Landung an und setzte auf einer großen freien Wiese hinter der Bismarck-Kaserne auf. Dem Flugzeug, einer Gloster Gaulet MK I mit 9-Zylinder-Sternmotor, entstiegen ein Herr und eine rotblonde sportliche junge Dame. Es war die bekannte englische Segel- und Kunstfliegerin Joan Meakin.

Beide waren morgens in Croydon bei London mit dem Ziel Hornberg gestartet. Unterwegs mußten sie, besonders in Norddeutschland, heftigen Schneestürmen ausweichen. Auch auf der Schwäbischen Alb lag noch Schnee. Bei der einsetzenden Dunkelheit konnte Joan Meakin,

Der erste „Serien-Wolf" (Gö 1). Die Erstkundin Joan Meakin läßt sich von Martin Schempp ihren „Wolf" erklären.

Wandsprüche im Fliegerlager der dreißiger Jahre

„Isidor mach d' Stalltür auf,
dann kommt Thermik rauf!"

„Oh Herr, schick uns Westwind!

„Babys machen ist nicht schwer,
Babys bauen dagegen sehr!"

die früher schon ein paar Mal auf dem Hornberg war, unter den schneebedeckten Albbergen den Hornberg nicht mehr herausfinden. So entschlossen sich die beiden zu einer Notlandung nahe bei Schwäbisch Gmünd, die auch ohne Schaden gelang. Oberstleutnant Knörzer, der Kommandeur der Schwäbisch Gmünder Garnison, war den englischen Gästen behilflich, die beide nur wenig Deutsch sprachen. Unter anderem ließ er die Maschine durch Soldaten der nahen Bismarck-Kaserne die Nacht über bewachen. Wolf Hirth holte die beiden Flieger kurz nach der Landung in einem Auto ab und fuhr sie zum Hornberg, wo sie übernachteten. Am darauffolgenden Tag wurde dann das Flugzeug auf den Hornberg geflogen.

Der Grund des Besuches auf dem Segelfluggelände war die Abholung und Überführung eines Segelflugzeuges. Joan Meakin, die von den Hornbergern auch die „Fräulein Miß" genannt wurde, hatte in Göppingen aus der Werkstatt von Martin Schempp das erste Segelflugzeug vom Typ „Wolf" gekauft. Mit dem Gloster-Doppeldecker sollte dieses nun nach England geschleppt werden. Das war, wie es schien, eine nicht ganz einfache Aufgabe, zumal der englische Pilot noch nie einen Flugzeug-Schlepp durchgeführt hatte. Um nicht allzuviele Zwischen-

Die Engländerin Joan Meakin flog den „Wolf" mit der Werk-Nummer 1 im Flugzeugschlepp vom Hornberg über Köln nach London.

landungen auf dem Überführungsflug machen zu müssen, waren am oberen Flügelpaar des Doppeldeckers zwei Reservetanks angebracht. Damit reichte das Benzin für drei Flugstunden. So führte die erste Etappe bis nach Köln. Die restliche Strecke nach London wurde trotz des Gegenwinds und stürmischen Wetters ebenfalls ohne weitere Zwischenlandung und ohne Schwierigkeiten bewältigt.

Landung im Kleeacker

Warm schien die Sonne an diesem Oktobermittwoch über dem Hornberg. Die Vorbereitungen zur Umwandlung in die „Reichssegelflugschule“ waren schon im Gange. Ein paar Tage zuvor war der letzte Tag für die Segelflugkurse. Nach teilweise windstillen Tagen hatte der Wettergott doch tatsächlich vor Torschluß noch ein Einsehen und ließ einen frischen Südwestwind zum Hornberg hinaufwehen. Dabei konnten von Mittag bis zur Dunkelheit mehr als 80 C-Prüfungen abgelegt werden, was vorher noch nie erreicht worden war.

Daß Flugschüler einem ihrer Kameraden zu Hilfe eilen mußten, der in einem nahegelegenen Kleeacker landete, war auch noch nicht da. Dieser wurde nämlich vom Besitzer desselben bedroht, der behauptete, der Schüler wäre mit Absicht in seinem Acker gelandet und *„hätt kenna sein Boga vorna rom fahra“* („hätte können seinen Bogen vorn herum fahren“). Der Flugschüler, der eben noch ein Anfänger war, aber dennoch wußte, daß er nicht „gefahren“ sondern „geflogen“ war, erklärte dies dem guten Mann, der daraufhin natürlich erst recht eine bedrohliche Haltung annahm. So konnte die Maschine nur unter dem Schutz der Luftpolizei zum Hornberg zurückgebracht werden.

Oben: Helmut Knöpfle, Rudolf Hakenjos (Mitte), Max Beck (mit Fliegerhaube)
Rechte Seite: ,,Grunau-Baby II“ mit Wolf Hirth im Sturzflug.

ZÜNDAPP allem voran!

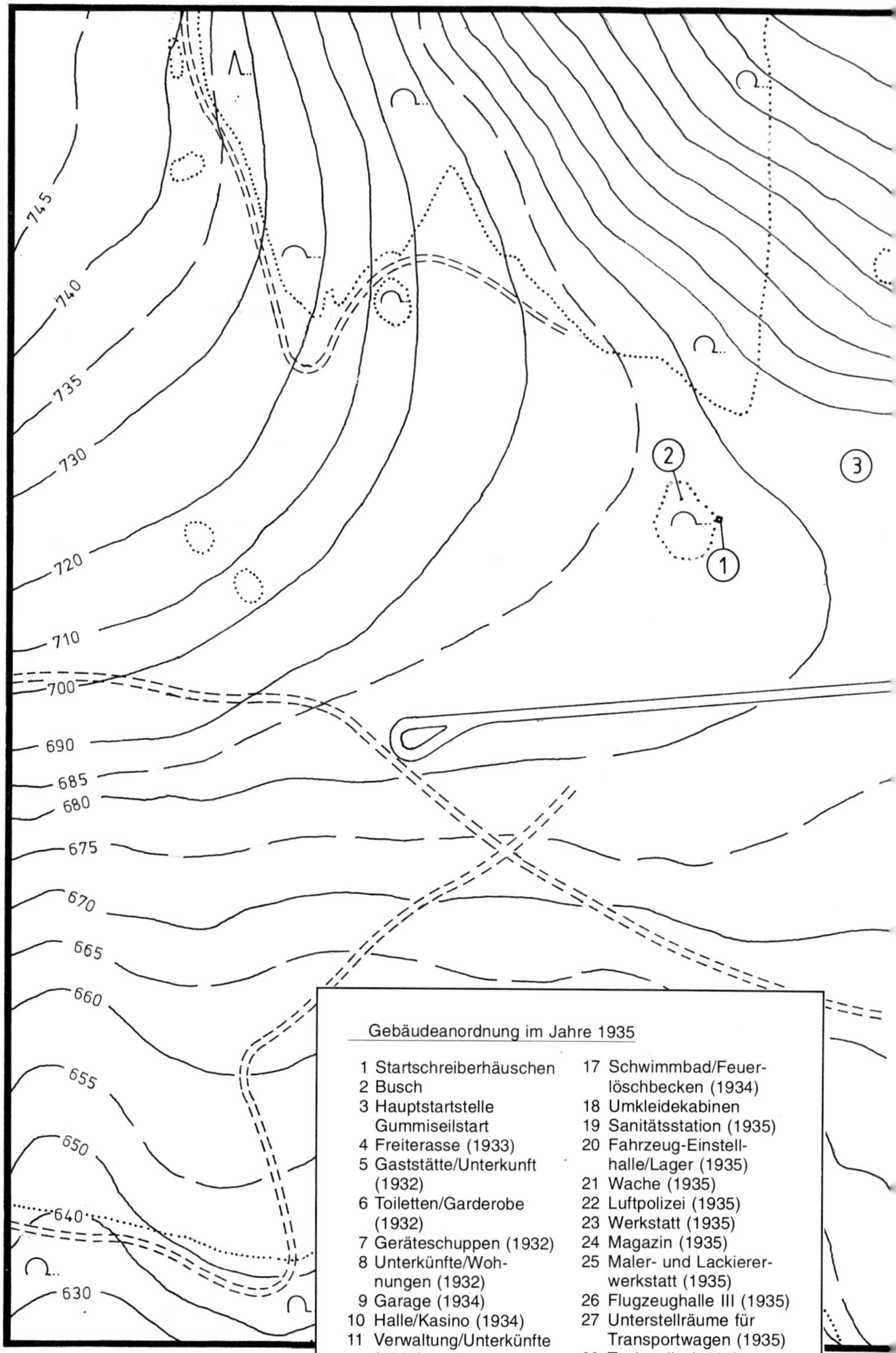

Gebäudeanordnung im Jahre 1935

1 Startschreiberhäuschen
2 Busch
3 Hauptstartstelle Gummiseilstart
4 Freiterasse (1933)
5 Gaststätte/Unterkunft (1932)
6 Toiletten/Garderobe (1932)
7 Geräteschuppen (1932)
8 Unterkünfte/Wohnungen (1932)
9 Garage (1934)
10 Halle/Kasino (1934)
11 Verwaltung/Unterkünfte (1934)
12 Flugzeughalle II (1934)
13 Werkstatt (1934)
14 Werkstatt für Holzbearbeitung (1932)
15 Flugzeughalle I (1932)
16 Werkstatt für Metallbearbeitung (1932)
17 Schwimmbad/Feuerlöschbecken (1934)
18 Umkleidekabinen
19 Sanitätsstation (1935)
20 Fahrzeug-Einstellhalle/Lager (1935)
21 Wache (1935)
22 Luftpolizei (1935)
23 Werkstatt (1935)
24 Magazin (1935)
25 Maler- und Lackiererwerkstatt (1935)
26 Flugzeughalle III (1935)
27 Unterstellräume für Transportwagen (1935)
28 Tankstelle (1934)
29 Autoschleppbahn (1934)
30 Parkplätze (1935)
31 Zufahrtsstraße (1932–1933)

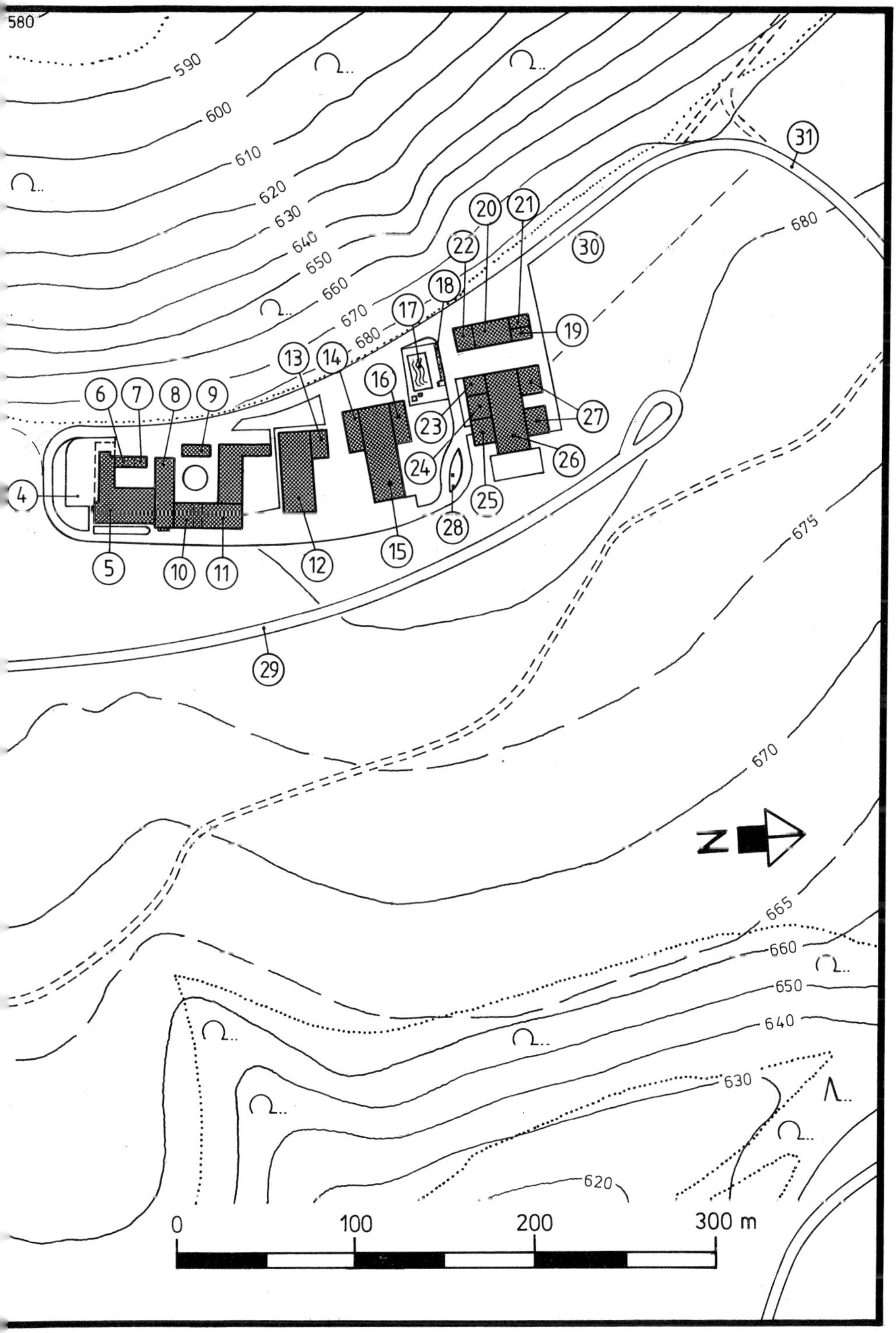
580
590
600
610
620
630
640
650
660
670
680
680
675
670
665
660
650
640
630
620
N
0
100
200
300 m
4
5
6
7
8
9
10
11
12
13
14
15
16
17
18
19
20
21
22
23
24
25
26
27
28
29
30
31

Das Hornberglied

v. F. Bourier
Augsburg

Marschmäßig

Melodie: M. Welcker, Augsburg.

Lageralltag

Es war zu Wolf Hirths Zeiten, in der eine natürlich gewachsene Kameradschaft den Lageralltag bestimmte. Die Flugschüler an der Segelflugschule Hornberg kamen aus allen Altersklassen und Bevölkerungsschichten. In der Anfangszeit, d.h. im Jahre 1933 wurde keine A-Schulung durchgeführt. Die Schule sollte in erster Linie eine „Hochschule des Segelfluges“ sein. Die Ausbildung begann deshalb im ersten Jahr zunächst mit der Schulung zur B-Prüfung. Das bedeutete für die Schüler, daß die A-Prüfung Voraussetzung für die Aufnahme war. Mit ein Grund dafür war der große Andrang. Die Unterbringungsmöglichkeiten für Schüler und Flugzeuge waren nach der Errichtung des I. Bauabschnittes noch nicht ausreichend. Dies änderte sich im darauffolgenden Jahr, als die II. Baustufe mit Erweiterung des Wirtschafts- und Unterkunftsgebäudes und der Flugzeughalle II fertiggestellt war. Erst von da an wurde ein vollständiges Ausbildungsprogramm von Anfang an geboten.

Erklärende Worte von Wolf Hirth im Kreise seiner Fliegerkameraden (1934). Vorn links neben Hirth Helmut Knöpfle, rechts Karl Stöber.

Den Schwerpunkt bildete jedoch nach wie vor die Fortgeschrittenen- und Leistungsschulung. Dies war auch die Idee und das Ziel, mit dem Wolf Hirth seine Arbeit auf dem Hornberg begann. Von ihm wurde eine Richtung und Systematik im Schulbetrieb vorgegeben, die noch Jahre nach seinem Ausscheiden weitergeführt wurde.

Die Flugausbildung erfolgte in Form von geschlossenen Kursen, die zwei bzw. vier Wochen dauerten. Das technische Personal der Segelflugschule, wie Schreiner, Schlosser und Mechaniker, rekrutierte sich aus den Teilnehmern der dreimonatigen Arbeitsbeschaffungsmaßnahmen für Arbeitslose. Diese wurde in enger Zusammenarbeit mit dem damaligen Leiter des Arbeitsamtes Schwäbisch Gmünd Dr. Adalbert Seifriz und der Gewerbeschule Schwäbisch Gmünd durchgeführt. Dabei fanden nur die Spitzenleute eine dauerhafte Anstellung als Flugzeugbauer auf dem Hornberg.

Oben: Gesamtansicht des Fliegerlagers im Jahre 1935.
Mitte: Hauptstartstelle an der Schedeldüse.
Unten: Flugzeugbaukurs bei der Mittagspause auf der Aussichtsterrasse der Gaststätte 1935.

Das Innenleben der im Sommer 1935 erbauten Flugzeughalle III.

Die ersten sechs Flugzeuge, mit denen 1933 der Schulbetrieb begann, wurden von der Industrie gestiftet. Damit waren die steigenden Aufgaben der Schulung auf die Dauer nicht zu erfüllen.

Im Rahmen der dreimonatigen Werkstattlehrgänge wurden bis 1935 insgesamt zwölf Schulgleiter, sieben Grunau-Babys und zwei Doppelsitzer Grunau 8 gebaut.

Jeder Interessent an einer Segelflugausbildung an der Segelflugschule Hornberg bekam auf Anforderung das Lehrgangsverzeichnis mit den jeweils aktuellen Preisen zugesandt. Hatte sich der Schüler für einen Termin entschlossen, so mußte er dies der Schule unter Mitsendung von 24 Pfennig Rückporto mitteilen. Daraufhin erhielt er die Aufnahmebedingungen sowie die notwendigen Anmeldeformulare zugesandt. Die Anmeldung konnte nur schriftlich erfolgen und mußte spätestens 14 Tage vor Lehrgangsbeginn mit den erforderlichen Unterlagen wie beispielsweise dem Tauglichkeitszeugnis der Schule vorliegen. Dieser „Einberufung" lag ein Fahrpreis-Ermäßigungsschein bei, mit dem bei der Anreise mit der Reichsbahn nur der halbe Fahrpreis zu bezahlen war. Für die Busfahrt von Schwäbisch Gmünd zum Hornberg gab es ebenfalls eine Ermäßigungskarte.

Vom Eintreffen im Fliegerlager an unterstand der Schüler der Lagerordnung und mußte sich zuerst zur Meldestelle begeben. Am ersten Abend wurde dann für alle gemeinsam die Bettwäsche ausgeteilt und vom Lagerverwalter Schlafstelle und Spind zugewiesen. Weitere Anweisungen für die kommenden Tage konnten dem Schwarzen Brett entnommen werden, welches in der Diele vor dem Kasino angebracht war. Jeder Neuangekommene war verpflichtet, sich mit der ebenfalls am Schwarzen Brett angeschlagenen Lagerordnung vertraut zu machen, um einen reibungslosen und störungsfreien Aufenthalt an der Schule zu gewährleisten. Die Lagerordnung wurde zusätzlich als Nachschlagewerk in einem kleinen Merkheftchen zusammengefaßt. Ein „zwangloser Aufenthalt" außerhalb des Lagers war gestattet, das Betreten des Flugplatzes, der Hallen, Werkstätten und Lehrsäle ohne Führung war untersagt. Aufenthalte außerhalb des Lagers konnten beispielsweise darin bestehen, daß man zum Tannhof-

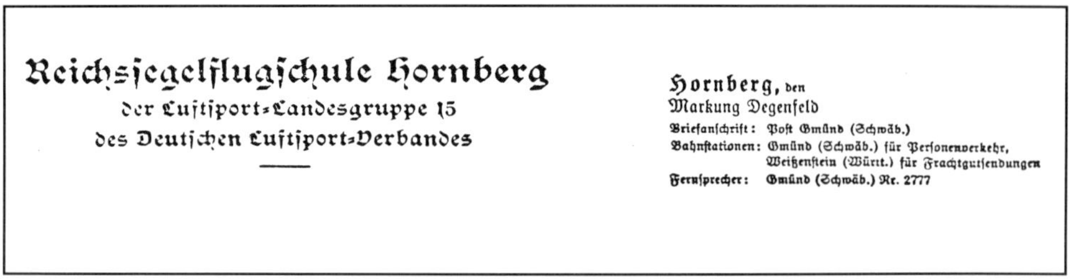
Reichssegelflugschule Hornberg
der Luftsport-Landesgruppe 15
des Deutschen Luftsport-Verbandes

Hornberg, den
Markung Degenfeld
Briefanschrift: Post Gmünd (Schwäb.)
Bahnstationen: Gmünd (Schwäb.) für Personenverkehr,
Weißenstein (Württ.) für Frachtgutsendungen
Fernsprecher: Gmünd (Schwäb.) Nr. 2777

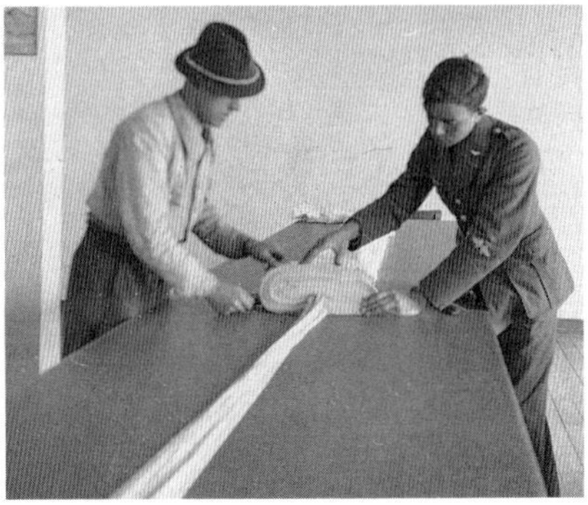

Oben: Briefkopf der Reichssegelflugschule Hornberg ab Ende 1935. Ganz links: Max Beck (Mitte), Sieger des Rhönwettbewerbes 1937 in der Einsitzerklasse. Links: Das Packen von Fallschirmen erforderte von Max Burkhardt (mit Hut) gewissenhaftes Arbeiten.

bauern Isidor einen Most trinken ging, nach Degenfeld zum Schießen spazierte oder unerlaubterweise zu acht mit einer nicht für den Straßenverkehr zugelassenen Schleppwinde nach Gmünd zum Tanz fuhr.

Die Hausordnung Mitte der dreißiger Jahre ließ gewisse Ähnlichkeiten mit militärischen Vorbildern erkennen. Bezeichnungen wie Vorgesetzte, Meldung, Zapfenstreich und Stubenordnung erinnerten daran. Ordnung und Sauberkeit war oberstes Gebot. Da alle Gebäude aus Holz gebaut waren, wurde jeder Neuankömmling ganz besonders auf die erhöhte Feuergefahr hingewiesen.

Äußerster Wert wurde auf Pünktlichkeit beim Erscheinen zu den festgelegten Dienststunden gelegt. Unnötiges Schreien und Rennen auf den Fluren der Wohngebäude war zu unterlassen. Die Bewohner des 1. Stockes hatten beim Gang zum Waschraum und bei sonstiger Benutzung die Osttreppe zu benutzen. Der Westaufgang war ein reiner Privataufgang zur Wohnung des Schulleiters. Von Stube zu Stube wechselte in wöchentlichem Turnus der vom „Lehrer vom Dienst" (LvD) festgelegte Säuberungsdienst für die großen Gemeinschaftswaschräume und den Flur.

Die Mahlzeiten wurden nach Möglichkeit gemeinsam eingenommen. Dazu waren die Lehrgangsteilnehmer in sogenannten Tischgenossenschaften zusammengefaßt und erschienen gemeinsam im Speisesaal. Erst nachdem der LvD zu Tisch gebeten hatte, konnte Platz genommen werden. Bevor die Anwesenden nicht „abgegessen" hatten, durfte auch nicht geraucht werden. Dieses Rauchverbot konnte nur vom Tischältesten nach Beendigung der Mahlzeit aufgehoben werden. Zum Essen hatte man in sauberer Kleidung, mit sauberen Händen und pünktlich zu erscheinen.

Der Sport wurde in den dreißiger Jahren nicht nur auf dem Hornberg als eine wichtige Ergänzung zur fliegerischen Ausbildung betrachtet. Die Sportausbildung war angesetzt, um die Gesundheit und die Robustheit zu stärken und dem Körper Kraft und Ausdauer, Schnelligkeit und Gewandtheit zu verleihen.

Dazu wurde Gymnastik mit und ohne Geräte betrieben. Ballspiele wie Hand-, Faust-, Völker- und Schlagball sowie Gelände- und Kurzstreckenlauf standen außerdem auf dem Ausbildungsplan. Nach der Fertigstellung des Schwimmbades kam in den Sommermonaten noch Schwimmen hinzu. Unter den einzelnen Schülergruppen wurden in den genannten Disziplinen auch Wettkämpfe ausgetragen. Daß Kraft und Ausdauer bei der segelfliegerischen Grundausbildung durch den Gummiseilstart besonders erforderlich waren, erfuhr mancher Neuankömm-

Die „Hornbergmannschaft" im Februar 1934. V.l.n.r.: Helmut Mürdel, Max Beck, (?, ?,) Helmut Knöpfle, Kurt Melzer, Clara Hirth, Hans Stolz, Ludwig Vogel, Helmut Wendling. Sitzend: Konrad Bruder, (?.)

ling schon am ersten Schulungstag. Der Bergtransport der Schulgleiter, die auf der Wiese beim Isidor am Fuße des Hornberges gelandet waren, forderte manchmal die letzten körperlichen Kraftreserven. So manch ein Anfänger fiel deshalb in den ersten Tagen gleich nach dem Abendessen todmüde ins Bett.

24 Stunden lang, jeweils von 13 Uhr bis zur selben Zeit des nächsten Tages, dauerte die Bereitschaft des Lehrers vom Dienst. Die wöchentliche Diensteinteilung wurde von der Schulleitung am Schwarzen Brett ausgehängt. Dies bedeutete für die Schüler gute und schlechte Zeiten, je nachdem, ob gerade ein strenger oder ein beliebter Fluglehrer eingeteilt war. Die Aufgaben des LvD bestanden in erster Linie darin, für Ruhe und Ordnung im Unterkunftsbereich und für einen reibungslosen Ablauf des Flugbetriebes zu sorgen. Eines seiner Hauptaugenmerke galt unter anderem der genauen Einhaltung des Dienstplanes. Dazu gehörte das rechtzeitige Antreten der einzelnen Gruppen zum jeweiligen Dienst ebenso wie die pünktliche Einhaltung der Mahlzeiten. Außerdem war darauf zu achten, daß die Schüler in gesäuberter Kleidung, gekämmten Haaren und gewaschenen Händen zum Essen erschienen. Auf die Beachtung der Tischordnung wurde großer Wert gelegt. Ferner war es seine Aufgabe, die Ordonnanzen des Tages einzuteilen. Diese hatten 15 Minuten vor Beginn der Mahlzeiten dafür zu sorgen, daß die Tische gedeckt waren und das Essen aufgetragen werden konnte. Nach den Mahlzeiten war das Geschirr wieder abzuräumen und die Tische zu säubern.

Der LvD war zudem noch für die Beachtung der festgesetzten Bettzeit – auch Zapfenstreich genannt – verantwortlich. Dazu mußte die Stuben auf Anwesenheit der Schüler kontrolliert werden. Fehlende Personen waren zu notieren und zu melden. Morgens in aller Frühe bestand seine erste Pflicht darin, zu der im Dienstplan festgesetzten Zeit zu wecken und den angesetzten Frühsport durchzuführen. In den Wintermonaten, nachdem der freie Oberkörper mit Schnee abgerieben war, hatten die Schüler der Werkstattlehrgänge geschlossen die Straße vom Fluggelände zum Furtlepaß freizutrampeln, um für das Fahrzeug, welches Post und Proviant brachte, freie Zufahrt zum Fliegerlager zu schaffen. Anschließend hatte der LvD sämtliche Stuben durchzugehen und auf Lüftung, sauberen Bettenbau und allgemeine Sauberkeit zu kontrollieren. Der Stubenälteste hatte ihm dabei besondere Vorkommnisse oder Krankheit eines Stubenkameraden zu melden. Eine weitere wichtige Aufgabe war, dafür Sorge zu tragen, daß die Flug- und Hallenordnung strikt eingehalten wurde. Der LvD war auch für die Auslegung des Landekreuzes sowie für die Führung der Startkladden und des Hauptflugbuches verantwortlich. Während seiner Dienstzeit trug er eine weiße Armbinde mit dem Aufdruck „Lehrer vom Dienst". Zur Unterstützung seiner Aufgaben stand ihm der Schüler vom Dienst (SvD) zur

Seite, der von der Schulleitung bestimmt wurde und auch täglich wechselte. Auch dieser trug eine weiße Armbinde mit der Aufschrift „Schüler vom Dienst".

In der Zeit der hohen Arbeitslosigkeit wurde auch dementsprechend wenig verdient. In der ersten Zeit nach der Eröffnung der Segelflugschule betrug das Gehalt der Fluglehrer bei freier Unterkunft und Verpflegung 5 Reichsmark pro Monat. Erst nach einem Streik wurde es auf 5 Reichsmark pro Woche erhöht.

Zur Leistung von Erster Hilfe bei Flugunfällen und Behandlung kleinerer alltäglicher Krankheiten war immer stets ein Lagerarzt oder zumindest ein Medizinstudent im Lager anwesend.

Originalauszug aus einem Rundfunk-Interview durch Karl Ebert vom Reichssender Stuttgart am 19. November 1938 mit Wolf Hirth. Anlaß war das Jubiläum „10 Jahre Segelflug in Württemberg".

Karl Ebert: Ein weiterer Markstein in der Geschichte der schwäbischen Segelfliegerei war es, als im Jahre 1933 der Hornberg dem Segelflug übergeben und vollends erschlossen wurde.

Sie, lieber Wolf Hirth, sind damals Leiter dieser Segelflugschule geworden und sind es jahrelang gewesen!

Sagen Sie, welche Bedeutung kommt eigentlich dem Hornberg heute zu, wie hat sich dieses Gelände bewährt und wie haben sich die Flieger, die dort nun geschult werden, weiterentwickelt?

Wolf Hirth: Der Hornberg war fliegerisch schon vor meiner Ankunft im Jahre 1933 erschlossen. Und zwar hatte ein Segelfliegerkamerad namens Schedel aus Schwäbisch Gmünd dort wohl 1931 die ersten richtigen Segelflüge gemacht.

Man hat sich aber dann hier entschlossen, auf dem Hornberg eine Segelfugschule zu errichten, weil das Gelände sich recht gut dazu eignete und weil es auch von Stuttgart und Ulm und all den verschiedenen großen Städten nicht zu sehr weit entfernt war. Es liegt recht günstig an der Schwäbischen Alb.

Nun wurde ich dann 1933 von Grunau geholt. Grunau ist im Riesengebirge bei Hirschberg, das damals ...

... und ich wurde auf den Hornberg geholt, um hier eine *„Leistungsschule des Segelfluges"* zu gründen. Ich wurde dann damals gleichzeitig Dozent an der Technischen Hochschule hier, für Segelflug. Das ging sozusagen Hand in Hand mit der Entwicklung des Hornberges zu einer „Leistungsschule des Segelfluges".

Es war also nicht so auf dem Hornberg, daß da nur Anfänger geschult wurden, sondern es wurden fortgeschrittene Segelflieger von überall her, von vielen anderen Städten Deutschlands, aber auch vom Ausland hier auf dem Hornberg in die letzten Geheimnisse des Segelfluges eingeweiht. In dieser Art hat sich der Hornberg bis zum heutigen Tag ganz ausgezeichnet bewährt.

So waren wir Segelflieger auf dem Hornberg die ersten, die an einem Segelfluggelände Flugzeiten, zusammengerechnet in einem ganzen Jahr, in einer ganzen Flugsaison, von 1000 und 2000 Flugstunden erreichten. Im letzten Jahr sind sogar 3000 Flugstunden erreicht worden, und wie ich kürzlich mich erkundigt habe, da hat man mir zu verstehen gegeben, von jetzigen Fluglehrern da oben, daß man sogar hofft, dieses Jahr an die 4000 Flugstunden auf dem Hornberg zu erreichen.

Das sind also, das können Sie sich ja umrechnen, was das ausmacht, 4000 Flugstunden beinahe ohne Benzin, denn das meiste davon wird ja im Hangaufwind geflogen, der kostenlos ist. Das ist eine mächtige Ersparnis, und andererseits zeigt es eben, wie eifrig der Betrieb auf dem Hornberg da oben durchgeführt wird.

Es wird sehr viel geflogen, sehr gut, und es werden die Schüler heute in einer Weise ausgebildet, wie wohl kaum irgendwo anders auf der Welt.

Im Schatten des Hakenkreuzes

Zu Beginn nahmen es viele Flieger erfreut zur Kenntnis, daß ihrem geliebten Segelflugspor- nach entbehrungsreichen Anfangsjahren so viel Unterstützung von öffentlicher Seite zuteil wurde.

Binnen kurzem aber kam Skepsis auf, als man begann, den Hornbergfliegern Uniformen zu verpassen und sie im Strammstehen zu unterweisen. Dieses Uniformtragen, dieses Militärische, das war nicht mehr die fliegerische Gemütlichkeit und natürlich gewachsene Kameradschaft wie in den vergangenen Jahren.

Von wegen Rhön- bzw. Hornberggeist: Der war längst abgelöst und verdrängt von der nüchternen Ausbildung der Massenware Pilot. Dabei war man stolz auf die täglichen Steigerungen der Alleinflüge und der Startzahlen. Schon nach kurzer Zeit wurde jedem bewußt: Wer dabei nicht teilnahm, wurde schlichtweg ausgeschlossen. Daraus ergab sich eine gewisse Zwangslage für die Segelflieger. Sie waren vor die Wahl gestellt, entweder den geliebten Sport aufzugeben oder auf dem Hornberg weiterzufliegen und dabei eine Uniform zu tragen.

Die Flugzeuge wurden zunächst fast alle vom neuen DLV und später dann vomNationalsozialistischen Fliegerkorps (NSFK) gestellt. Die Mitglieder der Flug- und Arbeitsgruppen (FAG) mußten sich weiterhin alles mühsam erarbeiten und dies wie bisher unter großen finanziellen Opfern. Viele Mitglieder der beiden Gmünder Flug- und Arbeitsgruppen verweigerten das Tragen der Uniform. Aus diesem und verschiedenen anderen Gründen bekamen sie daher auf dem Hornberg, der ab Mitte der dreißiger Jahre nach und nach immer stärker unter NS-Einfluß kam, Flugverbot und waren so gezwungen, wieder auf den Messelberg bei Donzdorf auszuweichen. Wohin diese Entwicklungen führen würden, ahnten damals wohl die wenigsten.

Als Adolf Hitler am 30. Januar 1933 Reichskanzler wurde, ließ er kurze Zeit später durch eine Notverordnung wesentliche Grundrechte aufheben. Eine sich daraus ergebende Konsequenz war die sogenannte „Gleichschaltung" der deutschen Luftsportorganisationen bzw. deren Auflösung. Dazu wurde der seitherige Deutsche Luft*fahrt*verband (DLV) 1933 zum Deutschen Luft*sport*verband umorganisiert, ebenfalls mit DLV abgekürzt und dem Reichsluftfahrtministerium (RLM) unterstellt. Die Rhön-Rositten-Gesellschaft (RRG) wurde aufgelöst beziehungsweise in die Deutsche Forschungsanstalt für Segelflug (DFS) umbenannt. Alle

13.10.35: Umwandlung der „Verbandssegelflugschule" in die „Reichssegelflugschule".

Oben: Flieger-HJ transportiert einen „SG 38" mit „Boot" zum Nordhang des Kalten Feldes.
Mitte: Die Haltemannschaft des Fliegersturmes 3/102 aus Göppingen.
Unten: Flugschülerin mit Sturzhelm („Trudelbecher") startbereit auf dem „Zögling 35")
Rechte Seite: Filmaufnahmen für den Film „Himmelhunde" 1941. Im Vordergrund eine „Horten III", rechts der Kameraturm.

bestehenden Luftsportvereinigungen und Flug- und Arbeitsgruppen wurden ebenfalls aufgelöst und „gleichgeschaltet".

Das hieß im Klartext: Ihre Aufgaben, Mitglieder, Flugzeuge und das Vereinskapital wurden vom neuen DLV und später dann vom NSFK übernommen. Als einzige Organisation blieb der „Aeroclub von Deutschland e.V." in seiner bisherigen Form bestehen. Damit sollten weiterhin die ungetrübten Beziehungen zum Internationalen Luftsport aufrechterhalten werden.

Für das NS-Regime war die Entwicklung der deutschen Luftfahrt durch Heranbildung von geeignetem fliegerischen Nachwuchs von ausschlaggebender Bedeutung. Dieser Nachwuchs mußte „gesund an Leib und Seele sein, die Grundlagen der Fliegerei beherrrschen und sich vor allem aus Nationalsozialisten zusammensetzen". Nur die besten der Jugend sollten als zukünftige Träger einer „neuen deutschen Luftfahrt" in Frage kommen. Deshalb übernahm der Deutsche Luftsportverband seinen Nachwuchs von 1935 ab nur noch aus den Reihen der Hitler-Jugend (HJ). Zur Ausbildung des Fliegernachwuchses wurden vom DLV die fliegerische und handwerkliche Schulung sowie die Einführung in die allgemeinen Grundbegriffe der Luftfahrt wie beispielsweise der theoretische Unterricht übernommen.

Die Aufgabe der HJ war die „weltanschauliche Schulung und die körperliche Ertüchtigung". Vom 10. bis zum 14. Lebensjahr wurde die flugbegeisterte Jugend in den Modellbau-Arbeitsgemeinschaften des „Deutschen Jungvolkes" zusammengefaßt. In den „HJ-Luftsportscharen" waren die Jugendlichen dann bis zum 18. Lebensjahr organisiert. Danach erfolgte der Übertritt zu den „Segelfliegerstürmen" des NSFK. Aufnahmeberechtigt in die einzelnen vorgenannten Gliederungen war jeder für luftsporttauglich befundene Junge, der die „charakterlichen und weltanschaulichen Voraussetzungen der Hitlerjugend" erfüllte. Zur Aufnahme mußte er sich bei den vom DLV oder der HJ eingerichteten Jungflieger-Meldestellen seines Bezirkes einfinden.

Vin links oben im Uhrzeigersinn: „DFS-Reiher", „Horten III",„Moazagotl", „FW 58 Weihe", „Militär-Kranich", „Klemm 35".

Durch einen Erlaß Hitlers vom 17. April 1937 erfolgte die Umwandlung des Deutschen Luftsportverbandes in eine Körperschaft des öffentlichen Rechts. Diese erhielt die Bezeichnung „Nationalsozialistisches Fliegerkorps“ (NSFK). Eine Eingliederung in die NDSAP wie beispielsweise das NSKK (Nationalsozialistisches Kraftfahrkorps) erfolgte jedoch nicht. Es handelte sich demnach nicht um einen Bestandteil der Partei. Das Gegenteil war der Fall: Eine gleichzeitige Mitgliedschaft in SA, SS oder NSKK, war den Angehörigen des NSFK nicht möglich.

Als Korpsführer fungierte ein Luftwaffengeneral, die Landesgruppenführer rekrutierten sich aus Luftwaffen-Stabsoffizieren. Finanziert wurde das Korps durch das Reichsluftfahrtministerium aus dem Reichshaushalt. So sollte offenbar der Eindruck erweckt werden, daß die Aufgaben des NSFK keinen parteipolitischen Hintergrund haben. Ziel war jedoch, den fliegerischen Gedanken in der deutschen Bevölkerung wachzuhalten und zu vertiefen und eine vor der militärischen Dienstzeit liegende fliegerische Grundausbildung zu vermitteln. Dieser Aufgabenstellung hatte sich alles andere unterzuordnen.

Die Ortsgruppenorganisationen des Deutschen Luftsportverbandes wurden durch die Sturmorganisation des NSFK mit seinen Gruppen, Standarten und Stürmen ersetzt. Bei der Umwandlung der Flug- und Arbeitsgruppen in die Stürme wurden nur wenige ehemalige FAG-Leiter in eine „Führerstellung“ des NSFK übernommen. Das NSFK stellte den Sachverhalt 1937 in seiner damaligen Propagandaarbeit folgendermaßen dar:
„Viele Flieger konnten nicht in eine Führungsposition im NSFK übernommen werden. Damit war für viele Männer eine jahrelange uneigennützige Tätigkeit in einem Führeramt beendet. Es darf hier einmal festgestellt werden: Durch viele Jahre hindurch ist in Stadt und Land hingebungsvoll ehrenamtlich gearbeitet worden. Ob als FAG-Leiter, Fluglehrer, Modellbaulehrer, Werkstattleiter usw.. Keiner jedoch hatte den Ehrgeiz, etwas zu werden.“

Bis zum Jahre 1933 trugen deutsche Segelflugzeuge keine Hoheitskennzeichen. Erst ab 1934 war die Hakenkreuzflagge in einem weißen Kreis auf einem roten Band an der linken und die Farbkennzeichnung Schwarz-weiß-rot auf der rechten Seitenruderseite anzubringen. 1935 entfielen dann die Farben, da nun auf beiden Seiten das Hakenkreuz vorgeschrieben war. Um dem ganzen eine gewisse Überparteilichkeit zu verleihen, wurde dies alles durch ein neues Luftfahrtgesetz geregelt. Dieses galt für alle deutschen Luftfahrzeuge.
Im Winter 1934/35 erfolgte eine Umorganisation der Landesgruppen des Luftsportverbandes. Aus der Landesgruppe IX Württemberg mit Sitz in Stuttgart wurde von nun an die Lan-

Luftwaffen-Sonderlehrgang mit Kranich II März 1941.

Oben: „Einsatz-Kranich II" mit abwerfbarem Fahrwerk nach der Überführung von der Teck zum Hornberg. Am rechten Bildrand ganz in weiß eine „Goevier". Im Hintergrund die Halle III.
Mitte: Zweisitziger Doppeldecker der Luftwaffe „FW 44 Stieglitz".
Unten: „Arado 66".

Rechte Seite: „FW 58 Weihe".

desgruppe 15, Schwaben. War bis 1935 die Flugzeugkennzeichnung der württembergischen Landesgruppe Rot-schwarz, so folgte schon ein Jahr später eine „Umkennzeichnung", die mit Grau-gelb für Schwaben bis zum Jahre 1939 beibehalten wurde.

In den Jahren 1941/42, als der Hornberg schon seit Jahren fest in der Hand des NSFK war, wurde durch die Berliner Filmgesellschaft Terra der Film „Himmelhunde" gedreht. Dieser war als HJ-Propagandafilm vom Reichspropagandaministerium in Auftrag gegeben worden. Das „Heldenepos" wurde ohne anspruchsvolle Handlung und fliegerisch völlig wirklichkeitsfremd inszeniert. Als Kleidung sind im Film viele Uniformen zu sehen, in denen die jungen Flieger fahnentragend marschieren.

Sicherlich kann man über den Film geteilter Meinung sein. Für viele ist er ein reines stümperhaftes Propagandamachwerk, aus welchem Grund er damals ja auch zweifellos gedreht wurde. Weniger Nachdenkliche sehen in ihm einen „Heimatfilm", für andere steht wiederum der, wenn auch für den Fachmann schlecht dargestellte, rein fliegerische Aspekt im Vordergrund. Für den Film mußten alle auf dem Hornberg verfügbaren Flugzeuge, auch die fluguntüchtigen, aufgebaut werden. Jeder mitwirkende Statist bekam ein für die damaligen Verhältnisse stattliches Honorar von 5 Reichsmark.

Ab 1941 führte auch die Luftwaffe neben dem NSFK und der Flieger-HJ auf dem Hornberg Flugausbildung durch. Dazu wurden eigene mitgebrachte Flugzeuge benutzt. Die Ausbildung hatte hauptsächlich die Lastensegler-Vorschulung zum Inhalt. Bei einem dieser Sonderlehrgänge im März/April 1941 wurden vom NSFK eingezogene Doppelsitzer vom Typ Kranich II verwendet. Die weiße Außenhaut war in einen militärischen Tarnanstrich umgespritzt und mit Balkenkreuz versehen worden. Der hintere Sitz wurde mitsamt Steuerknüppel ausgebaut und durch eine Haltevorrichtung für Munitionspaletten ersetzt.

Dies war ein geringer Teil der geheimen Gesamtvorbereitung einer geplanten deutschen Landung in England, der „Operation Seelöwe". Diese war von Hitler auf den 21. September 1941 festgelegt worden. Dabei sollte jedes geeignete in Deutschland verfügbare Flugzeug Munition über den Ärmelkanal transportieren. Dazu waren militärische Lastensegler und auch ganz normale zivile Doppelsitzer wie der Kranich II als Einsatzflugzeuge vorgesehen. Die maximale Zuladung an Munition betrug beim Kranich II ganze 100 kg.

Der Volksjäger

Deutschland hatte sich seit 1944 gegen die immer massiver werdenden Luftangriffe alliierter Bomberflotten zu wehren. Die deutsche Jagdabwehr war durch die immer größer werdende Luftüberlegenheit sehr geschwächt. Material und Rohstoffe waren knapp, erfahrene Piloten gab es nur noch wenige. Flugzeugindustrie und Treibstoffversorgung waren schon weitgehend zerstört. Ab 1944 mußten überall im Reichsgebiet, auch von Betrieben, die noch nie für die Rüstung gearbeitet hatten, kriegswichtige Güter entwickelt und produziert werden. Davon blieben auch Schwäbisch Gmünd und der Hornberg nicht verschont.

Den klar denkenden Realisten in Deutschland war längst bewußt, daß der Krieg verloren war. Dennoch versuchte Adolf Hitler den Durchhaltewillen der deutschen Bevölkerung durch die Ankündigung und den Bau von sogenannten „Wunderwaffen" zu stärken.
Zu diesen Waffen gehörten unter anderem die Flugbomben V-1 und V-2 sowie die Düsenjäger Messerschmitt Me 262 und Heinkel He 162.

Die Konstruktionszeit für Flugzeuge wurde nicht mehr wie seither in Jahren oder Monaten, sondern in Tagen gemessen. Da die Zeit drängte, forderte das Reichsluftfahrtministerium am 8. September 1944 den Bau eines leichten Abfangjägers mit einer Geschwindigkeit von 750km/h. Dieser „Wegwerfjäger" mußte bis zum 1. Januar 1945 fertiggestellt sein. Die Ausschreibung gewann die Ernst Heinkel AG mit einem Holz-/Metallflugzeug mit aufgesetztem Triebwerk. Seine Entwicklung vom Reißbrett bis zur einsatzfähigen Maschine dauerte nur knapp 3 Monate. Bereits am 6. Dezember 1944 startete der erste Prototyp zum Erstflug. Im Januar 1945 gingen zwei weitere Vorserienmuster in die Flugerprobung. Noch vor Ende der Konstruktionsarbeiten wurden unabkömmlich gestellte Facharbeiter wie Schreiner, Mechaniker usw. zu Arbeitsgruppen zusammengewürfelt, um die Serienfertigung des Jägers aufzunehmen. Während eine in die Stollenanlagen von Schwäbisch Gmünd verlegte Maschinenfabrik wichtige Teile für die Flugbombe V-2 fertigte, wurden auf dem Hornberg, wenn auch nur in sehr geringem Umfang, vom NSFK die Holzflügel für die He 162 hergestellt.

Die Struktur dieses „Volksjägers" war ziemlich ungewöhnlich. Außerdem hatte das Flugzeug viele schlechte Flugcharakteristiken aufzuweisen. Das einen Schub von etwa 7800 N liefernde BMW-Strahltriebwerk war hinter dem Führersitz auf dem Rumpfrücken angeordnet. Um den Abgasstrahl störungsfrei abzuleiten, erhielt das Flugzeug ein doppeltes Seitenleitwerk. Zudem besaß es ein Bugfahrwerk und war mit einem Schleudersitz ausgerüstet. Der Rumpf bestand aus Stahlrohren, die mit Aluminiumblech verkleidet waren. Die Tragflügel waren ganz aus Holz gebaut und mit Sperrholz beplankt. Da ein Tank wegen Materialknappheit nicht vorgesehen war, befand sich der Kraftstoff direkt zwischen den Flügelrippen und der Beplankung. Die Flügelinnenseiten wurden deshalb mit einer speziellen Mineralfarbe imprägniert. Was im Einsatz nur ein einziger feindlicher Geschoßtreffer im Flügel bedeutet hätte, ist unschwer vorstellbar.
Laut Produktionsprogramm sollten in ganz Deutschland pro Monat 4000 dieser Volksjäger gebaut werden, von denen aber nur ungefähr 100 zur Auslieferung kamen. Da es nur noch wenige erfahrene Piloten gab, wurden an der Reichssegelflugschule Trebbin Hitlerjungen hastig und oberflächlich auf Segelflugzeugen vorgeschult, um dann auf Volksjägern He 162 weiter ausgebildet zu werden.

Versuche mit Horten-Nurflügelflugzeugen

Um der zunehmenden alliierten Luftüberlegenheit entgegenzutreten, wurden von verschiedenen Seiten auch große Hoffnungen in die Neuentwicklung von Nurflügel-Flugzeugen gesetzt.

Die Forschungs- und Versuchsarbeiten wurden von der Firma Horten Flugzeugbau GmbH im Auftrag des Reichsluftfahrtministeriums bzw. des Reichsmarschalls Göring durchgeführt. Zur Unterstützung und Durchführung der Flugerprobung wurde von der Luftwaffe zunächst das

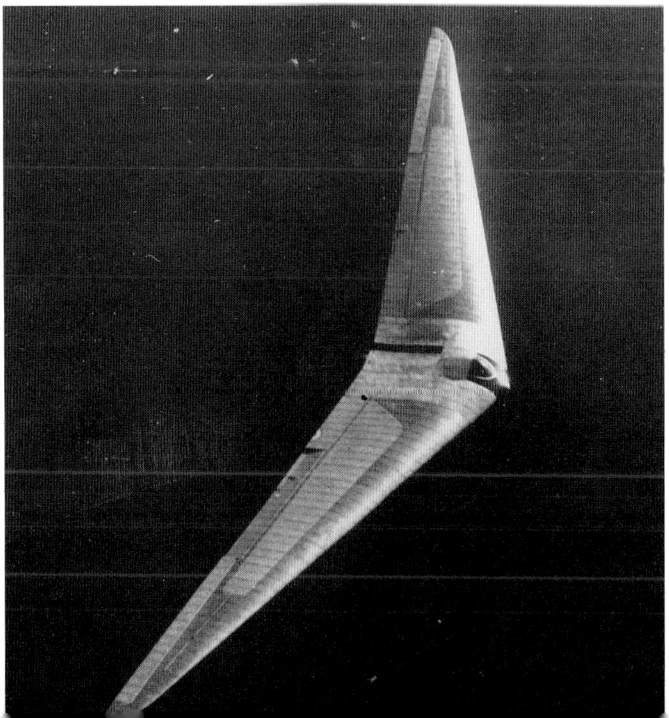

Oben: „Horten III" mit einer am linken Flügel angebrachten Meßsonde in der Nähe des Hornbergs.
Links: Wollfädenversuche mit der „Horten III f". Pilot Dr. Karl Nickel.

Sonderkommando L In 3 aufgestellt, welches dann später in Luftwaffenkommando IX umbenannt wurde.

Zum Kommandoführer wurde Hauptmann Walter Horten und zum Stellvertreter sein Bruder, Oberleutnant Reimar Horten, bestellt. Die verschiedenen, je nach Verwendungszweck konzipierten Flugzeugtypen wurden während des Krieges hauptsächlich in Göttingen und Bonn konstruiert und gebaut. Die Flugerprobung erfolgte unter anderem bei der Erprobungsaußenstelle Hornberg. Die Außenstellenleiterin war Fräulein Dipl.-Ing. Gunhild Horten, die Schwester der beiden Horten-Brüder.

Zu Meß- und sonstigen Probeflügen wurden die Typen I IV, H IVb, H IVSt, H IIIf, H IIIg sowie H X (H XIII) auf den Hornberg gebracht. Die Versuchsflüge begannen im Sommer 1944 und dauerten bis März 1945. Dabei waren ab 4. November 1944 zeitweise auch mehrere Exemplare eines Typs, zum Beispiel drei H IV (20,3 m Spannweite), auf dem Hornberg im Versuch. Dies war notwendig, da mit jeder Werknummer unterschiedliche Meßflüge mit verschiedenen konstruktiven Änderungen absolviert wurden. Da es außerdem viele Brüche gab, war es erforderlich, daß immer mindestens ein Exemplar jedes Typs flugbereit war. Die Starts der einzelnen Prototypen wurden hauptsächlich als Flugzeugschlepp mit einem Fieseler Storch durchgeführt. Schon ab Sommer 1944 wurde zusätzlich die Methode des Schwerpunktschlepps mit Nurflügel-Flugzeugen mit liegendem Piloten an der Seilwinde ausprobiert. Es wurden nicht nur einsitzige Typen wie die H IIIf und die H IV erprobt, sondern auch der Doppelsitzer H IIIg, dessen Sitze hintereinander angeordnet waren und mit dem laut Flugbuch Meßflüge mit insgesamt 103 Stunden Dauer durchgeführt wurden.

„Fi 156-Storch". Eine Maschine dieses Typs wurde zum Schlepp der Horten-Flugzeuge verwendet.

Während dieser Starts empfanden es die Testpiloten als besonders angenehm, daß man während des ganzen Schlepps die Seilwinde und den Nordhang des Kalten Feldes immer im Auge behalten konnte.

Zudem bedeutete der Schwerpunktschlepp für die Flugzeugführer immer ein außergewöhnliches fliegerisches Gefühl. Während sich der Pilot im Normalflug in Bauchlage befand, stand er im Schlepp fast aufrecht und hatte eine freie Sicht auf den ganzen Flugplatz, indem er nahezu senkrecht nach oben befördert wurde. Damit sich beim Ausklinken das abfallende Seil nicht um das Fahrwerk wickeln konnte, wurde dieses ebenfalls ausgeklinkt und schwebte dann an einem kleinen Fallschirm zu Boden.

Mit dieser Methode wurden auf dem Hornberg von Herbst 1944 bis Frühjahr 1945 mit den Ein- und Doppelsitzern viele erfolgreiche, aber auch weniger erfolgreiche Starts durchgeführt.

Brüche waren zwar nicht an der Tagesordnung, kamen aber dennoch vor. So wurde die Horten IVb nach dem Einfliegen in Göttingen durch Heinz Scheidhauer Anfang Dezember 1944 zur weiteren Erprobung auf den Hornberg transportiert. Sie zeigte einige bösartige Flugeigenschaften. Die gravierendste war hierbei wohl die stark ausgeprägte Trudelfreudigkeit, die in starkem Gegensatz zum Verhalten der anderen Horten-Typen stand, sowie die starken Flattereigenschaften. Letztere wurden Hermann Strebel wahrscheinlich zum Verhängnis. Er mußte bei seinem vierten Testflug am 18. Januar 1945 aus der Maschine aussteigen. Da in der Hektik der Startvorbereitungen sein Automa-tikfallschirm versehentlich nicht an den Gurten befestigt worden war, hatte er beim Absprung in der Nähe von Göppingen keine Überlebenschance.

Das Versuchsprogramm Horten beinhaltete auch die Entwicklung eines Delta-Überschalljägers mit der Bezeichnung H X bzw. H XIIIb. Während man auf dem Hornberg Flugversuche mit Delta-Modellen durchführte, wurde in Bad Hersfeld unter strenger Geheimhaltung ein 1:1-Studientyp gebaut. Mit dem vorgesehenen damals stärksten Turbinenmotor Heinkel He S 011 mit 13 000 N Schub, hätte der Prototyp eine Höchst- geschwindigkeit von 1,4 Mach (1490 km/h) erreichen sollen.

Für tiefergehenderes Interesse ist die Geschichte der Horten-Flugzeuge von Reimar Horten und Peter F. Selinger im Buch „Nurflügel“ beschrieben.

Soweit bekannt ist, wurde der letzte Meßflug auf dem Hornberg am 27. März 1945 von Oberfeldwebel Helmut Knöpfle („Bimbo“) ausgeführt. Einige Tage später wurde das Schleppflugzeug, der Fieseler Storch, nach Göttingen verlegt. Damit war der Testflugbetrieb auf dem Hornberg beendet. Mit ein Grund dafür dürften wohl die immer stärker zunehmenden Aufklärungsflüge der US-Luftwaffe und die ständigen den Flugbetrieb störenden Fliegeralarme gewesen sein. Daraufhin zog das Luftwaffenkommando IX vom Hornberg ab. Geplant war, die Versuche in Göttingen weiterzuführen. Nur sieben Soldaten und ein flugunfähiger Prototyp, aus dem alle Instrumente ausgebaut waren, blieben als Nachkommando auf dem Hornberg zurück.

Während der letzten Kriegsmonate gingen auf dem Hornberg der Flügelbau des He 162-Volksjägers und die Flugerprobungen der Horten-Nurflügel-Flugzeuge gleichzeitig vor sich. Die Funktionäre des NSFK mußten, von höchster Stelle befohlen, dem Luftwaffenkommando IX die gesamte Halle III abtreten. Dies taten sie jedoch nur widerwillig. Nicht nur deswegen war während dieser ganzen Zeit das Verhältnis zwischen den NSFK-Leuten und den Horten-Leuten bzw. den Luftwaffensoldaten sehr gespannt. Die beiden Gruppen gingen sich deshalb aus dem Weg, wo immer es möglich war.

Der Schwarze Tag und die Zeit danach

Er war ein sonniger Frühlingsmontag, der 16. April 1945. Bis zu diesem Zeitpunkt hatten schon Tausende alliierter Bomber die deutschen Großstädte in Trümmer gelegt. Kleinere Orte und Punktziele wurden erst angegriffen, als die Westalliierten auf deutschen Boden vorrückten. Die Amerikaner waren zu dieser Zeit bereits bis ins untere Remstal vorgedrungen.

Die Bauern aus den unterhalb des Hornberges gelegenen Orten nutzten an diesem Tag das gute Wetter zur Aussaat. Schon am frühen Morgen tauchten am westlichen Horizont amerikanische Aufklärungsflugzeuge auf und kreisten einige Zeit über dem Hornberg und dem Kalten Feld. Dann flog plötzlich am frühen Nachmittag ein starker Jagdbomberverband heran. Eines der Flugzeuge löste elf Bomben aus, die auf dem nördlich des Tannhofes ansteigenden Hang niedergingen. Die Explosionen deckten Dächer ab, drückten Scheiben ein und richteten auch sonst schwere Schäden an den Gebäuden an. Dabei wurden ein Bauer getötet und zwei Kinder schwer verletzt.

Während einige auf dem Hornberg verweilende Soldaten zur Hilfeleistung herbeieilten, erfolgte ein zweiter Angriff mit Bordwaffen und Brandbomben auf den Tannhof selbst. Später stellte sich heraus, daß diese beiden Angriffe dem Fliegerlager auf dem oberhalb gelegenen Hornberg gegolten hatten.

Am gleichen Tag hütete der Degenfelder Jakob Müller seine Schafe auf dem Hornberg. Er ahnte schon, daß die morgendlichen Aufklärungsflugzeuge nichts Gutes zu bedeuten hatten. Deshalb zog er es vor, mit Hütehund und Schafen zum Osthang des Kalten Feldes, dem Steinbühl auszuweichen. Ganz in der Nähe bearbeitete Paul Aubele, der Hirschwirt aus Degenfeld, mit zwei Rappen seinen Acker. Plötzlich rasten acht bis zehn amerikanische Kampfflugzeuge mit ohrenbetäubendem Getöste in Baumwipfelhöhe heran. Zuerst wurden die Hütten auf dem Kalten Feld angegriffen. Jakob Müller konnte gerade noch geistesgegenwärtig mit seinem Hund Deckung hinter einer Haselnußhecke suchen. Sekunden später wurde die Hecke knapp über seinem Kopf von Splittern abgerissen. Die Schafe erschreckten sich dermaßen, daß sie von plötzlicher Angst gepackt in alle Himmelsrichtungen davonliefen. Während des ganzen Angriffes hatte der Hirschwirt größte Mühe, seine beiden Rappen im Zaum zu halten, die sich in panischer Angst in den Zügeln verfangen hatten. Die schwarzen Pferde haben in dieser Zeit so geschwitzt, daß sie wegen des am ganzen Körper austretenden weißen Schaumes wie Schimmel aussahen.

Die Treffer an den Hütten forderten ein Menschenleben. Ein Zivilist, der sich in der Donzdorfer Hütte aufhielt und im Keller Deckung suchte, wurde von einem Splitter, der durch ein Kellerfenster eindrang, so schwer verletzt, daß er noch am gleichen Tag in Degenfeld verstarb. Von seiner relativ sicheren Deckung beobachtete Jakob Müller, wie die todbringenden Geschosse der Flugzeuge im Fliegerlager einschlugen. Bereits kurze Zeit später war alles in ein flammendes Inferno verwandelt. Auf die Dächer des Tannhofes prasselte ein Regen von leeren Patronenhülsen aus den Bordkanonen der angreifenden Flugzeuge nieder. Diese kreisten dort und beschossen weiterhin die schon brennenden Gebäude des Fliegerlagers. Die Menschen auf dem Hornberg, darunter auch die Soldaten, liefen in den nahegelegenen Wald, um Schutz zu suchen. Während des Angriffs, der nur ein paar Minuten dauerte, wurde ein Soldat schwer verwundet und ein weiterer getötet.

Obwohl Hydranten und genügend Löschwasser vorhanden waren, wurden keine Löschversuche unternommen. Diese wären auch wegen der großen Hitzeentwicklung völlig zwecklos gewesen. So brannte das Feuer noch den ganzen Nachmittag. Nur die im Nordteil des Geländes gelegene Flugzeughalle III, die danebenstehende Fahrzeug-Einstellhalle sowie eine kleinere Garage wurden nur leicht beschädigt. In der verschonten Halle III blieben etwa 30 Flugzeuge, darunter Reiher und Weihe, nahezu unversehrt. In den folgenden Nächten schliefen die Soldaten in der Wohnstube des Tannhofbauern Isidor.

Die nächsten Tage saß der alte Wirt in den Trümmern der Gaststätte und bewachte Tag und Nacht den Abgang zu seinem Weinkeller. Dieser wurde bei dem Luftangriff nicht zerstört. Es lagerten dort noch einige tausend Liter Wein in Flaschen und Fässern. Daß dieser freiwillige Wachdienst den Altwirt mit der Zeit ganz schön anstrengte, war dem Einfluß zuzuschreiben, der große Mengen von edlem Rebensaft auf durstige Kehlen im allgemeinen ausübt.

Täglich, es war immer so gegen Spätnachmittag, wenn die Viertele ihre Wirkung zeigten, schlief der Wirt auf seinem Stuhl ein. Dies nutzten einige der noch auf dem Hornberg verbliebenen Soldaten dazu, um aus dem Keller ein paar Liter Wein zu holen.

Wenige Tage nach der Zerstörung befand sich dann nur noch ein Soldat, der aus der Umgebung stammte und wegen einer Knieverletzung kaum mehr richtig gehen konnte, auf dem Trümmergelände. Eines Tages tauchten zwei Mitglieder des Sicherheitsdienstes der Partei auf und wollten alle Gebäude, die nach dem Luftangriff noch stehengeblieben waren, anzünden. Der auf dem Hornberg verbliebene Luftwaffensoldat, der ja selbst Flieger war, konnte die beiden in einem langen Gespräch davon überzeugen, daß dies seine Arbeit war. Hatte er doch selbst von seinen Vorgesetzten den schriftlichen Befehl erhalten, alles anzuzünden was noch an Flugzeugen und Gebäuden übriggeblieben war. Da er Soldat war und den Auftrag ausführen mußte, zog er, nachdem die beiden Männer des Sicherheitsdienstes verschwunden waren, den einzigen in der Halle III verbliebenen Horten-Prototypen auf das Hallenvorfeld und zündete ihn an. Von der Vernichtung der Gebäude sah er jedoch ab. selbst auf die Gefahr hin, standrechtlich erschossen zu werden. Es ist somit sein Verdienst, daß wenigstens die wenigen Gebäude, die beim Luftangriff verschont blieben, nicht auch noch sinnlos zerstört wurden.

In den Tagen nach dem Angriff kam es zur Ausplünderung der Trümmerreste und der verschonten Gebäude durch die Zivilbevölkerung. Von Kleidungsstücken und Schuhen bis zu Waschraumeinrichtungen wurde alles noch einigermaßen Verwertbare ausgeräumt und fortgeschaft. Am 25. April besetzten dann amerikanische Bodentruppen von Weiler und Hertlinsweiler her den Hornberg. An einem verschont gebliebenen Segelflugzeug versuchten junge Infanteristen im Selbststudium das Fliegen zu lernen, was jedoch nach wenigen Metern kläglich und unsanft endete.

Sämtliche Hauptflugbücher der Reichssegelflugschule Hornberg wurden wenige Wochen vor Kriegsende in ein NSFK-Gebäude in der Stuttgarter Neckarstraße gebracht. Als die Unterlagen kurz nach Beendigung des Krieges von ehemaligen WLV-Mitgliedern aus dokumentarischen Gründen in Sicherheit gebracht werden sollten, wurden sie von US-Soldaten, die das Gebäude besetzt hielten, auf dem Hinterhof mit Benzin übergossen und verbrannt. Alles übrige, was an Unterlagen noch auf dem Hornberg blieb, wurde vorher schon beim Luftangriff ein Raub der Flammen.

Das von amerikanischen Flugzeugen zerstörte Fliegerlager im September 1945.

Der Wiederbeginn

Man schrieb das Jahr 1945. Der Hornberg lag in Schutt und Asche. Nach dem Kontrollratsgesetz Nr. 23, Art. III, Absatz B, war der Flugsport für Deutsche als „militärische Betätigung" verboten. Damit war den Fliegern eine schmerzende fliegerische Enthaltsamkeit aufgezwungen. Von verschiedener Seite hatte man Ende der vierziger Jahre versucht, den Siegermächten klarzumachen, daß man einfach nur fliegen und nichts anderes als fliegen wollte. Federführend dabei war schon ab 1948 die ein Jahr zuvor gegründete Modellflugruppe „Ikarus", die spätere Akademische Fliegergruppe Stuttgart.

Diese richtete an die unterschiedlichsten Stellen immer wieder Gesuche mit dem Ziel der Wiederzulassung des Segelflugsportes. Der „Ikarus" nahm Kontakt mit Fliegerkameraden, zunächst in Württemberg, danach auch in anderen Ländern auf und beriet diese bei der Gründung von Interessengemeinschaften.

Später wurde auch von allen Teilen der Bundesrepublik an die verschiedenen Län-derregierungen, die Bundesregierung und die höchsten Diensstellen der Westalliierten geschrieben. Alle diese Eingaben von verschiedenen Seiten bewirkten jedoch nicht viel. Auch 1200 Unterschriften von württembergischen Segelfliegern ließen die zuständigen Stellen unbeeindruckt. Das Verhandlungsklima zwischen dem „Ikarus" und den amerikanischen Stellen verbesserte sich im Laufe der Zeit. Die Jahre vergingen jedoch, ohne daß das Flugverbot aufgehoben oder auch nur ein wenig gelockert wurde.

Die Flugsehnsucht wäre vielleicht nicht ganz so schlimm gewesen, hätte dieses Verbot nicht auch den Modellflug, ja selbst Kinderdrachen, eingeschlossen. Flugmodelle wurden deshalb in aller Heimlichkeit gebaut. Ab und zu wurden allzu Leichtsinnige von US-Soldaten beim Modellfliegen erwischt. Nicht selten hat man ihnen die liebevoll gebauten Modelle weggenommen oder gar zerstört. An verschiedenen Orten veranstaltete man sogar kleine Wettbewerbe, deren Termine durch vorsichtige Mundpropaganda in Fliegerkreisen bekannt gemacht wurden.

Bis zu Beginn des Jahres 1950 tat sich, abgesehen von der rührigen Initiative des „Ikarus", von seiten der Siegermächte zur Lockerung des Flugverbotes oder gar der Aufhebung der fliegerlosen Zeit rein gar nichts. Um dem endlich ein Ende zu bereiten, traf sich Hanns Kellner in Leonberg mit ein paar Gleichgesinnten. Daraus entstand die „Interessengemeinschaft des ehemaligen Württembergischen Luftfahrtverbandes". Im ganzen Land wurde von der Modellfluggruppe „Ikarus" nach Adressen von alten Segelfliegern, Fluglehrern und Werkstattleitern geforscht, die bereit waren, bei der Wiedergeburt eines neuen Segelflugsportes in der Bundesrepublik mitzuarbeiten. Das Echo war überwältigend. Von allen Landesteilen kamen begeistere Antwortbriefe. Aus allen klang die Liebe zum Flugsport und die Sehnsucht, ihn wieder ausüben zu dürfen. So wurde in einem dieser Briefe berichtet, daß man bereits heimlich verschiedene Teile wie Spanten und Rippen für ein „Grunau-Baby IIb" gebaut hatte.

Am 9. Juli 1950 auf dem Hornberg: Erstes Fliegertreffen nach dem Krieg mit Gründung der „Interessengemeinschaft des ehemaligen Württembergischen Luftfahrtverbandes" auf Initiative von Hanns Kellner (3.v.r.).

Ein Trio, das in der Fliegerei viel bewegt und geschaffen hat: Christian Biser (links), der den Bau der Flugschule vor und nach dem Krieg leitete, Wolf Hirth (Mitte) und Dr. Adalbert Seyfriz.

Knapp drei Monate nach dem „Leonberger Treffen" lagen die Anschriften von 27 örtlichen Interessengemeinschaften mit mehr als 600 Mitgliedern vor. Bis hierher hatte man sich schon sehr weit gegen das Flugverbot vorgewagt. Nun mußte ausgelotet werden, ob weitere Schritte nach vorn ohne Widerstand oder ein Einschreiten durch die offiziellen Stellen möglich war. Zu diesem Zweck wurde am 9. Juli 1950 die „Interessengemeinschaft des ehemaligen Württembergischen Luftfahrtverbandes" auf dem Hornberg offiziell gegründet. Sie war von nun an das zentrale Organ, durch das die Fluginteressen der württembergischen Segelflieger zukünftig wahrgenommen werden sollten. Das Hauptanliegen war zunächst die Vorbereitung einer Wiedergründung des Württembergischen Luftfahrtverbandes.

An den Ministerpräsidenten Dr. Reinhold Maier wurde ein Gesuch mit der Bitte um tatkräftigen Einsatz für die Freigabe des Segelfluges gerichtet. Einige Tage später wurde der Interessengemeinschaft auf Rückfrage beim württembergischen Kultusministerum mitgeteilt, daß von seiten des amerikanischen Landeskommissars für Sport, Nilsen, gegen die Bildung von Interessengruppen und Vereinen, die sich dem Segelflug widmen wollten, keine Einwände mehr erhoben würden. Nach wie vor waren jedoch das Fliegen und die Herstellung von Flugzeugen verboten. Nur der Bau von Segelflugmodellen wurde gestattet.Nach diesem kleinen Zugeständnis der Amerikaner wurde dann am 26. August 1950 der Württembergische Luftfahrtverband offiziell wiedergegründet. Die Gründungsversammlung fand im großen Sitzungssaal des Wirtschaftsministeriums in Stuttgart statt. Zum Präsidenten wurde Dr. Adalbert Seifriz, zum 1. Vizepräsidenten Karl Baur und zum 2. Vizepräsidenten Oberregierungsrat Christian Biser gewählt. Hanns Kellner, der Initiator des ganzen, wurde zum hauptamtlichen Geschäftsführer ernannt. Eine Vielzahl der Teilnehmer an der Gründungsversammlung waren Flieger vom Hornberg, darunter auch Wolf Hirth, Max Beck, Karl Feil, Franz Herkommer und Albert Munz.

Am nächsten Tag fand anläßlich der Verbandsgründung auf dem Hornberg ein Fliegertreffen statt. Dabei fanden sich etwa 1000 Flieger aus Württemberg, Baden und Hohenzollern zu einer eindrucksvollen Kundgebung ein, die unter dem Motto „Gebt uns den Segelflug frei" stand. Nachdem jetzt ein organisatorisches Gerüst erstellt war und die Aufbauarbeit gut voranschritt, wurde am 9. Dezember desselben Jahres in Stuttgart bereits der erste Verbandstag mit einer umfangreichen Tagesordnung abgehalten. Dabei wurde eine Reihe vom Ausschüssen gewählt, die sich unverzüglich mit großem Eifer ihren Arbeitsgebieten widmeten.

Nach dem Zusammenbruch im Jahre 1945 wurde das Hornberggelände beschlagnahmt und in die Verwaltung der Amerikaner bzw. später des Landes übergeben. Nahezu das gesamte Gelände wurde an die Degenfelder Bauern als Ackerland verpachtet. Nachdem nun der wiedergegründete Württembergische Luftfahrtverband 1951 als Rechtsnachfolger des 1933 zwangsaufgelösten WLV anerkannt worden war, ging der Hornberg wieder in sein Eigentum über. Aufgrund dessen hatte der Verband, in Erwartung einer baldigen Wiederzulassung des Segelflugsportes, die Pachtverträge mit den etwa 20 Bauern im Februar 1951 zum Jahresende

Links: Beim ersten Flugbetrieb auf dem Hornberg nach dem Krieg waren zwölf Segelflugzeuge am Start. Unten: Besucherandrang am 7. Oktober 1951, dem ersten Flugtag nach der Freigabe des Segelfluges.

Segelfliegen wieder erlaubt

Bonn (dpa-AP). Die alliierte Hohe Kommission hat beschlossen, die bestehenden Verbote für die Ausübung des Segelflugsportes in der Bundesrepublik aufzuheben. Dies wurde Bundeskanzler Dr. Adenauer am Samstag in einem offiziellen Schreiben mitgeteilt. Gleichzeitig wurden Maßnahmen angekündigt, um die von den Besatzungsmächten erlassenen Bestimmungen entsprechend abzuändern. Sobald dies geschehen ist, kann die Segelfliegerei im Bundesgebiet aufgenommen werden.

Die Freigabe des Segelflugsports war vom Bundeskanzler in einem Brief an die Hohe Kommission angeregt worden, wobei der sportliche und unmilitärische Charakter des Segelfliegens betont wurde. Mit der Aufhebung des Verbots wird auch der Bau, Besitz und Betrieb von ein- und zweisitzigen Segelflugzeugen mit einer Höchstspannweite von 20 Metern und einem Fluggewicht von höchstens 500 kg wieder zugelassen. In dem Brief des Bundeskanzlers war auch betont worden, daß die deutsche Jugend ein Weiterbestehen des Verbots kaum verstehen werde, weil der Segelflugsport sonst überall, auch in der Sowjetzone, erlaubt sei. Außerdem habe die internationale Kameradschaft im Sport die Freundschaft zwischen den Völkern immer mit am besten gefördert.

Warnung an Segelflieger

Der Präsident des Deutschen Aeroclubs, Wolf Hirth, hat alle Segelflieger darauf hingewiesen, daß der Start von deutschen Segelflugzeugen im Bundesgebiet noch immer verboten sei, bis die Ausführungsbestimmungen der bereits angekündigten Freigabe dieses Sports von den Alliierten erlassen werden. Wolf Hirth bedauert in diesem Zusammenhang den kürzlich erfolgten Start eines Segelflugzeuges in Essen-Mülheim und erklärte, daß hierdurch bereits Schwierigkeiten entstanden seien. Die Besatzungsmächte würden bei Wiederholung solcher „schwarzen Starts“ möglicherweise die endgültige Freigabe verschieben. Er kündigte an, daß deutsche Segelflieger, die trotz des Verbots starten, mit dem Ausschluß aus dem Aeroclub bestraft werden.

gekündigt. Im Frühjahr 1952 wurde dann auf dem ca. 70 Hektar großen Fluggelände eine Grasnarbe eingesät, damit es spätestens im Herbst benutzbar war.

Am 28. April 1951 erfolgte die Aufhebung des Segelflugverbotes. Mit neuem Schwung und der Erfahrung vergangener Jahre wurde mit dem Bau von Gleit- und Segelflugzeugen begonnen. Die Konstruktion und der Bau schritten überall rasch voran, denn jeder wollte so schnell wie irgendmöglich fliegen.

In den Nachkriegsjahren verging kaum ein Monat, ohne daß wichtige Freigaben auf solchen Gebieten erfolgten, auf denen nach dem Krieg die Betätigung in Deutschland einer Beschränkung unterworfen oder sogar verboten war. Über die Wiederzulassung des Segelflugsportes in der noch jungen Bundesrepublik Deutschland herrschte deshalb in Segelfliegerkreisen des In- und Auslandes große Freude. Die Alliierte Hochkommission hatte das Gesetz Nr. 23, in dem das Verbot des Segelfluges geregelt war, aufgehoben. Das Ende des Segelflugverbotes wurde letztlich durch einen Antrag des damaligen Bundeskanzlers

Dr. Konrad Adenauer bewirkt. In dessen Memorandum bildeten fünf Vorschläge die Grundlage einer neuen „Segelflugsportlichen Betätigung" innerhalb der Bundesrepublik Deutschland.

Das Fünf-Punkte-Programm hatte folgenden Wortlaut:

1. Der Bau und Betrieb von Sportsegelflugzeugen ohne Motorantrieb wird unter der Voraussetzung genehmigt, daß die Segelflugzeuge sich auf ein- und zweisitzige Typen beschränken, eine Spannweite von 20 Metern nicht überschreiten und ein Fluggewicht von höchstens 500 kg besitzen.
2. Diese Flugzeuge können für Übungsflüge und Wettbewerbe nach den Richtlinien der FAI (Fédération Aéronautique Internationale) benutzt werden.
3. Die Ausübung des Segelflugsports ist nicht an eine Vereinszugehörigkeit gebunden, wenn der Ausübende über ein eigenes Segelflugzeug verfügt. Er muß die amtlichen Bestimmungen für das Halten und Führen von Segelflugzeugen einhalten und eine noch einzuführende Sportlizenz des in Ziffer 4 genannten Spitzenverbandes besitzen.
4. Wettbewerbe können nur durch einen Spitzensportverband des Segelflugsportes und für die von ihm anerkannten Vereine zugelassen werden. Der Spitzensportverband hat für die Einhaltung der bestehenden sportlichen Bestimmungen zu sorgen. Die Vereine sind für die Einhaltung der luftverkehrspolizeilichen und allgemeinen polizeilichen Bestimmungen verantwortlich.
5. Den Wettbewerbsverkehr innerhalb des Bundesgebietes und internationaler Art überwacht der in Ziffer 4 genannte Spitzensportverband, der auch für die jeweilige Durchführung verantwortlich ist.

Die Erfahrungen des letzten Krieges haben gezeigt, daß ein- und zweisitzige Segelflugzeuge keine nennenswerte militärische Bedeutung haben und die Beherrschung eines Segelflugzeuges angesichts der raschen technischen Entwicklung bei den Kampf- oder Verkehrsflugzeugen unwesentlich ist. Angesichts dessen hatten die Segelflieger für das Segelflugverbot absolut kein Verständnis. Diese Meinung wurde auch von vielen ausländischen Segelfliegern in aller Welt geteilt.

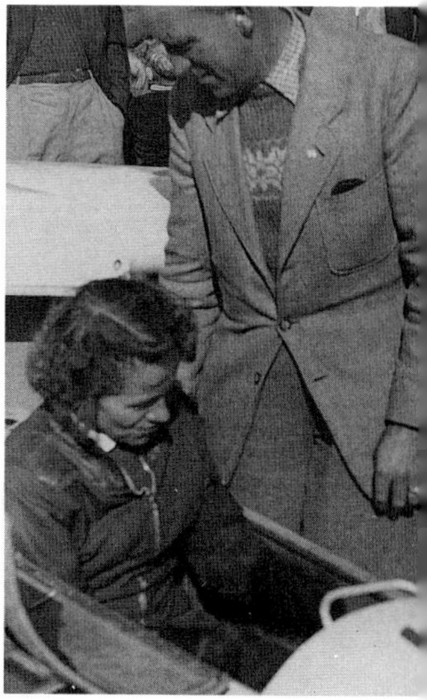

Oben: Hanna Reitsch in der „Weihe".
Links: Am 7. Oktober 1951 waren auf dem Fluggelände noch Felder angelegt.

Wolf Hirth in seiner Eigenschaft als Präsident des „Deutschen Aero-Clubs“ bei seiner Ansprache am 7. Oktober 1951.

Auch in der Segelfliegerei gab es auf westdeutscher Seite Voreilige, die nicht einsehen konnten oder wollten, warum nach Kriegsende aus der Sicht der Alliierten ein Flugverbot ausgesprochen und jahrelang aufrechterhalten werden mußte. Sie hatten vergessen oder wollten nicht wahrhaben, daß der deutsche Segelflugsport nicht nur organisatorisch vollständig im nationalsozialistischen Fliegerkorps aufgegangen war und dort, wenn auch nur teilweise, unter dem Einfluß von „Führerpersönlichkeiten“ stand. Deren Wiederkehr und neue Einflußnahme auf die Jugend mußte in den Augen der Alliierten unter allen Umständen vermieden werden. Hinzu kam, daß sich nach 1945 zunächst verschiedentlich Gruppen angeblicher oder wirklicher Freunde der Segelfliegerei zusammenfanden – teils auch illegal –, deren teilweise nationalistische und militaristische Grundhaltung kaum zu verkennen war. Auch die Art, in der sie, wenn auch nur in Einzelfällen, ihre „Forderungen“ erhoben, war nicht immer dazu angetan, einer baldigen Freigabe des Segelflugsportes den Weg zu ebnen. Ein bedenkliches Beispiel für die Alliierten war wohl die Entwicklung in der DDR, damals noch Ostzone. Dort erhielt die sozialistische „Freie Deutsche Jugend“ (FDJ) Anfang 1950 zu propagandistischen Zwecken die Erlaubnis zum Segelflug.

In der Bildung von „Segelflugbrigaden“ und deren massiertem Auftreten bei Parteiveranstaltungen der SED sahen die Alliierten die Gefahr, daß der Segelflug auch in Westdeutschland wieder in militärisches und politisches Fahrwasser geraten könnte. Aus diesen Gründen muß im nachhinein auch für den Standpunkt und die Sorge der Alliierten Hochkommission Verständnis aufgebracht werden.

Am 7. Oktober 1951 war es dann endlich soweit. Vom Luftfahrtverband wurde auf dem Hornberg der erste Flugbetrieb veranstaltet. Amtlichen Zählungen nach sollen an diesem Tag etwa 40 000 Menschen den Hornberg besucht haben. Schon am Morgen, der versprach, daß der Tag ein thermisch hervorragender werden würde, herrschte geschäftiges Treiben auf dem Fluggelände. Aus allen Richtungen, vor allem aus dem Rems- und Filstal, zog ein Strom von Flugbegeisterten zum Hornberg. Dort flatterten auf dem Gelände des ehemaligen Segelfliegerlagers bunte Flaggen unter strahlend blauem Himmel in frischer Brise. Aus dem ganzen Land brachte man Flugzeuge zum ersten Start nach dem Kriege in das wiedererstandene Mekka der württembergischen Segelflieger.

In der ehemaligen Fahrzeug-Einstellhalle, dem heutigen Höhenrestaurant, hatte der WLV ein kleines Büro eingerichtet, zu dem es schon am Vormittag kein Durchkommen mehr gab. Von hier aus organisierte Hanns Kellner die Startreihenfolge, wenn man bei diesem Durcheinander von Organistation überhaupt sprechen konnte. Jeder wollte fliegen, was nach der langen fluglosen Zeit auch verständlich war. Das Menschengewimmel und das Gedränge waren unüberschaubar. Fliegen durften eigentlich nur Pressevertreter und diejenigen, die schon vor dem Krieg einen Segelflugschein besaßen. Es ist kaum vorstellbar, daß es in Baden-Württemberg überhaupt so viele Zeitungen gab, wie „Pressevertreter“ fliegen wollten.

Das „Grunau-Baby" der Fliegergruppe Waldstetten kurz nach dem Start an der Schedeldüse.

Sonderstempel zum Flugtag

Beim Postamt I wird morgen Sonntag ein Sonderstempel in Benutzung sein. Diesen erhält alle auf dem Hornberg selbst in die dort befindlichen Briefkasten eingeworfene Post und die Post, welche am Schalter 6 (der am Sonntag in der Zeit von 8 bis 20 Uhr geöffnet ist) aufgeliefert wird. Zu Sammelzwecken werden auch noch später (bis 17. November) Gefälligkeitsstempel dieses interessanten Sonderstempels abgegeben werden.

Zwölf Segelflugzeuge waren an diesem denkwürdigen Tag bis Sonnenuntergang im Einsatz. Damit wollte man der Öffentlichkeit nach langen Jahren der aufgezwungenen fliegerischen Enthaltsamkeit zum ersten Mal wieder einen Segelflugbetrieb in größerem Maßstab vorführen. So farbenfroh und lebhaft das Bild dieses sonnigen Herbstages war, so begeistert waren die alten und jungen Flieger aus dem ganzen süddeutschen Raum. In Anwesenheit von Ministerpräsident Dr. Reinhold Maier, Vertretern der Landes- und Bundesregierung bis herab zu den Kreis- und Ortsbehörden sprachen Wolf Hirth als Präsident des Deutschen Aero-Clubs und Dr. Seifriz als Präsident des WLV.

Gleichzeitig zog Hanna Reitsch über dem Osthang des Hornberges in einer „Weihe" der Fliegergruppe Göppingen ihre Kreise. Von den beteiligten Flugzeugen erhielten einige noch in der vorausgegangenen Nacht in den Werkstätten, teilweise sogar noch am Startplatz, ihren letzten Schliff. Pausenlos starteten ein- und doppelsitzige Segelflugzeuge im Winden- und Flugzeugschlepp. Die Flugleitung, die in den erfahrenen Händen von Franz Herkommer lag, hatte alle Hände voll zu tun, um den Flugbetrieb einigermaßen reibungslos abzuwickeln. Allzu gern wäre er damals auch selbst geflogen, doch ein gebrochener eingegipster Fuß verhinderte dies.

An einsitzigen Flugzeugen kamen Typen wie „SG 38", „Grunau-Baby IIb", „Hütter H 17" sowie ein „Habicht" und eine „Weihe" zum Einsatz. An Doppelsitzern standen die Konstruktion „Gövier" von Wolf Hirth sowie je ein Exemplar der Neukonstruktionen „Doppelraab" und „Mü 13 E" zur Verfügung. Als besondere Attraktion war noch die schweizerische Konstruktion „Spalinger S 21" zu sehen. Drei von diesen Flugzeugen wurden den württembergischen Segelfliegern von den Fliegerkameraden aus der Schweiz zu günstigen Preisen überlassen. Alle übrigen am ersten Flugbetrieb beteiligten Maschinen sind von den Flugbegeisterten selbst gebaut worden. Aus dem Land der Eidgenossen kam auch das Motorflugzeug, eine 60-PS-Piper, dessen Pilot den ganzen Tag mit der sprichwörtlichen Präzision und der Zuverlässigkeit eines Schweizer Uhrwerks den Schleppdienst durchführte.

Dem Ehrgeiz und Eifer sowie der freudigen Erwartung der Aktiven, im Laufe des Tages mit einem Start an die Reihe zu kommen, stand der Drang der Zuschauermassen in nichts nach. Tausende durchbrachen mehrfach die Absperrungen und hielten den Absperrdienst der Polizei und die Ordner laufend in Atem.

Die neue Halle III

Die ehemalige Halle III blieb beim verheerenden Luftangriff im April 1945 nahezu unbeschädigt. Da sie zuletzt Eigentum des NSFK war, wurde sie von der US-Armee 1948 demontiert. Ihre Wiedererstellung erfolgte auf dem Gelände des US-Instandsetzungswerkes in Schwäbisch Gmünd. Nachdem der 1950 wiedergegründete Württembergische Luftfahrtverband als Rechtsnachfolger des 1933 gegen seinen Willen aufgelösten WLV anerkannt wurde, mußte an ihn eine Entschädigung gezahlt werden.

Durch ihre jahrelange fliegerische Tätigkeit sahen die erfahrenen Hornbergflieger, darunter Wolf Hirth und Max Beck, die Notwendigkeit einer neuen, zweckmäßigeren Gebäudeanordnung. Dies war durch den fast alles zerstörenden, sinnlosen Luftangriff im Jahre 1945 in den Bereich des Machbaren gerückt worden. Die damaligen Gebäude waren geplant und errichtet worden, als Winden-, Auto- und Flugzeugschleppstart noch relativ unbekannt waren oder in den Kinderschuhen steckten.

Links: Ansprache von Dr. K. F. Reuss, dem Vizepräsidenten des „Deutschen Aero-Clubs" anläßlich der Einweihung der wiedererstellten Halle III.
Unten: Die „neue Halle III". Zeichnung des Verfassers.

Ehrengäste bei der Halleneinweihung.
V.l.n.r.: Hanns Kellner, davor Dr. Reuss, Ministerpräsident Dr. Maier, Bundesverkehrsminister Dr. Seebohm, Christian Biser, Schulleiter Heinz Bär, Landrat Dr. Seebich.

So gingen die Vorstellungen der Planer dahin, daß neu zu errichtende Gebäude nur bis etwa 70 m hinter der westlichen Hangkante erstellt werden sollten. Durch diese Abrückung wäre ein größerer Sicherheitsabstand zur Start- und Landebahn gewährleistet gewesen. Diese sollte etwas gedreht und bis zur Nordwestspitze des Hornbergs, dem „Hörnle", verlängert werden. Der Entschädigungsbeitrag von DM 100 000 sollte ein Grundstock für diese Neukonzeption sein. Doch weit gefehlt: Dieser Betrag war nur als reine Entschädigungsleistung zu sehen. So bestand man darauf, daß die demontierte Halle III an derselben Stelle und in derselben Art wiedererstellt werden mußte. Die Entschädigungsgelder wären sonst gestrichen worden. Der Verband sah sich somit gezwungen, um wenigstens zunächst eine Halle errichten zu können, entgegen den Erfordernissen und der planerischen Vernunft zu bauen.

Ein weiterer Grund, weshalb von einer Neukonzeption des Fluggeländes abgesehen werden mußte, war die Verlegung der Zufahrtsstraße im Falle einer Landesbahnverlängerung. Diese Umbaumaßnahme hätte für den Luftfahrtverband kaum aufzubringende enorme Kosten verursacht.

Zeit der unkontrollierten Flüge

Es wurde lange gesucht, um die Zeit nach der Freigabe des Segelfluges auf dem Hornberg kurz und treffend mit einem charakteristischen Begriff zu benennen. Um die Worte eines damals Beteiligten zu gebrauchen, wollen wir sie hier kurzum als die „Zeit der unkontrollierten Flüge“ bezeichnen. Es war ein kurzer Zeitraum, der geprägt war von großem fliegerischen Nachholbedarf der meisten ehemaligen Segelflieger. Wie immer und in welchem Zusammenhang das Wort „unkontrolliert“ zu sehen ist, sei einmal dahingestellt.

Zunächst waren es die Piloten, die ohne ordentliche Ausbildung und ohne entsprechende Überprüfung nach mehr als einem halben Jahrzehnt Pause wieder fliegen wollten, nur um des Fliegens willen.

Dabei wurde oft Fluggerät benutzt, welches nicht dem Ausbildungsstand der Flugzeugführer entsprach. So kam es unter anderem vor, daß sich SG-38-Piloten mit der A-Prüfung in ein Grunau-Baby setzten und nun thermikfliegen wollten. Die noch irgendwo hervorgeholten Flugzeuge waren teilweise durch die lange Ruhezeit in schlechtem baulichen Zustand. Seit langem hatte kein Prüfer mehr sein kontrollierendes Auge darauf gerichtet. Dies waren wohl einige der Gründe, warum es fast jedes Wochenende auf dem Hornberg Bruch gab. Glücklicherweise wurde nie einer der Flugzeugführer ernsthaft verletzt.

Das übermütige Flugverhalten und die dadurch hervorgerufenen häufigen Brüche waren wohl auf die lange Zeit der aufgezwungenen fliegerischen Abstinenz und den dadurch hervorgerufenen Nachholbedarf zurückzuführen. Ein trauriges Beispiel hierfür war das tragische Schicksal eines Grunau-Baby. Eines Samstags tauchten fünf wackere Flieger aus der Stuttgarter Gegend auf dem Hornberg auf. Mit ihrem „Grunau-Baby“, welches eine große Werbeaufschrift trug, führten sie eine Vielzahl von Flügen durch. Als Zielzeichen diente das Landekreuz, auf welches dann „Steilanflüge“ bzw. „Sturzflugangriffe“ geflogen wurden, die auf jeden Fall nicht dem normalen Anflug eines Segelflugzeuges entsprachen. Das arme Grunau-Baby wurde dabei natürlich bis zum „geht nicht mehr“ strapaziert. Außerdem wurden die Anflüge der Fünf immer frecher und gewagter. Einer der Flieger hatte dann bei einem dieser „Anflüge“ zu spät abgefangen und war mit einem Winkel von etwa 30 Grad auf dem Boden aufgeschlagen. Das Flugzeug zerbarst dabei in unzählige Teile, von denen das größte etwa die Ausmaße eines Koffers besaß. Der Pilot wurde nicht ernsthaft verletzt, er trug nur ein paar blutende Kratzer und einen verstauchten Rücken davon. Von da ab waren die Fünf wieder so schnell vom Hornberg verschwunden, wie sie aufgetaucht waren. Ob sie jemals vorher in einem Segelflugzeug gesessen hatten oder überhaupt einen Segelflugschein besaßen, konnte nicht festgestellt werden.

Heinz Bär

Schon in der Jugendzeit verschrieb sich Heinz Bär in seiner sächsischen Heimat dem Segelflug. Mit Anfang zwanzig wurde er Fluglehrer und war seit 1929 beruflich nur noch in der Fliegerei tätig. Im Zweiten Weltkrieg diente er sich bis zum Oberstleutnant hoch. Sein Name tauchte in dieser Zeit mehrfach in den Wehrmachtsberichten auf. Stichworte wie Jagdflieger im Geschwader Mölders und Udet, Staffelkapitän, Geschwaderkommodore, die Auszeichnung Ritterkreuz mit Eichenlaub und Schwerten und 220 anerkannte Luftsiege sind nur wahllos herausgegriffene Abschnitte seiner Fliegerzeit. Die Jahre 1945 und 1946 verbrachte er in englischer Kriegsgefangenschaft.

Ab Ende der vierziger Jahre war es ihm dann möglich, wieder für den Luftsport zu arbeiten und am Aufbau der neuen deutschen Luftfahrt mitzuwirken. Seit dem Jahre 1951, als der Segelflug wieder freigegeben wurde, hat sich Heinz Bär wieder aktiv als Ausbilder und Lehrgangsleiter betätigt. Im gleichen Jahr wurde er zum Motorflugreferenten des Deutschen Aero-Clubs e.V. (DAeC) ernannt und übernahm den Vorsitz der Motorflugkommission des DAeC. Mit der Berufung zum ersten Schulleiter nach dem Krieg wurde ihm im Mai 1953 die schwere Aufgabe des Wiederaufbaues der Segelflugschule Hornberg übertragen. Während der zwei Jahre seines Wirkens war die Schule hoffnungslos überfüllt. Unter den Flugschülern befanden sich auch viele Ausländer, darunter Inder, Amerikaner usw. Der Flugbetrieb mußte mit wenig Personal und wenig Fluggerät durchgezogen werden. Mit Wirkung vom 1. April 1955 beendete Heinz Bär seine Arbeit auf dem Hornberg und nahm eine hauptamtliche Tätigkeit beim DAeC an. Sein unermüdliches Wirken war jedoch nur von kurzer Dauer. Am 28. April 1957 verunglückte er bei einer Vorführung mit dem Prototypen des Sportflugzeuges „Zaunkönig“ auf dem Flugplatz Braunschweig-Waggum tödlich.

Bundesverkehrsminister Dr. Hans-Christoph Seebohm startet mit Heinz Bär (vorn) zu einem Rundflug über den Hornberg.

Wellensegelflug am Hornberg

Vom 1.—3. Mai 1953 war der Sportfliegerclub Stuttgart am Hornberg Am Sonntag früh wurde bei Sonnenaufgang bereits um 5.20 Uhr der erste Windenstart gemacht.

Um halb sechs sah ich aus dem Fenster und sah die Mü 13 und das Baby an Stellen segeln, wo eigentlich kein Aufwind herrschen konnte. Ich ging zum Startplatz und fand folgende Wetterlage vor:

Reiner Ostwind, vom Bernhardus her blasend mit 50—60 km/h. Am Boden sehr starke Böigkeit, 3/10 Bedeckung, Cirren und in ebenso großer Höhe einige Linsenwolken genau über dem Hornberg, Sicht 50 km.

Die Mü 13 E und das Baby flogen in 200 bis 300 m Höhe über dem Kalten Feld. Ich ließ mich um 6 Uhr 20 mit der Gö 4 zweisitzig auf 160 m schleppen (die Winde stand neben der Halle) und flog Richtung Kaltes Feld Osthang. Vom Augenblick des Ausklinkens an befand ich mich in einer unwahrscheinlich ruhigen Luftschicht mit 1/2 m/sec. Steigen, und zwar auch über der Westhangdüse, wo bei dem Ostwind eigentlich Abwind herrschen mußte. Der Hangaufwind am Osthang des Kalten Feldes war ohne Einfluß, denn genau über dem Kalten Feld und weit südlich davon konnten wir drei (Baby, Mü 13, Gö 4) uns genau so halten.

Ich tastete nun das Aufwindfeld systematisch ab und fand um 7 Uhr mit 300 m über Hornberg seine Begrenzung durch die Punkte: Hornberg (Neue Halle)— Nenningen—Bahnhof Weißenstein—Westgrenze der Ortschaft Degenfeld—Furtlepaß—Halle.

Das Abtasten war einfach: Sobald ich an einer Stelle des Aufwindfeldes die vollkommen ruhige Luftschicht verließ, begann eine sehr starke Böigkeit und ein Fallen des Flugzeugs. Ich mußte jeweils nur wieder umdrehen und in die aufsteigende Luft zurückfliegen.

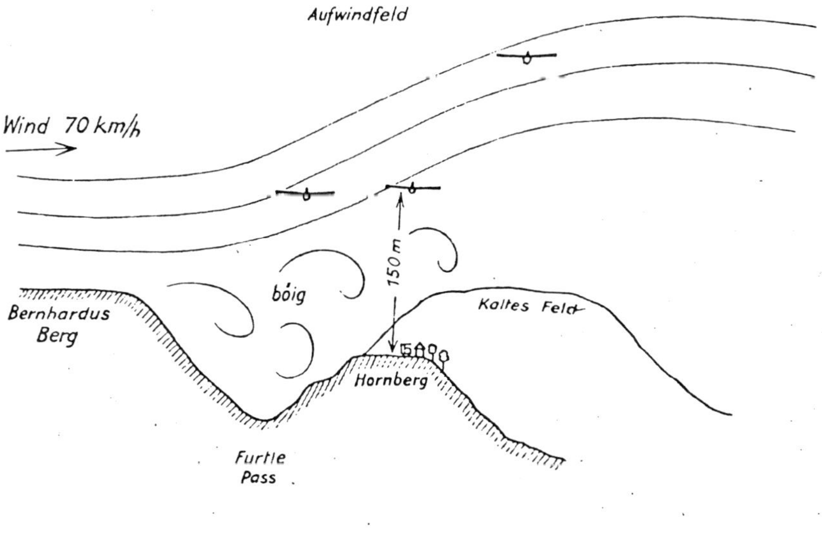

Schnitt u. Ansicht von N.

Kurz vor 8 Uhr erreichten das Baby und der Doppelraab mit zwei Nachwuchsfliegern Höhen bis 700 m in diesem Wellenaufwind. Dann, nachdem sich die Sonneneinstrahlung bemerkbar machte, hörte das Vergnügen schlagartig auf. Die inzwischen eingetroffenen Fliegergruppen der Umgebung konnten von der Winde aus keinen Anschluß mehr bekommen.

Karl Baur

Wandel in der Schulungsmethode

Durch die vielen Jahre des Wartens wurden die Anhänger des Segelflugsportes einer harten Geduldsprobe unterzogen. Nur wenige hatten bis Mitte 1952 das Glück, wieder selbst am Steuer eines Segelflugzeuges zu sitzen. Der größte Teil der Hornbergflieger mußte durch harte entbehrungsreiche Arbeit erst die Voraussetzungen dafür schaffen. Trotz aller finanziellen und materiellen Schwierigkeiten, mit denen die wiedergegründeten Fliegergruppen zu kämpfen hatten, war es erstaunlich, mit welchem Eifer die ersten Segelflugzeuge in den wenigen Monaten nach der Freigabe des Segelfluges fertiggestellt wurden.

Voller Ungeduld sah man dem ersten Flugbetrieb entgegen. Manchmal war es schwer, denen von der „Schnellen Truppe" und den „Hoppla-jetzt-komm-ich-Typen" klarzumachen, daß doch so manche neue Regeln und Vorschriften vorher beachtet werden mußten, um einen sicheren und ordnungsgemäßen Flugbetrieb durchführen zu können. Um Brüche und Unfälle zukünftig zu vermeiden, galt es, die mit so viel Arbeit und Geld geschaffenen Flugzeuge sicher und sinnvoll einzusetzen.

Die vielen Beschädigungen an Segelflugzeugen, die in den ersten Monaten nach der Freigabe des Segelfluges verursacht wurden, zeigten, wie notwendig der richtige Einsatz der Flugzeuge sowie die Einführung einer zeitgemäßen und sinnvollen Schulmethode waren. Während dieser Zeit mußte immer wieder festgestellt werden, daß die Unfälle und Brüche fast ausschließlich von Fliegern verursacht wurden, die früher schon viele Segelflugstunden absolviert hatten. Die Folge war, daß sich, begleitet von der Entwicklung neuer Doppelsitzertypen, die Doppelsitzerschulung durchsetzte und die einsitzige Gleiterschulung mehr und mehr in den Hintergrund drängte. Bis Ende der 50er Jahre wurde dann die Ausbildung mit dem Schulgleiter ganz aufgegeben.

„Grunau-Baby IIb." War vor Jahren bei einer Feuerwehrübung zum Anzünden hergerichtet. Ein außengelandeter Segelflieger hatte es mit einem Faß Bier gerettet und grundüberholt.

Links oben: Das „Grunau-Baby" war für viele Fliegergruppen das erste Segeflugzeug nach der Wiederzulassung des Segelfluges. Rechts oben: Die ausgediente betonierte Gummiseilstartbahn an der Schedeldüse.. Unten: Hangflug-Ordnung unter dem Dach der neuen Halle III.

Die Vorteile der Doppelsitzerschulung zeigten sich sehr bald. Sie bot von nun an dem Fluglehrer die Möglichkeit, sowohl Anfänger als auch Fortgeschrittene gleichermaßen mit einer gewissen Systematik zu schulen. Die Bruchgefahr durch die anfänglichen Bedienungsfehler des Schülers war damit weitgehend ausgeschaltet. Außerdem konnte immer mehr Zeit auf dem Fluggelände anstatt in der Werkstatt verbracht werden. Die Schulung erfolgte jetzt nicht mehr durch unkontrollierbare Rutscher auf dem Einsitzer, bei denen der Schüler während der meist sehr kurzen Flugdauer die Vorgänge anfangs überhaupt nicht richtig erfassen konnte, sondern von Beginn an durch wirkliches Fliegen. Bei den ersten Starts konnte der Fluglehrer selbst steuern und den Schüler zunächst einmal „mitfühlen" lassen.

Darüberhinaus bot die Doppelsitzerschulung die vielseitige Möglichkeit der Einweisung in Startarten wie Auto-, Winden- und Flugzeugschleppstart, den Übergang zum Hang-, und Thermiksegeln sowie die Weiterbildung zum Instrumenten-, Blind- und Wolkenflug. Ein weiteres Plus lag in der Möglichkeit zur Durchführung von Überlandflug-einweisungen und dem Üben von Gefahrenzuständen und Kunstflugfiguren.

Im Tätigkeitsbericht der Segelflugschule des Jahres 1953 hieß es: *„Wir konnten feststellen, daß sich die Doppelsteuerschulung gut bewährt hat. Schüler, die früher nur auf dem Schulgleiter geschult hatten, benötigten höhere Umschulungsstartzahlen."*

Eine Schwalbe mit einem gebrochenen Bein fliegt genauso gut wie eine gesunde

Versehrtenlehrgang auf dem Hornberg im September 1953. Wolf Hirth (mit Stock) auf der Fläche einer „Goevier" sitzend.

Es war im Jahre 1953, als Wolf Hirth diesen Leitspruch prägte. Veranlassung dazu war der Aufruf zu dem vom 29. August bis zum 12. September an der Segelflugschule Hornberg stattfindenden Segelfluglehrgang für Versehrte. Hierzu waren 16 Teilnehmer, meist Beinamputierte aus dem gesamten Bundesgebiet, ausgewählt worden, um zu zeigen, daß Fliegen auch einem Kriegsversehrten keine besonderen Schwierigkeiten bereitet. Aus dem eigenen Erleben heraus – Wolf Hirth hatte 1925 durch einen Motorradunfall sein linkes Bein verloren – entstand bei ihm der Gedanke, auch anderen Versehrten das gleiche Lebensgefühl wiederzugeben, wie er es selbst aus reicher Erfahrung empfunden hatte.

Die Lehrgangsteilnehmer, im täglichen Leben mehr oder weniger durch ihre Behinderung eingeschränkt, zeigten, daß sie sich nach den notwendigen Einweisungsstarts am Knüppel ihres Segelflugzeuges sehr schnell sicher fühlen konnten. Das Ziel dieses Kurses war vor allem die Erprobung, inwieweit ein Versehrter als Segelflieger psychisch und physisch in der Lage war, sich in einem Segelflugzeug zurechtzufinden.

Es zeigte sich seh r bald, daß die Steuerung des Flugzeuges selbst für Zweifach-Beinamputierte ohne besondere komplizierte Umbauten oder Vorrichtungen möglich war. Auch die Sicherheits- und Bauvorschriften konnten eingehalten werden. Bei den durch Zehendruck zu bedienenden Seitenruderpedalen genügte es, Holzklötze mit Sperrholzlaschen anzubringen, so daß dadurch auch mit einer Beinprothese volle Ruderausschläge gegeben werden konnten. Dies waren die einzigen technischen Hilfen, die sich als notwendig erwiesen.

Schwierig war nur die erhöhte körperliche Anforderung, vor die sich die Versehrten durch die Arbeit während des Flugbetriebes gestellt sahen. Diese hohen Anstrengungen wurden dadurch ausgeglichen, daß sich einzelne Lehrgangsteilnehmer in besonders hilfsbereiter Weise, vor allem beim Zurückholen der Flugzeuge zum Startplatz, verstärkt einsetzten. Sogar die fünf beteiligten Fluglehrer sprangen dort ein, wo die Kräfte nicht mehr ausreichten.

Neben dem Einsatz aller Kräfte ermöglichte das anhaltende gute Wetter ein ununterbrochenes Schulen auf den Flugzeugtypen „Goevier" und „Doppelraab". Dabei fiel den Fluglehrern auf, daß die Versehrten, offenbar durch ihre eigene Behinderung psychologisch bedingt, besonders vorsichtig flogen.

So wurden in den zwei Lehrgangswochen fliegerisch gute Fortschritte erzielt, sowohl bei denen, die von früher her erfahrene Flieger waren und denen es um Überprüfungsstarts und Bestätigungen ging, als auch bei den weniger Geübten, die in der Mehrzahl ganz von vorn anfangen mußten. Neben dem Erwerb von sechs Luftfahrerscheinen absolvierten drei weitere Flugschüler ihre ersten Alleinflüge. Den übrigen fehlten nur wenige Starts bis zum Alleinflug.

Eigentümer des Fluggeländes Hornberg

Württembergischer Luftfahrtverband e.V. (WLV)	13. Mai 1931
Flieger-Landesgruppe IX – Wurttemberg des Deutschen Luftsportverbandes (DLV)	14. Dezember 1933
Nationalsozialistisches Fliegerkorps, Körperschaft des öffentlichen Rechts (NSFK)	28. Mai 1937
Land Württemberg-Baden, Bauabteilung des Finanzministeriums, vertreten durch das Rentenamt Ellwangen	11. Februar 1949
Württembergischer Luftfahrtverband e.V. (WLV)	29. Mai 1951
Baden-Württembergischer Luftfahrtverband e.V. (BWLV)	16. Dezember 1954

Lehrgangsleiter Wolf Hirth im hinteren Sitz eines zur Schulung verwendeten „Doppelraab", dessen Seitenruderpedale behindertengerecht umgebaut waren.

Professor Dr. Walter Georgii

„Lieber Segelflieger! Von Mendoza in Argentinien bis zum Hornberg auf der Schwäbischen Alb ist es ein weiter Weg und vom heißen Sommer der Pampa zum strengen Bergwinter ein großer Thermiksprung. Wenn ich nun auf den Hornberg hinausschaue, auf die weiße Winterpracht und auf die fröhlich am Hang schwingenden Skibegeisterten, da ist es beinahe selbstverständlich, daß die Gedanken auch abschweifen zum Hang der Segelflieger und daß man sich die Frage vorlegt, wie kannst du heute erneut dem Segelflug über die Forschung nützlich sein."

Mit diesen einleitenden Worten begann der 1. Segelflugbrief vom Hornberg, den Prof. Dr. Walter Georgii im Jahre 1955 in der BWLV-Verbandszeitschrift „der Adler" veröffentlichte. In Argentinien war er seit Februar 1948 an einem Institut der Universtität Mendoza tätig, dort, wo die Ebene der Pampa plötzlich und unvermittelt in den gewaltigen Gebirgszug der Anden übergeht und mit dem Aconcagua auf fast 7000 m ansteigt.

Professor Dr. Walter Georgii hatte den Hornberg und das Kalte Feld bereits 1929 meteorologisch beurteilt.

Im April 1955 war er nach Deutschland zurückgekehrt und hatte seinen Wohnsitz auf dem Hornberg genommen, um seine wissenschaftlichen Forschungen für den Segelflug im besonderen und die Luftfahrt im allgemeinen wieder aufzunehmen. In der Folge brachte er dann sieben solcher Segelflugbriefe heraus, die alle anschaulich und leicht verständlich geschrieben sowie teilweise mit entsprechenden Bildern und Zeichnungen versehen waren.

Prof. Georgii (1888–1968), nicht nur in Deutschland in Fliegerkreisen wohlbekannt, war einer der größten Experten auf dem Gebiet der Flugmeteorologie. In den einleitenden Worten seines 1. Segelflugbriefes vom Hornberg spiegelt sich seine Lebenseinstellung wider, die ganz von der Wechselbeziehung zwischen Segelflug und meteorologischer Forschung geprägt war. Viele Flugmeteorologen und Segelflieger fesselte er in seinen Vorträgen, in denen er in übersichtlicher und leicht verständlicher Form über Meteorologie, Thermik-, Hangsegel- und Wellenflug referierte. Der Fliegerdichter Peter Supf nannte ihn in seinen Werken den Wegbereiter, Motor und Strategen für den Segelflug.

Schon im Jahre 1929 war er maßgeblich bei der meteorologischen Beurteilung und der Auswahl des Hornberggeländes beteiligt. „Die Zahl der Tage mit guter Thermik ist auf dem Hornberg größer als auf jedem anderen Segelfluggelände des Bundesgebietes, auch z.B. der Wasserkuppe", hat Prof. Georgii nach dem Kriege einmal geschrieben. Anfang der dreißiger Jahre hatte er die Motorflugschule des WLV mit der Entwicklung und dem Bau der ersten Startwinden beauftragt, die dann anschließend auf dem Hornberg erprobt wurden.

Während seiner Zeit auf dem Hornberg stand er in besonders engem Kontakt mit der Akademischen Fliegergruppe Stuttgart, die für ihn eine Reihe wissenschaftlicher Messungen durchführte.

Viele allgemeine Wettererscheinungen, besonders aber diejenigen, welche Süddeutschland, die Schwäbische Alb, besonders aber den Hornberg betreffen, hat Prof. Georgii in seinen „Segelflugbriefen vom Hornberg" beschrieben. Diese wurden in den fünfziger Jahren in der BWLV-Verbandszeitschrift „der Adler" veröffentlicht.

Lustig und gar nicht lustig!

Lustig, allerdings nur für die Zuschauer, war eine Begebenheit, die sich Mitte der fünfziger Jahre auf dem Hornberg zugetragen hatte. Ein älterer Herr, der vor dem Zweiten Weltkrieg selbst segelflog, wollte sich einen Traum erfüllen, wieder einmal mit einem Segelflugzeug zu fliegen. Auf dem Hornberg wurde dieser Traum beinahe Wirklichkeit. Als Flugzeug diente ein „Specht" der Akademischen Fliegergruppe Stuttgart. Pilot war ein Fluglehrer, der den Traum zur bitteren Wirklichkeit werden ließ.

Nach einem wunderschönen Flug befand sich der „Specht" im Endanflug. Um überflüssige Höhe zu verlieren, slippte der Pilot etwas zu lange. Da der „Specht" typenbedingt beim Beenden des Slips (Seitengleitflug) deutlich mehr Höhe verliert als andere Flugzeuge, gab es eine ungewollt harte Landung. Die Folge war ein lautes Gebrüll des Passagiers auf seinem als kleines, ovales Brettchen gebildeten hinteren Sitz: Beim Aufprall war das Brett in der Mitte in Längsrichtung gerissen. Die beiden Hälften hatten sich nach unten gebogen und beim Zurückfedern den Allerwertesten des Passagiers eingeklemmt. Die ärztliche Erstversorgung erfolgte nach seiner Befreiung unter weisen Sprüchen durch Aufkleben von Heftplaster auf das beschädigte Hinterteil. Unmittelbar nach der Behandlung zog der ältere Herr verängstigt von dannen und ward seitdem nie wieder auf dem Hornberg gesehen.

Max Beck

Sein fliegerisches Schlüsselerlebnis hatte Max Beck schon mit sechs Jahren, als er zum ersten Mal einen notgelandeten Doppeldecker aus der Nähe betrachten konnte. Nach intensiver Beschäftigung mit teilweise selbstgebauten Flugmodellen trat er 1928 in den neu gegründeten Württembergischen Luftfahrtverband ein. Schon kurze Zeit später absolvierte er eine Segelflugausbildung bei der Flug- und Arbeitsgruppe Stuttgart I. Bereits 1932 besaß er den Luftfahrerschein und wurde anschließend Gleitfluglehrer. Ein Jahr später begann eine hauptamtliche Tätigkeit als Segelfluglehrer an der neueröffneten Segelflugschule Hornberg. Die folgenden Jahre waren gekennzeichnet durch Rekordflüge, die Teilnahme an Wettbewerben und fliegerischer Weiterbildung wie Motorflugschulung, Motorfluglehrer und zusätzliche Lizenzen für Nachtflug, Instrumentenflug usw.. Nach Ausbruch des Zweiten Weltkrieges war Max Beck bis Kriegsende in verschiedenen Funktionen bei der Luftwaffe eingesetzt. Darunter waren u.a. Tätigkeiten als Motorfluglehrer, Testpilot und Ausbildungsleiter zur Sonderschulung auf dem Volksjäger He 162 in Trebbin.

In den fünfziger Jahren hatte er maßgeblichen Anteil am Wiederaufbau des Luftsportes in Süddeutschland. Ab 1955 leitete er als Nachfolger von Heinz Bär die wiedergegründete Segelflugschule auf dem Hornberg, bis er 1960 eine Tätigkeit in der Industrie aufnahm. Von nun an lagen die fliegerischen Schwerpunkte bei Kunstflugvorführungen mit Segel- und Motorflugzeugen auf Flugtagen. Für seine Arbeit für den Luftsport in Baden-Württemberg wurde ihm 1970 die Goldene Ehrennadel des BWLV verliehen.

Max Beck (im vorderen Sitz) war bereits in den dreißiger Jahren als Fluglehrer auf dem Hornberg tätig. 1955 übernahm er von Heinz Bär die Leitung der Segelflugschule.

Fliegergrüße

Grüßt man den Angler und den Jäger mit „Petri bzw. Waidmanns Heil", so wünscht man ihm viel Angel- bzw. Jagderfolg. Wie für viele Sportarten oder Berufszweige, so entwickelten sich auch in der Fliegerei verschiedene Grußarten. Leuten, welche Sportarten betreiben und Tätigkeiten verrichten, die Mut erforderten oder gar als gefährlich bekannt waren, wünschte man die unversehrte Beendigung dieser Tätigkeiten. So wird dem Bergmann beim Einfahren in den Schacht ein herzliches „Glück auf" zugerufen. Da die Luftsporttreibenden stets eine sichere Landung erhofften, ist anzunehmen, daß davon abgeleitet wohl der Gruß der Ballonfahrer „Glück ab" entstanden ist. Diese Grußformel wurde dann auch von den Fliegern übernommen.

Doch nicht nur dieser Gruß allein ist auf Deutschlands Flugplätzen zu hören. Der Ruf „Hals- und Beinbruch" ist ebenfalls weit verbreitet. Dieser Spruch stammt aus der jiddischen Sprache und bedeutet „hazloche" (Glück) und „broche" (Segen). Daraus entstand in den dreißiger Jahren auf dem Hornberg die schwäbische Kurzform „Hau Boi". Dieser Ausdruck leitet sich von „Hals" (Ha) „und" (u) „Beinbruch" (Boi = schwäbisch: Bein) ab.

Der Segelfliegergruß durch Abbiegen des Armes, Hochheben und Zeigen der leicht nach hinten gebogenen flachen Hand ist im Jahre 1920 in der Rhön entstanden. Damals bauten die Segelflieger ihre Flugzeuge noch selbst. Dadurch hatten sie von Arbeit gehärtete, oft mit Kaltleim, Imprägnierung oder Spannlack verschmierte Hände. Es war deshalb oft wenig zweckmäßig, einen Bekannten durch Händeschütteln zu begrüßen. Auch die Mütze hätte etwas von Leim oder Lack abbekommen, wenn man sie zur Begrüßung gezogen hätte. Dieser Gruß wurde damals von den jungen Fliegern gerne benutzt, da auch ein guter Anteil Stolz damit verbunden war. Dadurch konnten sie zeigen, daß sie Leute waren, die zupacken konnten und keine Angst davor hatten, sich bei der Arbeit die Hände schmutzig zu machen. Heutzutage ist der so entstandene Segelfliegergruß nur noch den älteren Fliegern bekannt. Wen wundert dies, bauen heute doch kaum noch Fliegergruppen oder Flugschulen ihre Flugzeuge selbst.

Christian Biser

Unter den verdienten und marksteinsetzenden Persönlichkeiten darf ein Mann wie Christian Biser nicht fehlen. Als Freund des Luftsportes und als Gründungs- und Vorstandsmitglied des WLV trat er 1926 mit einem Aufruf in der ersten Ausgabe der Verbandszeitschrift „der Adler" erstmals an die Öffentlichkeit. Darin appellierte er mit eindringlichen und mitreißenden Worten an die Verbandsmitglieder, die Luftfahrt in Württemberg durch eigenes Engagement und Spenden zu fördern. Dieses Bekenntnis zur Luftfahrt ist ihm sein ganzes Leben lang immer Richtschnur und Antrieb für sein Wirken gewesen.

Der Schwerpunkt seiner Verbandsarbeit lag in der Schaffung von Fluggeländen. Sein Hauptwerk in der Zeit nach dem Ersten Weltkrieg war der Bau der Segelflugschule auf dem Hornberg. Schon im Jahre 1929 begann Christian Biser unter Ausschluß der Öffentlickeit die Grundstücksverhandlungen mit den Degenfelder Bauern. 1933 erfolgte die Einweihung der Schule, welche zu dieser Zeit die größte und am besten ausgestattete Segelflugschule Deutschlands war. Die Verpflichtung von Wolf Hirth als ersten Schulleiter auf dem Hornberg zeugte für die sportliche Weitsicht, mit welcher er der Segelflugschule einen besonderen Qualitätsstempel aufdrücken konnte. Dies zeigte sich dann auch in der Entwicklung des Hornberges zur Hochburg des Segelfluges im süddeutschen Raum. Nach dem Hornbergausbau widmete sich Biser dem Ausbau der Fluggelände Teck und Klippeneck und einer Reihe weiterer wichtiger Aufgaben.

Bei der Wiedergründung des Württembergischen Luftfahrtverbandes am 26. August 1950 war Oberrregierungsrat Biser wieder von der ersten Stunde an mit dabei. Durch seinen Einsatz für die Rückgabe der Liegenschaften des Luftfahrtverbandes zu Anfang der 50er Jahre hatte er sich erneut außerordentliche Verdienste erworben. Zeugnisse dieser Aufbauarbeit sind neben der Wiedererrichtung der Segelflugschule Hornberg auch der Wiederaufbau der Fluggelände Hahnweide, Hütten, Forchheim, Klippeneck, Übersberg, Wächtersberg und Baldenau.

Aufgrund dieser Verdienste um die Luftfahrt und den Lufsport wurden dem 1892 Geborenen viele Ehrungen zuteil. Anläßlich der Einweihung der neuen Halle III am 12. 10. 1952 verlieh man ihm das Bundesverdienstkreuz des Verdienstordens der Bundesrepublik Deutschland sowie den Ehrentitel „Vater des Hornbergs". Andernorts wurde sein Wirken ebenfalls entsprechend gewürdigt. Als Dank für seine Arbeit auf dem Klippeneck wurde ihm zu Ehren das im Jahre 1959 fertiggestellte Jugend- und Freizeitheim „Christian-Biser-Heim" genannt. Zur Erinnerung an die unermüdlich geleistete Arbeit dieses Mannes ist 1969, vier Jahre nach seinem Tode, am Westhang des Hornberges von den baden-württembergischen Segelfliegern ein Gedenkstein für den „Vater des Hornbergs" errichtet worden.

Links: Federführend bei der Schaffung der Segelflugschule Anfang der dreißiger Jahre und beim Wiederaufbau Anfang der fünfziger Jahre: Christian Biser (1892–1965).
Ganz links: Gedenkstein für den „Vater des Hornbergs" am Westhang.

Hornbergexpress und Hornberger

Originaltext der Rems-Zeitung vom 15. April 1935:

„Wir berichteten schon, daß sich die Gmünder Omnibus-GmbH vor einigen Tagen einen neuen Wagen zugelegt hat, der den Namen „Hornberg-Express“ führt. Am Samstag hatten wir Gelegenheit, diese neue Errungenschaft des Gmünder Omnibus-Betriebs kennenzulernen, denn die Omnibus-GmbH hatte zu einer Probefahrt auf den Hornberg eingeladen, an der u.a. Kreisleiter Baur und Ortsgruppenleiter Klozenbücher und als Vertreter des Wirtschaftsverbandes Herr Paul Gruner teilnahmen.

Das Emblem des Omnibusunternehmers Anton Knödler aus Weiler in den Bergen.

Um es vorweg zu sagen, dieser „Hornberg-Express“ ist das schönste Fahrzeug, das die Gesellschaft jetzt besitzt. „Fast zu schön“, meinte ein Teilnehmer an der Fahrt in Würdigung der Strapazen, denen solche Wagen manchmal ausgesetzt sind. Der Wagen, dessen Ausstattung an Eleganz und Bequemlichkeit wirklich nichts zu wünschen übrig läßt, hat nicht mehr die ausgesprochene Stromlinienform, ist aber von gedrungenem, breit ausladendem Bau. Die Farbe ist meergrün, und in dieser Farbe sind auch die weichen Lederpolster mit Nickelbeschlag gehalten. Er ist ein 30-Sitzer mit moderner Beleuchtung und einem leicht zu öffnenden Dach, so daß er im Sommer namentlich als Aussichtswagen dienen kann.

Die Fahrt zum Hornberg, bei der Betriebsführer Bieser am Steuer saß, ergab, daß der Motor eine große Schnelligkeit entwickelte und auch die Hornberg-Steige in glänzendem Tempo nahm. Dabei ist die Schütterbewegung äußerst gering. Mit einem solchen Wagen eine Fernfahrt zu machen, muß ein Vergüngen sein! Und den Fernfahrten wird er ja meist auch dienen, denn er soll im Lande werben für den Besuch des Hornbergs, wofür auch ein hübsches farbiges Bild auf der Außenseite des Wagens geeignet ist.“

Nach dem Zweiten Weltkrieg baute Anton Knödler, ein Kraftfahrer aus Weiler in den Bergen, sein Omnibusunternehmen auf. Wie manche andere Busunternehmer auch suchte er für seine Wagen einen einprägsamen Namen. Die gemächlich über Weiler kreisenden Segelflugzeuge vom nahen Hornberg inspirierten ihn dazu, den Bussen den Namen „Der Hornberger“ zu geben. Noch heute prangt er, in den achtziger Jahren gestalterisch etwas verändert, mit dem Bild eines Segelflugzeuges auf den Reisebussen der Firma.

Wettbewerbe

Der erste Wettbewerb, der vom WBLV ausgeschrieben und in den auch das Hornberg-Gelände miteinbezogen wurde, war der „Segelflug-Heimatwettbewerb 1954“. Dabei konnte vom 28. Februar bis 19. April an allen Sonn- und Feiertagen geflogen werden. Teilnahmeberechtigt waren sämtliche Fliegergruppen des WBLV. Der Wettkampf war in drei Teile gegliedert, so daß für jede Gruppe, auch wenn sie noch nicht das neueste Fluggerät besaß, die Chance zur Teilnahme bestand.

Im Schulungswettbewerb für Anfänger ohne frühere Motorflieger-Vorbildung durfte nur mit dem Gummiseil gestartet werden. Gewertet wurden Gleitflüge von unterschiedlicher Dauer mit abgestuften Punktzahlen. Außerdem gab es Punkte für jede abgelegte A- oder B-Prüfung. Im Schulungswettstreit für Anfänger mit Autoschlepp- und Windenstart gab es für A-, B- und C-Prüfungen sowie Luftfahrerscheine Klasse I und II eine unterschiedlich hohe Anzahl von Punkten. In der Leistungskonkurrenz wurden schwerpunktmäßig längere Dauerflüge, Höhenflüge und Streckenflüge bewertet. Für diese Flüge durften alle Flugzeuge, außer dem SG 38, auch Doppelsitzer ein- oder zweisitzig, geflogen werden. In die Wertung kamen nur Flüge, die auf ordnungsgemäß zugelassenen Fluggeländen in Baden-Württemberg durchgeführt wurden. Dabei belegten die Fliegergruppen Schwäbisch Gmünd und Waldstetten jeweils dritte Plätze und Göppingen einen fünften Platz.

Ein Jahr später veranstaltete der BWLV vom 1. Mai bis 28. August das „BWLV-Wertungsfliegen 1955“. Neben Dauer- und Höhenflügen (Übungsklasse) lag erstmals der Schwerpunkt bei den Überlandflügen. Dabei wurden Strecken-, Zielstreckenflüge und Zielstreckenflüge mit Rückkehr zur Startstelle gewertet (Leistungsklasse). Von den teilnehmenden, vom Hornberg aus gestarteten Vereinen, belegte die Fliegergruppe Schwäbisch Gmünd in der Leistungsklasse den ersten und die Waldstetter Flieger den dritten Platz.

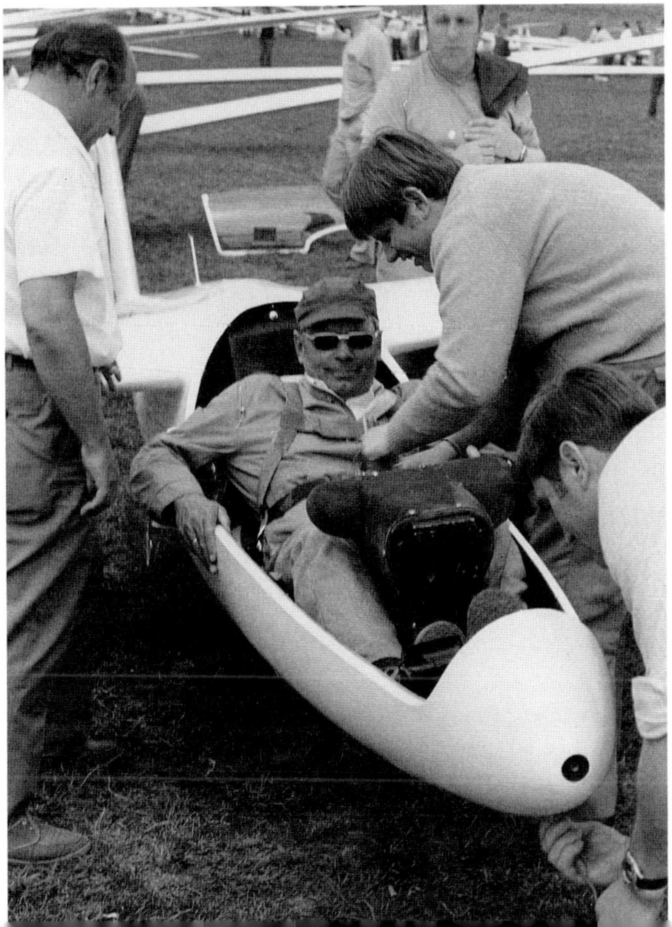

Zur Förderung des Leistungssegelfluges wurde von Emil Bucher (im Flugzeug sitzend) der „Hornberg-Preis“ ins Leben gerufen. Die Ausschreibung erfolgte erstmals 1960.

D-0571
SB 3

Segelflugzeuge in Wettbewerbsaufstellung. Vorn im Bild ein „Phöbus C".

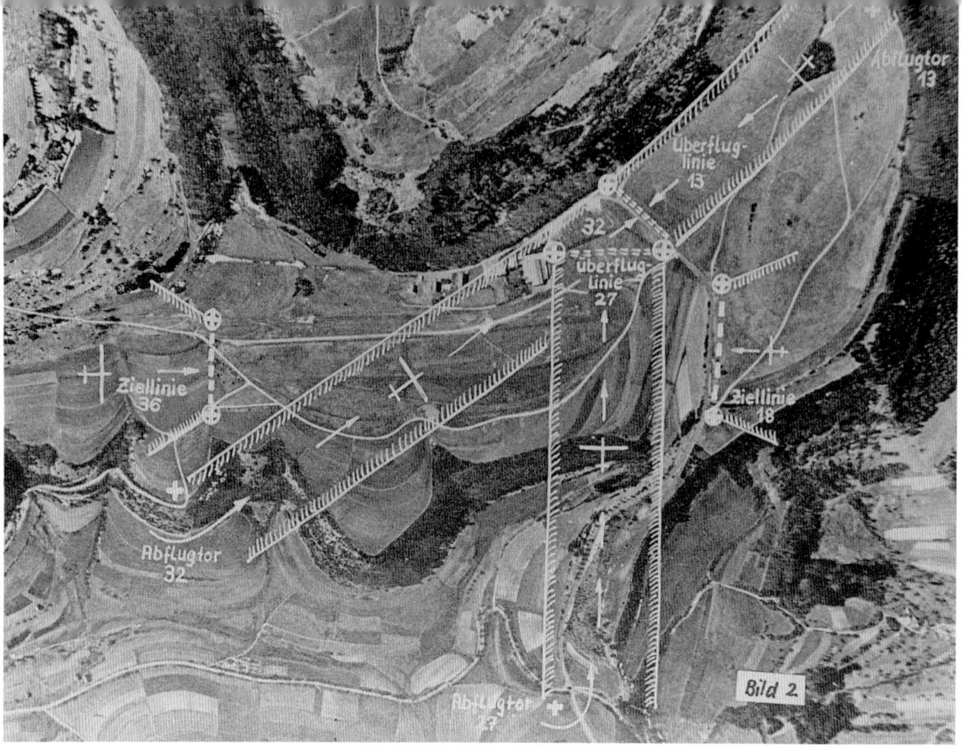
Abflugtor 13
Überfluglinie 13
32
Überfluglinie 27
Ziellinie 36
Ziellinie 18
Abflugtor 32
Abflugtor 27
Bild 2

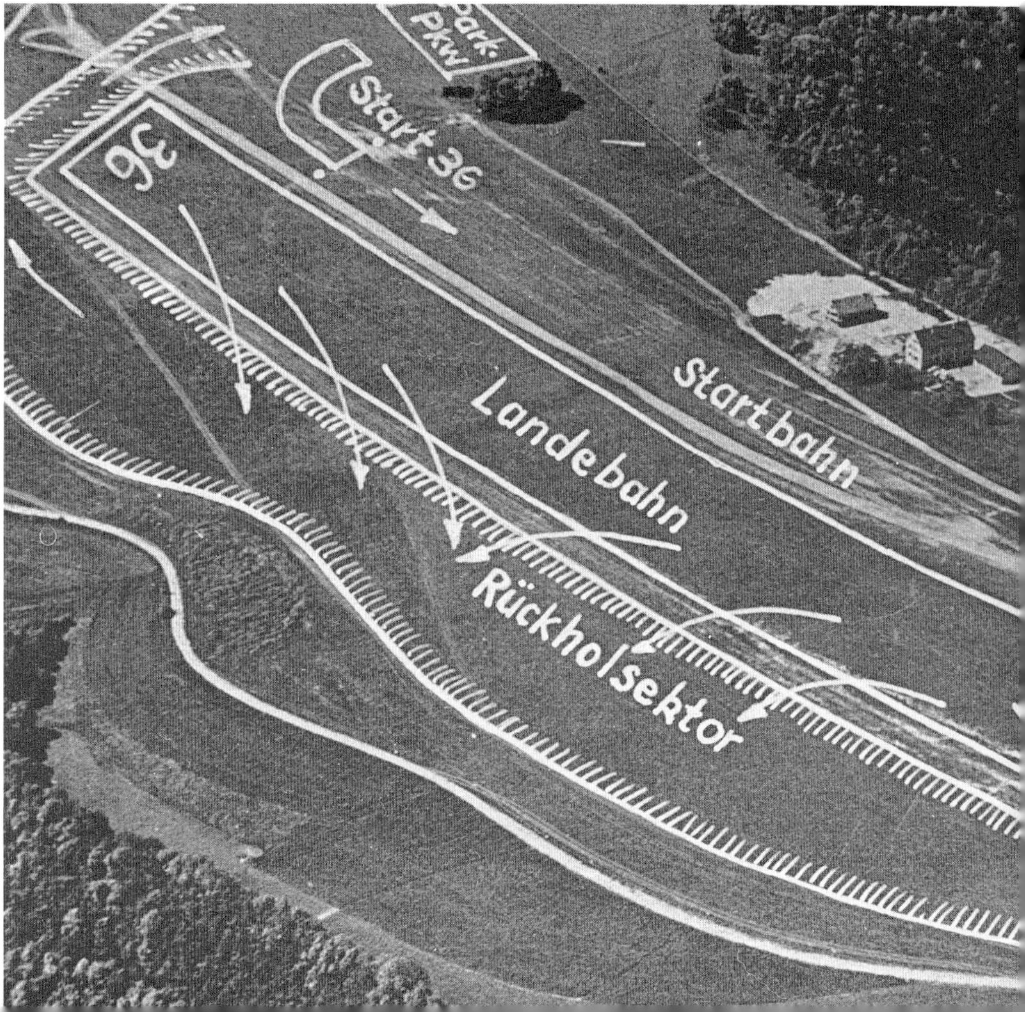
Park. Pkw
Start 36
36
Startbahn
Landebahn
Rückholsektor

Zur Förderung des Leistungssegelfluges wurde von Emil Bucher der „Hornberg-Preis“ ins Leben gerufen. Die Idee entstand 1959, die Ausschreibung des Preises erfolgte erstmals 1960. Neben Mindestleistungen im freien Streckenflug, Zielstreckenflug und Zielflug mit Rückkehr, wurde erstmals die Disziplin Dreiecksflug ausgeschrieben. Dieser dezentrale Wettbewerb findet seitdem, wenn auch etwas verändert, jährlich in der Zeit von 1. März bis 15. September statt. Als Startplatz kann jeder in Europa zugelassene Flugplatz benutzt werden.

Seit 1963 teilt sich der „Hornberg-Preis“ in den „Hornberg-Gruppenpreis“ und den „Hornberg-Leistungspreis“ auf. Bei beiden Wettbewerben muß entweder der Start oder die Landung auf dem Hornberg erfolgen oder der Hornberg als Wende- oder Überflugpunkt angeflogen werden. Der Gruppenpreis wird für alle jemals auf dem Hornberg beheimateten Fliegergruppen durchgeführt. Darin gibt es in der Allgemeinen Klasse, der Club- und der Doppelsitzer-Klasse Wertungen für die Haupt-, die Junioren- (bis 25 Jahre) und die Mannschaftskonkurrenz.

Beim Leistungspreis sind alle Segelflugzeugführer des In- und Auslandes teilnahmeberechtigt, die im Besitz eines gültigen Luftfahrerscheines für Segelflugzeugführer (PPL-Beiblatt C) sind. Neben den vorgenannten Disziplinen kommt zum Dreieckszielflug (Einfachumrundung) noch der Dreieckszielflug mit Mehrfachumrundung hinzu.

Während der Hornberg-Leistungs- und der Gruppenpreis dezentrale Wettbewerbe sind, bei denen die Ergebnisse jeweils am Jahresende ermittelt werden, ist der „Hornberg-Segelflugwettbewerb“ ein zentraler Wettbewerb. Dieser findet jeweils an einem Sonntag im Spätsommer auf dem Hornberg statt. Im Jahre 1974 von Dr. Karl-Heinz Friedrich ins Leben gerufen, ist er

Links oben: Senkrechtaufnahme vom Hornberg mit eingezeichneten Abflugtoren, Ziel- und Überfluglinien. Unten: Flächenaufteilung bei Wettbewerben.

V.l.n.r.: Dr. K.-H. Friedrich, G. Mayer-Vorfelder, K. Holighaus, Dr. R. Kunz.

heute als „Hornberg-Freundschaftsfliegen“ aus der Fliegerei auf dem Hornberg nicht mehr wegzudenken. Das Ziel, das der Initiator mit der Durchführung u.a. verfolgt, ist das jährliche Zusammentreffen von Fliegergruppen vom Hornberg und dessen näherer Umgebung. Dabei haben die fliegerischen Benjamine der Vereine Gelegenheit, vom Streß größerer Wettbewerbe nahezu unbelastet, erstmals Wettbewerbsluft zu schnuppern.

Bei diesem „Spaß-an-der-Freude-Wettbewerb“, der nicht so bierernst genommen wird und bei dem Flugzeuge von der Rhönlerche bis zur neuesten Superorchidee (natürlich mit Indexwertung) teilnehmen können, wird in der Regel ein Viereck festgelegt, bei dem beliebige Wendepunkte wahlweise oft angeflogen werden können. Zur Wertung kommen hierbei in verschiedenen Klassen die größte Strecke und die höchste Geschwindigkeit. Jeweils abends steigt dann auf dem Hornberg in der Halle der Fliegergruppe Schwäbisch Gmünd ein kleines Fest. Dabei werden den Siegern ihre Pokale überreicht.

Frank Dreher

Wenn man die Tätigkeitsdauer der Schulleiter seit der Gründung der Segelflugschule vergleicht, so liegt Frank Dreher mit seinen 25 Jahren Ausbildungstätigkeit mit Abstand an der Spitze. Bereits mit 16 Jahren stieß er 1935 zur Fliegerei und trat in den deutschen Luftsport-Verband ein. Zwei Jahre später war er bereits Gleit- und Segelfluglehrer. Im Zweiten Weltkrieg erfolgten die Einberufung zur Luftwaffe und die Ausbildung als Pilot. Daran schloß sich eine Tätigkeit als Fluglehrer an verschiedenen Luftwaffen-Flugzeugführerschulen an.

Nach der Wiederzulassung des Segelfluges verschlug es ihn 1952 auf das Klippeneck, wo er die Leitung der Segelflug-Übungsstelle übernahm. 1955 ging er für kurze Zeit in die Schweiz, um seine Motorflugscheine zu erneuern. Als Nachfolger von Max Beck zog Frank Dreher im Jahre 1960 als Schulleiter auf den Hornberg. Unter seiner langjährigen umsichtigen Führung wurde an der Segelflugschule eine gewisse Kontinuität im Ausbildungsbetrieb gewahrt. Dies zeigte sich u.a. auch in einer sinnvollen Abstimmung und Erweiterung des Flugzeugparkes. Während der Zeit seines Wirkens wurde 1965 der erste Motorsegler angeschafft. Heute bildet die zusätzliche Motorseglerausbildung mit vier Motorseglern ein nicht mehr wegzudenkendes zweites Standbein im Ausbildungsprogramm der Flugschule.

Dr. Manfred Wörner, der damalige Bundesverteidigungsminister, der auch auf dem Hornberg fliegt, hatte die Persönlichkeit Frank Drehers anläßlich seiner Verabschiedung in den Ruhestand im Jahre 1985 folgendermaßen charakterisiert: *„Ein Mann mit Herz, doch streng, unverwüstlich und zuverlässig!"* Für sein jahrzehntelanges Engagement für den Luftsport erhielt Frank Dreher eine Reihe verschiedenster Auszeichnungen, darunter die Silberne Wolf-Hirth-Plakette, die Goldene Ehrennadel des BWLV und die Verdienstmedaille des Landes Baden-Württemberg.

Frank Dreher (rechts), mit 25 Dienstjahren am längsten als Schulleiter auf dem Hornberg, mit Dr. Adalbert Seyfriz.

Die neue Segelflugschule

Seit der Wiedergründung des WLV im August 1950 wurde an der Verwirklichung des Wiederaufbaues der Segelflugschule auf dem Hornberg gearbeitet. Den Beschluß zur Errichtung der neuen Schule faßte das WLV-Präsidium im November 1951. Im nächsten Jahr erfolgte als erster Schritt die Errichtung der neuen Halle III. Sie wurde an derselben Stelle, an der sie ursprünglich bis zur Demontage durch die US-Armee stand, gebaut. Als erster Schulleiter übernahm Heinz Bär den organisatorischen Aufbau eines neuen Ausbildungskonzeptes.

Nachdem Anfang Juni 1953 die ersten drei Flugschüler eingetroffen waren, konnte mit der Schulung begonnen werden. Der Flugbetrieb mutete zu Beginn sehr bescheiden an. Es war nicht einfach, mit drei Schülern, einem Windenfahrer und einem Fluglehrer einen reibungslos ablaufenden Schulbetrieb aufzuziehen. Dafür leistete die Fliegergruppe Waldstetten vorbildliche kameradschaftliche Hilfe. Im Spätsommer fand unter der Leitung von Wolf Hirth ein Segelflug-Versehrtenlehrgang statt. Damit sollte den kriegsversehrten ehemaligen Fliegern ihre fliegerische Sicherheit und ihr Selbstwertgefühl wiedergegeben werden. Im darauffolgenden Herbst wurde der erste Werkstattleiter-Lehrgang durchgeführt.

Bei der offiziellen Eröffnung der Schule am 4. Juli 1953 durch den damaligen Bundesverkehrsminister Dr. Seebohm war der Schulbetrieb schon gut eingespielt und in vollem Gange. Die steigende Schülerzahl machte bald danach die Einstellung eines zweiten Fluglehrers erforderlich. In der ersten kurzen Schulsaison wurden bei einer Gesamtflugzeit von 658 Stunden 3393 Starts durchgeführt. Von den insgesamt 150 Flugschülern erreichten 65 den Luftfahrerschein. Die Schulung erfolgte im ersten Schuljahr auf Flugzeugen der Typen „Doppelraab", „Spatz" und „Grunau-Baby".

Neben den Schulungen führten Schulleiter und Fluglehrer auch Erprobungsflüge des „Specht" von der Firma Scheibe und der„Ka 2" der Firma Schleicher durch. Für das folgende Jahr wurde erstmals auch wieder ein Ausbildungsprogramm für Fortgeschrittene und Leistungsflieger angeboten. Anfänger wurden dabei nur bei kurzfristig freigewordenen Plätzen aufgenommen. Neben der gezielten Fortgeschrittenen-Schulung zum Luftfahrerschein Klasse I und II wurde auch gezielt auf Dauer- und Höhen- sowie Überlandflüge ausgebildet. Im Sommer desselben Jahres ist auch erstmals wieder ein Segelflug-Kunstfluglehrgang durchgeführt

worden. Ebenfalls 1954 erfolgte der Bau eines 4-Familienhauses für das Personal der Segelflugschule.

Die Folgejahre brachten ständig steigende Schülerzahlen mit sich, worunter auch viele ausländische Gäste aus insgesamt 23 verschiedenen Nationen waren. Diese Situation und die ständig zunehmende Anzahl der Fliegergruppen ließen Werkstattleiter-, Segelflugzeugwart-, Fluglehrer- und Kunstfluglehrgänge zu festen Einrichtungen an der Segelflugschule Hornberg werden.

1955 übergab Heinz Bär die Leitung der Flugschule in die Hände von Max Beck, der bereits in den dreißiger Jahren als Fluglehrer auf dem Hornberg tätig war. Unter seiner Leitung erfolgten die Erweiterung und Umstellung des Flugzeugparkes sowie die Anschaffung eines Fw-44 „Stieglitz" als Schleppflugzeug. Im Jahre 1960 verließ Max Beck den Hornberg.

Sein Nachfolger wurde Frank Dreher. Schon ein Jahr später schuf der Bau einer zweiten Flugzeughalle Abhilfe von der erdrückenden Raumnot. Unter Frank Drehers Leitung wurden Funksprechgeräte eingeführt und der „Stieglitz" durch eine Piper Pa-18 ersetzt. An Segelflugzeugen waren Anfang der sechziger Jahre fast nur noch Nachkriegsmuster im Einsatz.

Die Einweihung eines neuen Schul- und Unterkunftsgebäudes im Jahre 1964 brachte auch die längst fälligen Verbesserungen der Übernachtungsmöglichkeiten. Bislang hatten den Schülern in einem Anbau der Halle III nur behelfsmäßige Unterkünfte zur Verfügung gestanden. Diese hatten weder in Größe noch in der Ausstattung den Anforderungen der in den vergangenen Jahren ständig zunehmenden Schülerzahl genügt. Neben Lehr-, Aufenthalts- und Büroräumen

Linke Seite: „FW 44-Stieglitz" war das erste Schleppflugzeug der neuen Segelflugschule und wurde bis 1961 eingesetzt.
Rechts: Eröffnungsansprache von Bundesverkehrsminister Dr. Seebohm am 4.7.1953.
Unten: Das neue Schulgebäude mit Büro-, Unterrichts- und Unterkunftsräumen.

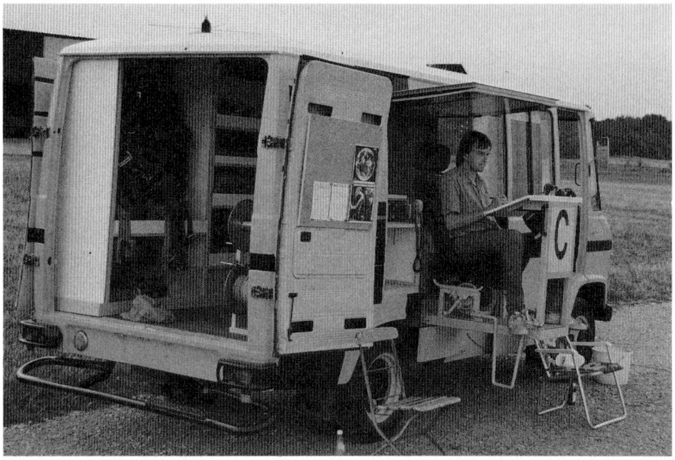

Oben: Der Startwagen und „Tower“ der Segelflugschule.
Mitte: Die Doppeltrommelwinde.
Unten: „G103 Twin II Acro“.

Rechte Seite: Anfängerschulung von Gleitschirmfliegern einer Göppinger Drachen- und Gleitflugschule am Osthang des Kalten Feldes.

bietet heute das Schul- und Unterkunftsgebäude in 22 Zimmern Schlafmöglichkeiten für 38 Schüler.

Durch die im Jahre 1965 beginnende Motorseglerausbildung wurden die Schulungsmöglichkeiten erweitert. In den siebziger Jahren betrugen die Durchschnittszahlen für die Ausbildung pro Jahr 14 000 Starts, 4 000 Flugstunden, 400 Schüler, 35 Fluglehrer sowie etwa 40 Werkstattleiter und Segelflugzeugwarte. Bis Ende 1982 waren insgesamt 536 000 Starts, 123 000 Flugstunden und die Ausbildung von 16 000 Schülern, 1 070 Fluglehrern sowie 650 Werkstattleitern und Segelflugzeugwarten erreicht worden.

Noch kurz ein Wort zum „Lehrer vom Dienst" (LvD), über den im Kapitel „Lageralltag" bereits berichtet wurde. Heute gibt es ihn immer noch, wenn auch in abgewandelter Form und mit anderen Aufgaben. In den dreißiger Jahren zeichnete der LvD täglich für die Einhaltung der Lagerordung und den Ablauf eines reibungslosen Flugbetriebes verantwortlich. Heute dagegen besteht die Aufgabe des „diensthabenden Lehrers" lediglich darin, an Wochenenden die Vergabe der Flugzeuge zu organisieren und bei Bedarf den Flugzeugschleppdienst zu versehen.

Vor dem Zweiten Weltkrieg setzte sich das Personal auf dem Hornberg ausschließlich aus hauptamtlich tätigen Lehrern und Werkstattbediensteten zusammen. In den letzten Jahren ist neben den festangestellten Lehrern und dem Werkstattleiter, noch eine Vielzahl von teilweise

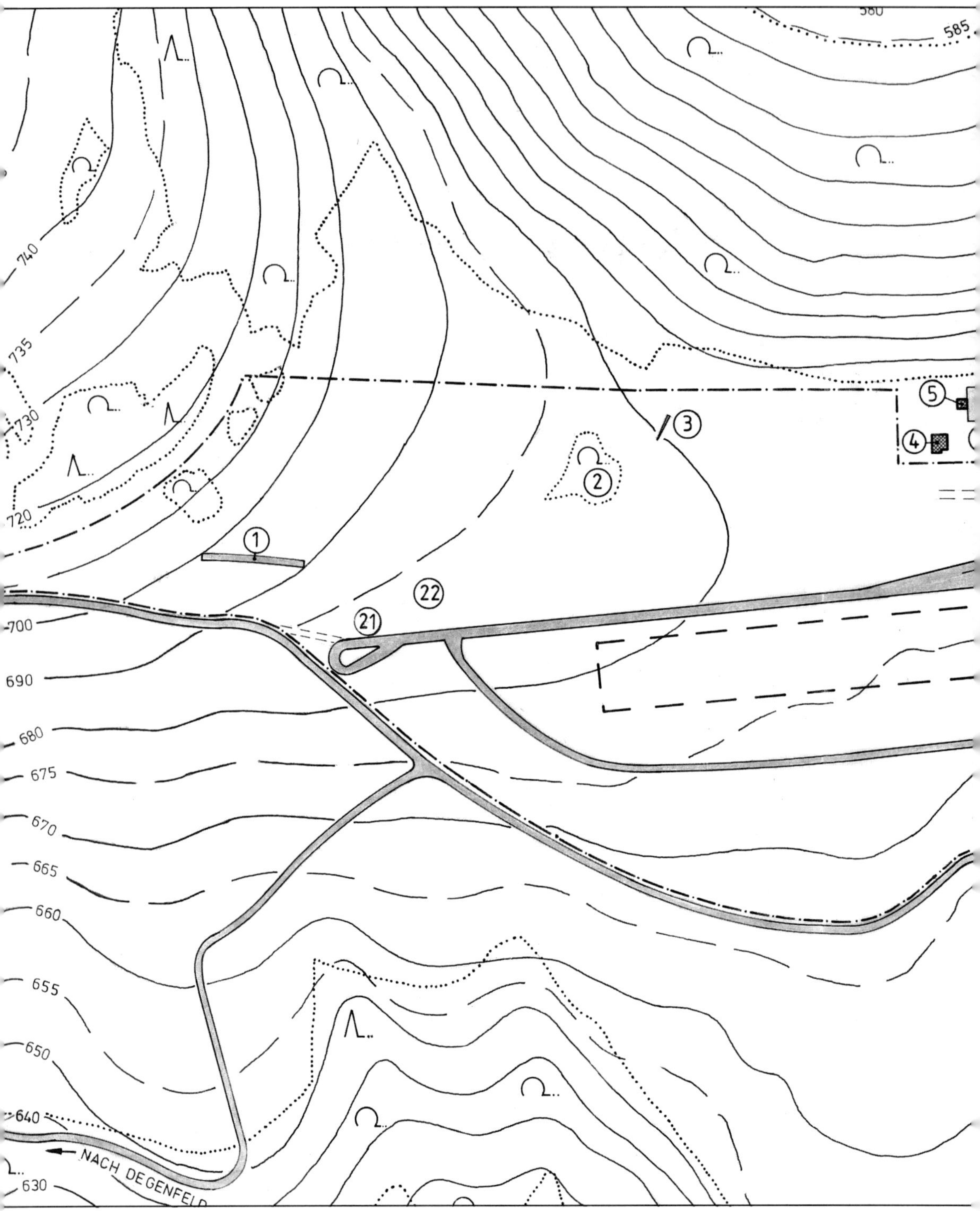

580
585
740
735
730
720
700
690
680
675
670
665
660
655
650
640
630
1
2
3
4
5
21
22
NACH DEGENFELD

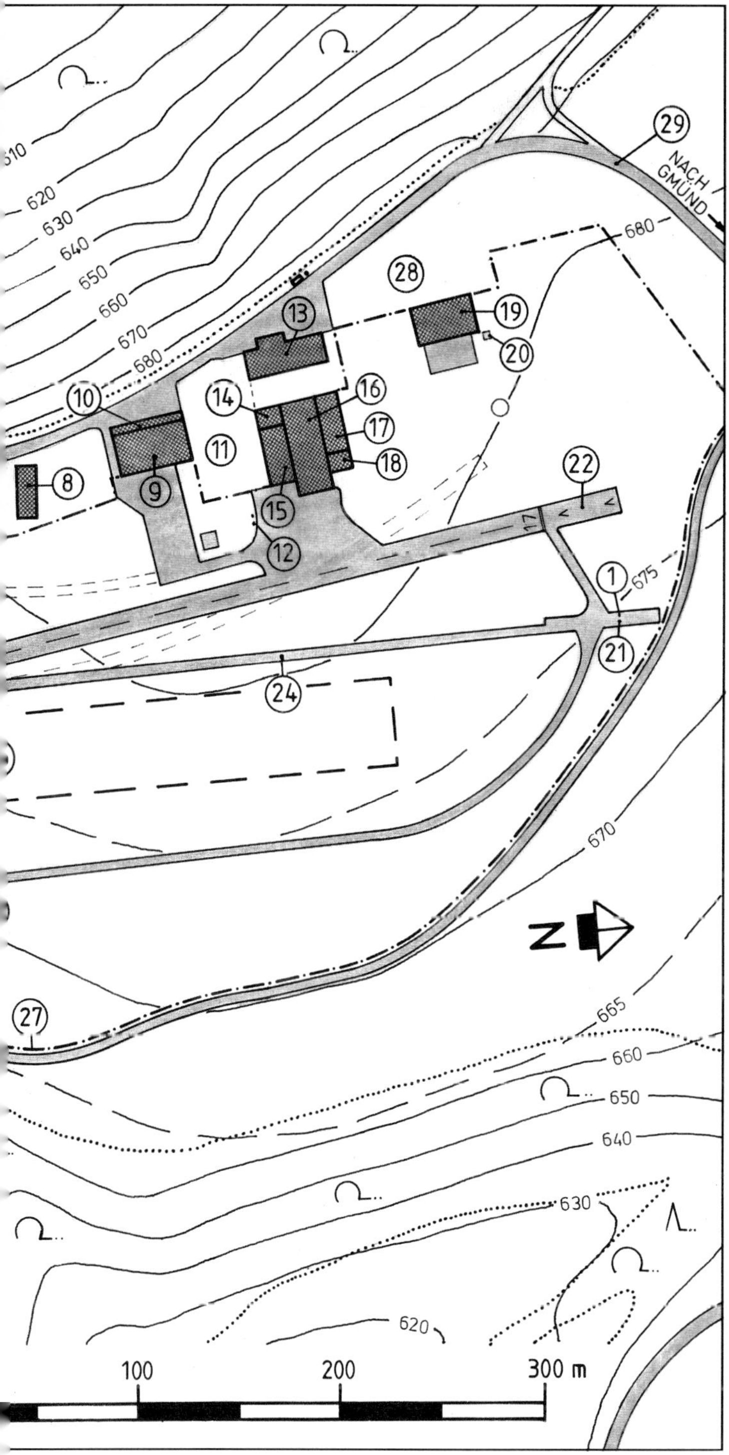

Gebäudeanordnung im Jahre 1990

1 Windenstandplätze
2 „Busch“
3 Ehemalige Gummiseil-startbahn
4 Wohnhaus des Schulleiters
5 Trafostation/Garage
6 Personalwohngebäude (erbaut 1954)
7 Garagen (erstmals erbaut 1934, wiedererstellt 1952)
8 Segelflugschule/Unterkunft (erbaut 1962–1964)
9 Flugzeughalle (erbaut 1961)
10 Garagen (erbaut 1961)
11 Wohnwagenstandplätze (erstellt 1979)
12 Tankstelle der Segelflug-schule
13 Höhenrestaurant Hornberg
14 Sanitär- und Abstellräume (wiedererstellt 1953)
15 Lager/Feuerwehrgarage/ Fallschirm-Packhalle (wiedererstellt 1952)
16 Flugzeughalle III (wiedererstellt 1952)
17 Werkstätten für Holz und Metall (wiedererstellt 1952)
18 Garage (wiedererstellt 1952)
19 Flugzeughalle der Flieger-gruppe Schwäbisch Gmünd (erbaut 1977)
20 Tankstelle der Flieger-gruppe Schwäbisch Gmünd
21 Startstellen Windenstart
22 Startstellen Flugzeug-Schlepp
23 Startbahn (Asphalt) (erbaut 1975)
24 Seilauszugbahn (Asphalt) (erbaut 1975)
25 Landebahn (Gras)
26 Rückrollbahn (Asphalt) (erbaut 1980)
27 Flugplatzbegrenzung
28 Parkplätze (1935)
29 Zufahrtstraße (1932–1933)

Upside down - den Hornberg einmal aus einer anderen Perspektive betrachtet.

ehrenamtlich Aktiven an der Schule tätig. So ist die Arbeit von Windenfahrer, Schlepppilot, Motorseglerwart usw. heutzutage zur Beibehaltung erträglicher Kosten für die Flugausbildung unverzichtbar geworden.

Die Segelflugschule Hornberg ist heute wie auch vor dem Zweiten Weltkrieg ein international bekanntes Luftsportausbildungs-, Übungs- und Leistungszentrum. Unter der Leitung von Wolf Hirth hat sie sich seit ihrer ersten Gründung im Jahre 1933 internationalen Ruf erworben. Seitdem haben Tausende von Segelfliegern aus Deutschland und der ganzen Welt auf dem Hornberg ihre fliegerische Ausbildung erhalten und die Schönheiten des Segelfliegens erleben können.

Um den Bestand und die weitere Entwicklung zu sichern, ist der BWLV nach wie vor auf große ideelle, materielle und vor allem finanzielle Unterstützung angewiesen. Um dies zu gewährleisten, ist im Juli 1978 auf Initiative von Staatsminister a. D. Dr. Adalbert Seifriz der gemeinnützige „Förderverein Segelflugschule Hornberg e.V." gegründet worden. Ein großes Mitgliederspektrum soll vor allem durch Spenden dazu beitragen, zusätzliche und dem neuesten Stand der Technik entsprechende Flugzeuge zu beschaffen und die Betriebseinrichtungen zu verbessern. Diese sind insbesondere für die Ausbildung und Förderung der Jugend bestimmt. So hat der Förderverein in den letzen Jahren ganz wesentlich zur Modernisierung des Flugzeugparkes der Segelflugschule beigetragen. Ohne seine Hilfe hätte die Schule ihren heutigen Flugzeugbestand wohl nicht erreichen können.

Es ist vorstellbar, daß die Erhaltung bzw. Renovierung der Gebäude und Flugplatzeinrichtungen sowie die Anpassung an die sich ständig ändernden fliegerischen Bedürfnisse und die Entwicklung neuer Luftsportarten neue Aufgaben in den neunziger Jahren werden könnten. Um all diesen Erfordernissen gerecht zu werden, bleibt zu wünschen, daß der Förderverein weitere zur Mithilfe bereite Mitglieder gewinnt, damit die Segelflugschule Hornberg auch in der Zukunft ihren Aufgaben nicht nur im Segelflug, sondern vielleicht auch in anderen Luftsportarten, wie z.B. Ultraleicht- und Gleitschirmfliegen, gerecht werden kann.

300-km-Dreieck mit der Rhönlerche

Am 4. Juli 1976 meldete Heinz Gromann, damals Fluglehrer an der Segelflugschule Hornberg, einen Dreiecksflug über 308 km an. Durch den täglichen Schulbetrieb wie kaum ein anderer mit der Rhönlerche verwachsen, war es nicht verwunderlich, daß die Idee von einem Dreiecksflug dieser Größenordnung mit der Rhönlerche am Fliegerstammtisch der Hornberg-Gaststätte zur Ausführungsreife geredet wurde. Ist dies doch eine Strecke, die vielen ein Leben lang auf modernen Kunststoffsegelflugzeugen nicht gelingen will. Als Flugzeug wurde die Rhönlerche D-8330 der Fliegergruppe Lorch ausgewählt. Copilot war der damals 17jährige Sohn des Hornberg-Werkstattleiters, Dietmar Schnur. Es ertönte das verbotene Startkommando: „Rhönstein wurfklar!“ Es war, als wollte man mit einem Goggomobil ein Formel-I-Rennen bestreiten. Viele Fliegerkameraden führten den gestreckten Zeigefinger zur Schläfe. Die Bemerkungen des Sportzeugen sind dem Autor bekannt, jedoch nicht druckfähig. Zwei „Absaufer“ nach dem Windenstart schienen die Unsinnigkeit des Vorhabens zu bestätigen. Doch die Prognose eines Hitzetiefs mit hoher Basis gab Anlaß zu einem dritten Windenstartversuch.

Der Anschluß an die einsetzende Thermik gelang jetzt mühelos. Sieben Stunden und 21 Minuten danach erfolgte die Landung auf dem Hornberg. Die Sensation war perfekt. Das erste Doppelsitzer-Dreieck dieser Größenordnung mit einer Rhönlerche war geflogen. Bis heute ist kein weiteres Beispiel dieser Art in der Geschichte des Segelfluges bekannt geworden.

Die Lage des Hornbergs 7 km südöstlich von Schwäbisch Gmünd auf einem verkleinerten Kartenausschnitt der ICAO-Karte, Blatt Stuttgart.

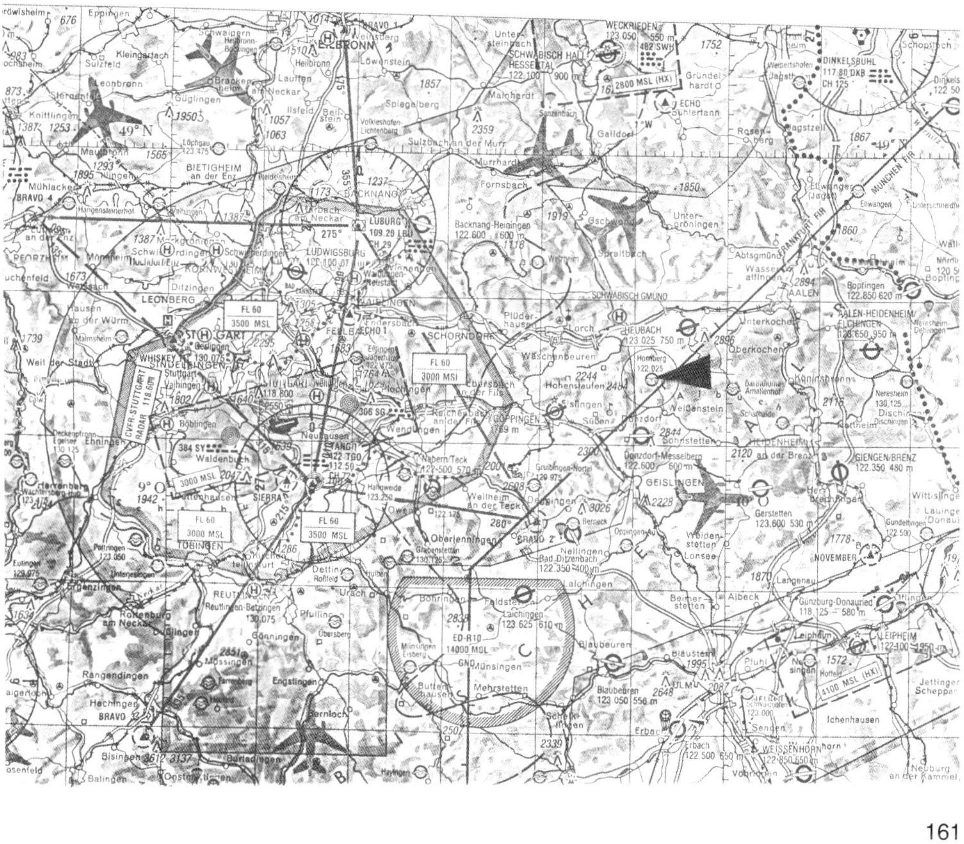

Die Fliegergruppen

Nach der Wiederzulassung des Segelfluges kamen auch wieder verschiedene neugegründete Fliegergruppen auf den Hornberg. Mit zunächst sehr einfachen Mitteln und wenigen Flugzeugen wurde ein teilweiser gemeinsamer Flugbetrieb aufgezogen. Erst Jahre später, als die meisten Gruppen ihre eigenen Seilwinden hatten, begann jeden Sonntagmorgen das „Windenrennen" um den besten Standplatz. Wer nicht früh genug mit dem Windenaufbau zugange war, mußte mit einem Platz vorlieb nehmen, von dem aus nur eine etwas geringere Schlepphöhe erreicht werden konnte. Diese Spielchen wurden sogar so weit getrieben, daß die Winden teilweise schon am Abend vorher aufgestellt wurden.

Bis Ende der sechziger und Anfang der siebziger Jahre flogen die Akaflieg Suttgart, die Fliegergruppen Esslingen, Fellbach, Schwäbisch Gmünd, Göppingen, Heubach, Lorch und Waldstetten gemeinsam auf dem Hornberg. Bei dieser Vielzahl von Gruppen, die auf dem flächenmäßig relativ kleinen Fluggelände sonntags gemeinsam flogen, gab es oft eine ungünstige Startreihenfolge. Da jeder Gruppe nur jeder achte Start zustand, kamen viele Vereinsmitglieder teilweise gar nicht zum Fliegen. Deshalb suchten einige Vereine, die einen besonders langen Anfahrtsweg zum Hornberg hatten, in der Nähe ihres Heimatortes nach Alternativgeländen.

Die Esslinger Flieger führten 1966 das letztemal einen Flugbetrieb auf dem Hornberg durch. Seit 1967 fliegen sie auf dem Fluggelände „Jägerhaus" nördlich von Esslingen. Die Fliegergruppe Göppingen baute 1963 die südlich von Göppingen gelegene Hochfläche des „Nortel" als Segelfluggelände aus. Auf der Ostalb bei Bartholomä liegt der Amalienhof, ein Gelände, auf das im Frühjahr 1972 die Akaflieg Stuttgart und die Heubacher Flieger zogen. Im April 1978 folgte ihnen dann die Fliegergruppe Fellbach nach.

Die Durchführung eines Hornberg-Flugbetriebes mit acht Fliegergruppen wäre heutzutage ohne selbst auferlegte umfangreiche Beschränkungen kaum vorstellbar. Wenn man die steigende Zahl der Flugzeuge in den siebziger und achtziger Jahren betrachtet, die sämtliche Hallen auf dem Hornberg aus allen Nähten platzen läßt, war die Abwanderung der fünf Gruppen aus jeder Sicht bestimmt die beste Lösung. Heute fliegen auf dem Hornberg neben der Segelflugschule noch die Fliegergruppen Schwäbisch Gmünd, Waldstetten und Lorch mit zusammen etwa 200 Mitgliedern. Diese Vereine sollen anschließend kurz vorgestellt werden.

Der erste lose Zusammenschluß von Flugbegeisterten in Schwäbisch Gmünd erfolgte bereits im Jahre 1925. Ende des Jahres 1926, kurz nach der Gründung des Württembergischen Luftfahrtverbandes, begannen zwei Gmünder mit dem Bau von sogenannten „Gleitflugzeugen". Beide Erbauer wußten anfangs nichts vom Vorhaben des anderen. Es waren dies der Elektriker Josef Schedel und der Silberschmied Karl Schmid.

Josef Schedel besorgte sich Pläne des Gleitflugzeuges „RRG-Zögling" der Konstrukteure Alexander Lippisch und Fritz Stamer. Daß damit eine gute Wahl getroffen wurde, bewies im nachhinein die Tatsache, daß dieser Typ bis 1934 das am weitesten verbreitete Gleitflugzeug für die Anfängerschulung war. Josef Schedels „Zögling" entstand in einem Holzschuppen am westlichen Ortseingang von Unterbettringen (Lindenwiesen) südlich von Schwäbisch Gmünd. Zu ihm gesellten sich im Laufe der Zeit einige flugbegeisterte junge Männer aus Schwäbisch Gmünd und Bettringen.

Karl Schmid entschied sich für eine Konstruktion des von der Rhön her bekannten Segelfliegers Rudolf Opitz. Zusammen mit seinem Bruder Wilhelm und seinen Kameraden Karl Kränzler und Friedrich Bulling machte der Bau in der elterlichen Wohnung, die sich in der „Alten Kaserne" (Prediger) in Schwäbisch Gmünd befand, schnell Fortschritte.

Beide Flugzeuge wurden im Frühjahr 1928 fertiggestellt und zur Abnahme durch die Technische Abteilung des Württembergischen Luftfahrtverbandes (WLV) hergerichtet. Obwohl beide Erbauer im Flugzeugbau relativ unerfahren waren, wurde ihnen bei der Abnahme eine vorbildlich saubere und korrekte Handwerksarbeit bescheinigt. Nach geringfügigen Änderungen stand dann den Jungfernflügen eigentlich nichts mehr im Wege. Doch zunächst mußte eine günstige

Startmöglichkeit geschaffen werden. Es wurden Gummiseile gekauft, mit deren Hilfe man die Flugzeuge buchstäblich in die Luft katapultierte. Außerdem stellte sich die Frage nach geeigneten Fluggeländen, denn zugelassene Gelände gab es zu diesem Zeitpunkt noch nicht. So versuchte man es an den Hängen in der Umgebung von Schwäbisch Gmünd und Bettringen.

Geflogen wurde damals im Äußeren Buch, dem Schwerzer und dem Fuggerle. In der weiteren Umgebung wurde am Birkhof bei Bargau sowie an Schwarzhorn und Stuifen geschult. Im Jahre 1928 flog man auch zum erstenmal vom Nordhang des Kalten Feldes zum Hornberg hinunter sowie am Nordhang der Burg Teck bei Kirchheim/Teck. 1930 fuhr Karl Schmid mit seinen Kameraden sogar bis zum Truppenübungsplatz Münsingen auf der Schwäbischen Alb. Dies war teilweise erforderlich, denn vor jedem Flugbetrieb mußte man sich mit den Bauern absprechen, denen das Gelände gehörte. In der Regel war ein Fliegen nur nach der Heu- oder Öhmdernte möglich. Auf dem Brach- oder Heideland des Truppenübungsplatzes konnte dagegen fast das ganze Jahr über geflogen werden, ohne daß man Rücksicht auf die Bauern nehmen mußte.
Die Schar um die beiden Pioniere war im Laufe der Jahre auf 15 bis 20 Flieger angewachsen. 1928 bzw. 1930 wurden dann die beiden Gruppen in Vereinen zusammengefaßt und führten von jetzt an die Bezeichnung „Flug- und Arbeitsgruppen“ (FAG). Die Gruppe um Karl Schmid erhielt die Bezeichnung FAG Gmünd I, die um Josef Schedel hieß fortan FAG Gmünd II. Die zutreffendere Bezeichnung wäre wohl „Arbeits- und Fluggruppe“ gewesen, denn es wurde viel mehr an den Flugzeugen gearbeitet als mit ihnen geflogen.

Beide Vereine flogen, bauten und reparierten ihre Flugzeuge jedoch weiterhin getrennt. Der Vereinsbetrieb in den Jahren 1928 bis 1934 war geprägt von Erfolgen, aber auch von Rückschlägen. Heute dürften die Flugapparate aus diesen Jahren aufgrund ihrer Flugeigenschaften und ihrer Festigkeiten die Erdoberfläche nicht mehr verlassen. Die ungenügenden Kenntnisse über Turbulenzen und das Hangfliegen sowie die Unterschätzung der Windgeschwindigkeiten führten nur allzu oft zu mehr oder weniger schweren Brüchen. Die Chancen, am Sonntagabend das Flugzeug heil wieder nach Hause zu bringen, standen fünfzig zu fünfzig. So waren in den Jahre 1928 bis 1934 die Werkstätten der beiden Gruppen immer voll ausgelastet. Von Frühjahr bis Herbst wurde repariert und geflickt und in der Zeit vom Herbst bis Frühjahr neue Flugzeuge gebaut. Mitte der dreißiger Jahre, als beinahe alle Lebensbereiche unter nationalsozialistischem Einfluß standen, wurden die beiden FAG's dann im Fliegersturm Schwäbisch Gmünd zusammengefaßt.

Bereits am 19. August 1950, etwa ein Jahr vor der Aufhebung des Flugverbotes für den Segelflug, wurde der „Verein für Segelflugsport Schwäbisch Gmünd“ gegründet und kurze Zeit später, nach der Freigabe des Segelfluges, in „Fliegergruppe Schwäbisch Gmünd e.V.“ umbenannt. Nach einigen mageren Anfangsjahren ging es in den sechziger Jahren fliegerisch stetig aufwärts. Vordere Plätze bei regionalen Wettbewerben und Meisterschaften waren der Beweis dafür. Während dieser Zeit machte sich die Fliegergruppe Schwäbisch Gmünd mit Hans Walz durch die Organisation und die Durchführung von internationalen Großflugtagen einen Namen. In den siebziger Jahren qualifizierten sich einige Vereinspiloten für Landes- und Deutsche Meisterschaften. Der ganz große Durchbruch erfolgte Mitte der achtziger Jahre. Es begann 1984 mit dem Gewinn der Deutschen Meisterschaft im Segelflug durch Dr. Karl-Heinz Friedrich in der Rennklasse und Peter Lackner in der Standardklasse. Die bisherige Vereinshöchtleistung gelang Peter Lackner 1985 mit dem Gewinn der Vizeweltmeisterschaft in der Standardklasse. Die etwa 100 aktive Mitglieder zählende Fliegergruppe Schwäbisch Gmünd bildet heute als Ausbildungsbetrieb des BWLV mit Hilfe von neun Fluglehrern Segelflugzeug- und Motorseglerführer aus. Dafür steht ihr derzeit ein Flugzeugpark von neun Segelflugzeugen, zwei Motorseglern und einem Schleppflugzeug zur Verfügung.

Gegen Ende der zwanziger Jahre wurde in ganz Württemberg eine Vielzahl von Flug- und Arbeitsgruppen gegründet. So auch in dem wenige Kilometer westlich des Hornbergs gelegenen Waldstetten. Aus dem vorerst losen Zusammenschluß von Gleichgesinnten bildete sich im Jahre 1930 die Flug- und Arbeitsgruppe Waldstetten. Von der Handvoll junger Männer war noch niemand flugzeugbautechnisch vorgebildet oder konnte gar fliegen. Man suchte deshalb Rat bei der benachbarten Flug- und Arbeitsgruppe Gmünd II, der „Lilienthalgruppe“. Die damals schon relativ erfahrenen Flieger Josef Schedel und Paul Stütz leisteten dabei wertvolle Aufbauarbeit. Man beschaffte sich Zeichnungen eines Segelflugzeuges vom Typ „Hi“ und begann unverzüglich mit dessen Bau.

Links: Gäste bei der Taufe einer „Mü 13 E" der Fliegergruppe Schwäbisch Gmünd. V.l.n.r.: S.K.H. Herzog Albrecht von Württemberg, Schulrat Waldenmaier, (?,) Stadtbaurat Schneider, Christian Biser, Dr. Hugo Eckener, Dr. Adalbert Seyfriz, Ekart Graf von Soden-Fraunhofen.
Unten: Ein BMW-Dixi-Cabriolet als Seilrückholwagen 1956.

Rechte Seite: Die einzige „Lo 100" auf dem Hornberg.

Als provisorische Werkstatt diente ein Raum in einem Fabrikgebäude, wo das Flugzeug rasch Gestalt annahm. Am 11. Juni 1933 wurde es auf den Namen „Graneggle" getauft, einem ehemaligen Burghügel westlich des Kalten Feldes. Die ersten Flüge führte Paul Stütz auf dem Schulungsgelände Lindenfeld durch. Nachdem die jungen FAG-Mitglieder dort auf dem „Hi" das Fliegen gelernt hatten, flog man 1934 zum erstenmal auf dem Teck-Gelände, um dort Fortgeschrittenen-Schulung zu betreiben. Im Jahre 1935 wurde mit dem Bau eines „Baby II" begonnen, welches im Frühjahr 1938 den Namen „D-Waldstett" erhielt.

Wie viele andere FAG's konnten sich auch die Waldstetter Segelflieger dem Einfluß des Nationalsozialismus nicht entziehen. So kam es wohl, daß die Gruppe 1935 vom Deutschen

Luftsportverband einen schon lange erwünschten fertigen „Zögling“ erhielt. Dadurch wurde ihr ein gewisses Mitbestimmungrecht seitens des DLV aufgezwungen, welches sich später, nach der Umwandlung des DLV in das NSFK in der paramilitärischen Schulung deutlich machte. Nach der vollständigen Übernahme der Vereinsführung durch das NSFK im Jahre 1937 wurde die Gruppe dann in „Fliegersturm Waldstetten“ umbenannt.

Nach dem Krieg traf man sich 1950 erstmals heimlich zur Vorbereitung einer Wiedergründung. Im Jahre 1951, kurz nach der Wiederzulassung des Segelfluges, ist dann offiziell die „Fliegergruppe Waldstetten e.V.“ aus der Taufe gehoben worden. Am 15. September 1951 erhielt in Waldstetten das erste Nachkriegs-Segelflugzeug in Württemberg seine Zulassung, ein „SG 38“ mit dem Kennzeichen WL 1. In der Nacht vom 1. auf den 2. Juli 1987 beschädigte ein Jahrhunderthochwasser die im Keller des Waldstetter Fliegerheimes abgestellte Maschine schwer. Bis zu diesem Zeitpunkt diente sie bei unzähligen Veranstaltungen als Ausstellungsstück. Die frühen fünziger Jahre brachten eine Erweiterung des Flugzeugparkes um ein „Grunau-Baby IIb“, ein „Grunau-Baby III“ sowie einen „Bergfalken“ mit sich.

Das rasche Ansteigen der Mitgliederzahl und die Forderung nach Intensivierung des Leistungssegelfluges machten 1955 den Kauf eines „L-Spatz 55“-Rohbaues notwendig. Der Bau erfolgte in der zuvor erworbenen Werkstatt, einer gut erhaltenen ehemaligen Arbeitsdienstbaracke. Dieses Provisorium ist 1967 durch ein vollständig in Eigenarbeit erstelltes Werkstattgebäude mit Fliegerheim ersetzt worden. Am Ende einer nachfolgenden finanziellen Erholungsphase wurden nach und nach weitere Flugzeuge angeschafft. Nach Ka 8, Ka 6, Libelle und ASW 15 besteht der Flugzeugpark heute aus drei Einsitzern, zwei Doppelsitzern und einem Motorsegler. Mit dem jeweils optimal auf die Anzahl und den Bedarf der Mitglieder abgestimmten Flugzeugpark erflogen sich die Waldstetter Flieger seit den sechziger Jahren die vordersten Plätze auf unzähligen Wettbewerben.

Oben: „DR 300-Jodel".
Unten: Der Waldstetter „SG 38". Ältere Flieger werden es vielleicht vermissen, das Singen der Spanndrähte während des Fluges.

Oben: „Club-Libelle". Unten: „ASK 13". Flugzeuge dieses Typs werden heutzutage auf dem Hornberg u.a. zur Anfängerschulung eingesetzt.

Die Beschreibung der Fliegergruppe Waldstetten wäre unvollständig, wenn nicht die Besonderheit erwähnt würde, die sie zusammen mit einer Handvoll anderer Gruppen in der Bundesrepublik von allen anderen Luftsportvereinen unterscheidet. In Verbindung mit dem Baden-Württembergischen Luftfahrtverband (BWLV) betreibt sie einen luftfahrttechnischen Betrieb. Nahezu jeder Verein läßt größere Brüche oder Beschädigungen in einem gewerblich-technischen Betrieb oder dem Herstellerwerk reparieren. Die Waldstetter Flieger erledigen diese Arbeiten selbst und nehmen, wenn es Kapazität und Platzbedarf gestatten, auch Fremdaufträge für benachbarte Vereine und Haltergemeinschaften an. Beschränkte sich diese Tätigkeit in den vergangenen Jahren nur auf Segelflugzeuge, so haben Ende der achtziger Jahre auch Teile für ein Ultraleicht- und Ende 1991 ein vollständiges Kunststoff-Motorflugzeug die Waldstetter Werksatt verlassen. Das handwerkliche Know- how dieser Arbeiten verkörpern der erfahrene Flugzeugbaumeister und Bauprüfer Norbert Burkhardt, der Werkstattleiter Albert Herkommer sowie Franz Herkommer und Uli Krieg.

Im Jahre 1929 gründeten 14 Flugbegeisterte die Flug- und Arbeitsgruppe Lorch. Das erste Gleitflugzeug vom Typ „Hi" (Klosterfalke) wurde Anfang 1932 fertiggestellt. Als Werkstatt diente zu Anfang eine Schmiede, später dann der Pferdestall eines Gasthauses und ein Raum in einem Schulgebäude. Der Erstflug des „Klosterfalken" erfolgte am 6. März 1932 am Osthang des Elisabethenberges westlich von Lorch. Anschließend zog man auf das dem Kalten-Feld-Gelände zugehörige Lindenfeld.

Unter Anleitung von Fluglehrern der Nachbargruppen wie der FAG Gmünd II machten die Lorcher Flieger dann dort ihre A- und B-Prüfungen. Zur Ablegung der C-Prüfung zog man dann weiter auf den Hornberg. Mitte der dreißiger Jahre wurde auch die FAG Lorch in den „Fliegersturm Lorch" umgewandelt. Fluggerät, Material und Werkzeug wurden vom NSFK kostenlos gestellt. Dafür wurden den Fliegern Uniformen verpaßt.

In den fünziger Jahren begann der Flugbetrieb mit einem „SG 38" und einem „Baby IIb". Es folgten als weitere Flugzeuge ein „L-Spatz 55" und eine „Rhönlerche II", welche heute noch das letzte verbliebene Exemplar auf dem Hornberg ist. Nach und nach wurde in den sechziger und siebziger Jahren der Flugzeugpark modernisiert. Heute stehen der Fliegergruppe Lorch zwei Doppelsitzer, drei Einsitzer und ein Motorsegler zur Verfügung.

Hornberg-Lexikon (Auszug)

Mit dem „Hornberg-Lexikon" soll dem Leser ein kurzer Einblick in das Hornberg-Vokabular heutiger und vergangener Zeit gegeben werden. Dieses reicht von Gebäude- und Geländebezeichnungen über Spitznamen von Personen bis zu allgemeinen Begriffen, die auf dem Hornberg gebraucht werden oder wurden.

Bierbank-Surfen: Beliebter Sport der Jugend der Fliegergrupe Schwäbisch Gmünd bei schlechtem Wetter. Eine umgedrehte Bierbank, teilweise auch konstruktiv etwas abgeändert, wird mit ein oder zwei Leuten besetzt und vom Seilrückholwagen am Seil über den Flugplatz gezogen. Besonders gut ist dies möglich, wenn der Flugplatz leicht schneebedeckt ist.

Bimbo: Helmut Knöpfle, Fluglehrer und Versuchspilot auf dem Hornberg in den dreißiger und vierziger Jahren.

Busch: Laubwäldchen am südwestlichen Flugplatzende in der Nähe des ehemaligen Gummiseilstartplatzes bei der Schedeldüse.

Chiery: Spitzname von Willi Bühler. Er sang Mitte der dreißiger Jahre vor einigen hundert Menschen das Lied „Chiery Biri Bi" bei einer Aufführung im Schwäbisch Gmünder „Stadtgarten". Von diesem Ohrwurm prägte sich das Wort Chiery ein, das fortan von seinen Fliegerkameraden als Rufname verwendet wurde.

Dachrinnenrambo: Dieter Köhler, Privatpilot und Flaschnermeister.

Dinkelacker-Kurve: Letzte enge Kurve vor dem Furtlepaß aus Richtung Schwäbisch Gmünd.

„Chiery" einmal nicht auf der Winde, sondern beim Betanken eines seiner „Einsatzfahrzeuge".

Drahtverhau: Spitzname für den „Schulgleiter 1938“ (SG 38), wegen seiner Drahtverspannung der Tragflächen mit dem Fachwerkrumpf.

Dreiecksbusch: Dreieckförmiges Laubwäldchen, nordwestlich der Zufahrtsstraße zum Flugplatz gelegen.

Egon-Horror-Picture-Show: Vortrag des ehemaligen BWLV-Flugsicherheitsinspektors Egon Ziesmann über Flugunfälle und Flugsicherheit bei Fluglehrerlehrgängen an der Segelflugschule Hornberg.

Esso zum Hornberg: Tankstelle im Süden von Schwäbisch Gmünd

Fliegermutter Schimpf: Die Ehefrau des ersten Hornberg-Wirtes, die Mitte der dreißiger Jahre entgegen ihrem Nachnamen wie eine Mutter für ihre Hornbergflieger sorgte.

Furtlepaß: Östlich des Hornbergs gelegene 630 m hohe Paßhöhe. Wasserscheide zwischen Fils- und Remstal, auch Furtlachpaß genannt.

Gmünder Wald: Kleines halbkreisförmiges Birkenwäldchen am nordwestlichen Flugplatzrand. Wird von den Fliegerfrauen an heißen Sommersonntagen gern als Schattenspender genutzt.

Gnadenhügel: Die Hornbergpiloten denken bei jeder Landung daran, daß das Fluggelände mit seinem Höhenunterschied von etwa 10 m teilweise ein Profil ähnlich einer Hängematte besitzt. Während sich das Landekreuz einige Meter erhöht auf einer hügelförmigen Anhöhe befindet, liegt der Mittelteil der Landebahn 18 in einer tiefen Senke. Schafft es der Pilot, erst in der Senke aufzusetzen, d.h. hinter dem „Gnadenhügel“, so ist die Qualität der Landung vom Startplatz aus nicht mehr zu beobachten.

Golan-Höhen: Andere, neuere Bezeichnung für das Kalte Feld.

Oben: Hinweisschild auf der Paßhöhe.
Rechts: Rückansicht des Höhenrestaurants, auch ,,Hornberg-Hilton“ genannt.

Hochschule des Segelfluges: Bezeichnung von Wolf Hirth für die Segelflugschule Hornberg in den dreißiger Jahren. Bezeichnenderweise sollte damit dokumentiert werden, daß der Hornberg hauptsächlich der Fortgeschrittenen-Schulung dient.

Hörnle: Nordwestliche Spitze (Horn) des Hornbergplateaus, welche dem Berg seinen Namen gab.

Hoffmann's Erzählungen: Noch nie gehörte Witze und Geschichten, zum besten gegeben von Franz Hoffmann, einem ehemaligen Fluglehrer der Segelflugschule Hornberg.

Hornberg-Apotheke: Apotheke in Schwäbisch Gmünd-Unterbettringen.

Hornberg-Hilton: Hotel und Höhenrestaurant Hornberg.

Hornberg-Indianer: Bezeichnung der Fluglehrer-Gruppe an der Segelflugschule Mitte der dreißiger Jahre. Dazu gehörten u.a. Erwin Mayer, Erwin Kraft, Paul Espenlaub und Rudi Messerschmidt.

Hornberg-Mafia: Liebevoller Spitzname für die Jugend der Fliegergruppe Schwäbisch Gmünd in den siebziger Jahren.

Ho Tschi Minh-Pfad: Neuere Bezeichnung für den Weg von Waldstetten über den Saurenhof zum Hornberg.

Isidor: Vorname des alten Tannhofbauern. Am Fuße des Hornberg-Westhanges, in der Nähe des Tannhofes, befand sich die talseitige Landewiese.

Knörzer-Haus: Im Herbst 1935 auf dem Kalten Feld als Übungs- und Schutzhütte vom Unteroffizierskorps der Gmünder Garnison erbaut. Benannt nach Oberstleutnant Knörzer, dem damaligen Gmünder Garnisionskommandeur.

Knofe: Anderer Ausdruck für Nebel, auf der Wasserkuppe entstanden.

Kohlenmann (Kolibri): Franz Herkommer, ehemaliger Fluglehrer der Fliegergruppe Waldstetten. Er ist eines der letzten Originale auf dem Hornberg, erkennbar an der ewig brennenden Zigarre.

Kranzbühler-Haus: Ferienhaus der Familie Kranzbühler, an der Zufahrtsstraße zum Hornberg gelegen. Erbaut im Jahre 1931.

Kugelblitz: Spitzname eines ehemaligen Flugschülers in den siebziger Jahren. Er fliegt heute bei der Bundeswehr einen Alphajet.

Kurrerbaum: Baum an der nördlichen Startstelle des Westhanges, neben dem Albrecht Kurrer 1931 mit einem „Falken" beim Start Bruch machte. Die Bruchlandung war nicht sein Verschulden. Der Fehler lag bei der Startmannschaft.

Leo: Er heißt laut Personalausweis Herbert, sein Sohn, auch Eugen genannt, ist auf den Namen Jürgen getauft. Nur die wenigsten auf dem Hornberg wissen das.

Mondscheinrally: Autofahrt am Ende eines Flugsonntages vom Hornberg zum Gasthaus Mondschein nach Weiler in den Bergen.

Papa Schedel: So wurde Josef Schedel von seinen Kameraden der FAG Gmünd II respektvoll genannt.

Pommes-Fritz: Siegfried Puhr, Küchenchef, u.a. beim traditionellen alljährlichen Hallenfest der Fliegergruppe Schwäbisch Gmünd.

Rattel: Abkürzung für Rattel-Dattel. Andere Bezeichnung für einen Motorsegler, ursprünglich für den A-Falken von Scheibe. Der Ausdruck entstammt dem unerschöpflichen Wortreservoir von Franz Hoffmann.

Rhönstein wurfklar!: Verbotenes Kommando am Windenstart, bedeutet soviel wie „Rhönlerche II startklar"!

Rosalinde: Auch „Rosa von der Linde" oder „Rosa im Tal" genannt. Wirtin des Gasthauses Linde in Weißenstein und „Lehrgangsmutter" der verschiedensten Lehrgänge der Segelflugschule.
Sie ist nicht nur Meisterin einer hervorragenden Küche, auch in schnellen Wortgefechten bleibt sie niemandem eine Antwort schuldig. Ab und zu stellt sie bei Fluglehrerlehrgängen den Vertreter des Regierungspräsidiums wegen zu befürchtender Überforderung ihrer Buben teilweise schon vor der Prüfung in den Senkel.

Rondell: Die heute noch vorhandene Wendeschleife am Südende der ehemaligen Autoschleppstraße.

Schädelspalter: Bugstrebe vor dem Kopf des Piloten, z.B. beim Schulgleiter „Grunau 9“. Aus Sicherheitsgründen wurde das Nachfolgemodell, der „Schulgleiter 1938“ (SG 38) ohne diesen „Schädelspalter“ konstruiert.

Schedeldüse: Westlicher Geländeübergang vom Kalten Feld zum Hornberg.

Seckelfluchzeuchwattleergang: Segelflugzeugwart-Lehrgang im Herbst 1985.

Steinbruch: Ehemaliger Steinbruch am Westhang, südlich des „Hörnle“ gelegen.

Steinbühl: Nordöstlicher Teil des Kalten Feldes mit Gras- und Heidebewuchs auf steinigem Untergrund.

Steinbühlhütte: Skihütte eines Stuttgarter Skiclubs. Sie wurde im Jahre 1907 erstellt und war erste Skihütte auf der Schwäbischen Alb.

Tannhalde: Nordhang des Kalten Feldes bzw. Übergang des Kalten Feldes zum Hornberg.

Trudelbecher: Spitzname für den Schutzhelm der Segelflugzeug-Piloten in den dreißiger Jahren.

Villa Maus: Erste Unterkunftshütte des Schwäbischen Albvereins auf dem Kalten Feld, die im Jahre 1904 ganz aus Natursteinen erbaut wurde.

Ein prächtiges Tier: „Vogel Fritz“, der Turmfalke. 1934 das Maskottchen auf dem Hornberg.

Vogel Fritz: Ein Turmfalke, das Maskottchen der Segelflugschule im Jahre 1934.

Zumpenmännle: Ein Geist, der sich früher im Bereich des Hornberges und der südlich des Furtlepasses gelegenen Gegend, des Zumpen, herumgetrieben haben soll.

Hannes Wiedenmann

Im Jahre 1955 in Heidenheim-Schnaitheim geboren, absolvierte er nach seiner Schulzeit eine Ausbildung zum Industriekaufmann. 1972 begann er mit der Segelflugschulung, welche 1974 mit dem Luftfahrerschein Klasse I und II endete. Die Ausbildung zum Motorseglerpiloten schloß sich 1975 an. Ein Jahr später wurde die Motorflugschulung auf der Hahnweide absolviert.

Nach der Lehrberechtigung für Segelfluglehrer 1977 und dem AZF im Jahre 1979, erfolgte der Erwerb der CVFR-Berechtigung sowie der Lehrberechtigung für Motorseglerführer.

Von allen der jüngste: Hannes Wiedenmann, von 1985 bis 1990 Schulleiter der Segelflugschule Hornberg.

Im Anschluß an eine mehrjährige Tätigkeit im Rechenzentrum eines großen Industriebetriebes und den abgeleisteten Wehrdienst war Hannes Wiedenmann von 1978 bis 1980 als Fluglehrer auf dem Hornberg aktiv. In den zwei darauffolgenden Jahren konzentrierte er sich ganz auf den Motorflug. Der Erwerb der Musterberechtigung für die Piper-Serie, die Einweisungsberechtigung für die Piper-Zweimot-Serie sowie die Lehrberechtigung Beiblatt A (Motorflug) waren das Resultat.

Nach drei weiteren Jahren Beschäftigung in der Industrie begann er 1983 wieder mit der Fluglehrertätigkeit auf dem Hornberg. Im April 1985 übernahm Hannes Wiedenmann die Schulleitung von Frank Dreher, der in den Ruhestand trat.

Ende der achtziger Jahre erfolgte der Erwerb des Berufspiloten- und des Verkehrspilotenscheines. Zum Jahresende 1990 beendete er seine Arbeit als Schulleiter und nahm eine Tätigkeit als Verkehrsflugzeugführer bei einer in Stuttgart beheimateten Fluggesellschaft auf. Sein Nachfolger wurde Heinz Tropschuh.

Schulleiter der Segelflugschule Hornberg

Daß ein Schulleiter oder Rektor an staatlichen Schulen und Gymnasien studierter Pädagoge sein muß, liegt auf der Hand. Was für eine Qualifikation aber muß der Leiter einer Segelflugschule haben, bzw. welche Anforderungen werden an ihn gestellt? Wie findet man Leute, die diese Anforderungen erfüllen? Um es auf einen Nenner zu bringen, erscheint das Aufgabenspektrum fast einen „Allroundman" zu erfordern. Neben Führungsqualitäten, der Fähigkeit zum selbständigen Arbeiten und Entscheidungsfreude sind vor allem Verantwortungsbewußtsein und Organisationstalent notwendig. Um auf jeden einzelnen Schüler eingehen zu können, sind Einfühlungsvermögen und pädagogisches Geschick unverzichtbar. Der Schulleiter ist daneben gleichzeitig Kaufmann, technischer Betriebs- und Heimleiter. Zur Bewältigung seiner Aufgaben muß er flexibel und vor allem im täglichen Flugbetrieb belastbar sein. Bis zum heutigen Tag standen der Segelflugschule Hornberg seit ihrer Errichtung im Jahre 1933 acht Schulleiter vor. Jeder dieser Männer ist aus verschiedenen Beweggründen, mit unterschiedlicher Vorbildung, Erfahrung und Qualifikation auf den Hornberg gekommen. Um sich davon einigermaßen ein Bild machen zu können, wurde, soweit möglich, der Werdegang der Schulleiter in den Einzelkapiteln vorgestellt.

Die Schulleiter auf einen Blick: **1933–1935:** Wolf Hirth, **1936–1942:** Rudolf Knies, **1943–1945:** Willi Fritzinger, **1953–1954:** Heinz Bär, **1955–1960**: Max Beck, **1960–1985**: Frank Dreher, **1985-1990:** Hannes Wiedenmann.
Seit **1991:** Heinz Tropschuh

Rudolf Knies von 1936 bis 1942 Schulleiter der Reichssegelflugschule Hornberg

Gelände und Landschaft

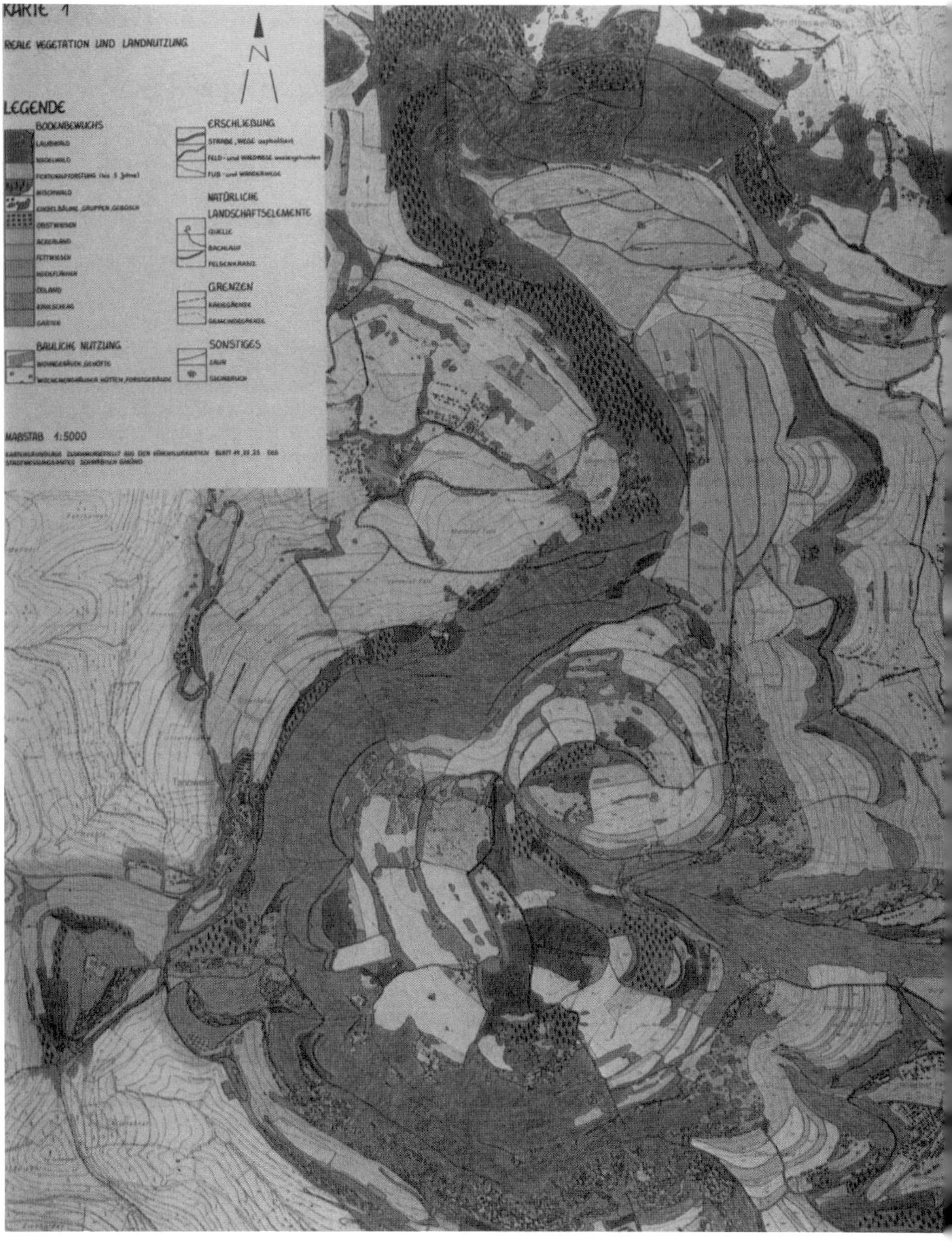

Die Anlagen auf dem Hornberggelände wurden seit ihrer erstmaligen Errichtung jeweils, soweit möglich, den Erfordernissen und den Änderungen im Flugbetrieb angepaßt. Es begann Anfang der dreißiger Jahre mit dem Schlagen einer Schneise in den bewaldeten Westhang an der Schedeldüse. Damit sollte ein gefahrloses Starten mit dem Gummiseil gewährleistet werden. Diese Schneise wird seit Anfang der fünfziger Jahre nicht mehr benötigt. Seit dieser Zeit ist der Wald ungehindert wieder nachgewachsen. Die damals zugefügten Narben sind wieder verheilt. Parallel dazu erfolgte zur Schaffung einer geeigneten Landebahn die teilweise Planierung der Hornberg-Hochfläche. Dabei mußten auch größere Felsbrocken aus dem Weg geräumt werden.

1934 wurde der Autoschlepp Teil des Ausbildungsprogramms an der Segelflugschule. Dafür errichtete man noch im selben Jahr eine Schleppbahn mit Wendeschleife. Bis Ende 1935 war nach und nach eine stattliche Anzahl von sieben Einzelgebäuden mit einer Nutzfläche von insgesamt fast 8000 Quadratmetern errichtet worden. 1945 fielen nahezu drei Viertel der Anlage einem Luftangriff zum Opfer. Erst Anfang der fünfziger Jahre begann mit der Wiedererrichtung der verschont gebliebenen, aber danach von der US-Armee demontierten Halle III ein neues Kapitel Hornberggeschichte. In die ebenfalls unversehrt gebliebene Flugzeug-Einstellhalle wurde das Höhenrestaurant eingebaut. Später folgte dann neben der Errichtung eines Peronalwohnblockes und des Schul- und Unterkunftsgebäudes der Bau des Schulleiter-Hauses und zweier weiterer Flugzeughallen. Mit all diesen Gebäuden beträgt die bebaute Gesamtfläche heute etwa 5000 Quadratmeter.

Im Laufe der siebziger Jahre erhielt das Segelfluggelände den steigenden Erfordernissen entsprechend eine Startbahn, eine Seilausziehstrecke und eine Rückrollbahn aus Asphaltbelag.

Die Nord-Süd-Richtung der Start- und Landebahn schränkt heute den Flugbetrieb eher ein, als dies früher der Fall war. Früher wurde mit dem Gummiseil am Westhang gegen den am meisten vorherrschenden Westwind gestartet. Heutzutage muß bei der Nord-Süd-Startrichtung und teilweise sehr starken Westwinden wegen der großen Seitenwindkomponente und Turbulenz der Flugbetrieb häufiger als früher eingestellt werden. Der sieben Kilometer südlich gelegene Flugplatz Messelberg liegt mit seiner Ost-West-Landebahn diesbezüglich günstiger als der Hornberg.

Die geologische Formung der nördlichen Albhochfläche mit Kaltem Feld, Hornberg und den drei Kaiser-Bergen Stuifen, Hohenstaufen und Rechberg erfolgte in der Jurazeit vor etwa 190 bis 130 Millionen Jahren. Durch die Bedeckung Süddeutschlands mit einem warmen, etwa 500 m tiefen Jurameer bildeten sich mächtige Kalkablagerungen. Deshalb ist die Hochfläche des Hornbergs der Weißjura-Formation Beta (Wohlgebankte Kalke) zuzuordnen, die dann im Bereich des Kalten Feldes bis zur Weißjura-Schicht Delta (Quader- bzw. unterer Felskalk) übergeht. Das gesamte Gebiet ist als Teil der Schichtstufenlandschaft Süddeutschlands anzusehen. Die Kalkbänke sind teilweise mit einer nur sehr dünnen Mutterbodenschicht bedeckt. Auf dem Hornbergplateau sind es stellenweise im heutigen Flugplatzbereich nur wenige Zentimeter. Diese Gegebenheiten erfordern alle paar Jahre entsprechende Bodenreparaturen. Besonders in der stark beanspruchten Aufsetzzone der Graslandebahn müssen größere Flächen teilweise mit Rasenstücken saniert werden.

Linke Seite: Vegetation und Landnutzung im Bereich von Kaltem Feld und Hornberg. (Aus Diplom-Arbeit von Ingrid Jandl, Weihenstephan 1985).

Rechts: Die 1904 auf dem höchsten Punkt des Kalten Feldes (781 m) errichtete Unterkunftshütte „Villa Maus".

Die vor Gründung der Flugschule auf dem heutigen Flugplatzgelände angelegten Felder waren im Vergleich zu tieferliegenden Äckern schwieriger zu bearbeiten. Da der Ertrag in manchen Jahren in keinem Verhältnis zur aufgewendeten Bestellungsarbeit stand, fiel es den meisten Bauern nicht allzu schwer, das Gelände zur Errichtung des Segelfluggeländes an den Württembergischen Luftfahrtverband zu verkaufen. Während der Hornberg bis 1932 als Ackerfläche diente, blieb die urtümliche Heidelandschaft des Kalten Feldes, auch wegen der höheren Lage, vom Ackerbau lange Zeit nahezu unberührt. Zu Beginn des 20. Jahrhunderts veranlaßte die landschaftlich reizvolle Gegend viele Wandergruppen und Vereine zum Bau von Hütten im Bereich des Kalten Feldes. Bereits im Jahre 1904 wurde auf seinem höchsten Punkt (781 m) ganz aus Natursteinen die erste Unterkunfstshütte, die „Villa Maus", errichtet. An das Gebäude ist auch ein Aussichtsturm angebaut, von dem aus man an klaren Tagen, besonders in Herbst und Winter, die Lechtaler und Allgäuer Alpen sehen kann.

1907 gründeten Stuttgarter Brettlfans den „Skiclub Steinbühlhütte e.V. Stuttgart". Sie benannten sich nach der von ihnen im selben Jahr errichteten „Steinbühlhütte". Dieses

Gebäude war die erste Skihütte, welche auf der Schwäbischen Alb überhaupt gebaut wurde. Diese Stuttgarter bildeten eine kleine rührige Gemeinschaft, deren Anliegen es war, das Skilaufen auf der Schwäbischen Alb zu verbreiten. Das Verdienst, das Kalte Feld und den Hornberg als Wintersportgebiet bekannt gemacht zu haben, kann wohl ihnen zugesprochen werden.

Nördlich der Steinbühlhütte wurde 1910 vom „Hüttenverein Donzdorf e.V." die „Donzdorfer Hütte" errichtet. 1928 entstand am Südhang des Kalten Feldes durch Initiative einiger Gmünder Familien die „Bergfriedhütte". Die Sektion Schorndorf des Deutschen Alpenvereins erbaute 1950 am Steinbühl die „Schorndorfer Hütte" als Wanderunterkunft. Ebenfalls im Bereich des Steinbühl, einem Teilgebiet des Kalten Feldes, steht das „Knörzerhaus". Im Herbst 1935 als Urlauberheim des Infanterieregiments 13 erbaut und nach dem Gmünder Garnisonskommandeur Oberstleutnant Knörzer benannt, ist es heute ein gemütliches Berggasthaus. In der Nacht zum 20. April 1979 fiel das beliebte Ausflugslokal dem Feuerteufel zum Opfer und brannte bis auf die Grundmauern nieder. Nach zweijähriger Planungs- und Bauzeit wurde es bereits am 15. Mai 1981 wiedereröffnet.

„ASK-21" im Anflug auf Landebahn 36. Im Hintergrund der urwüchsige Westhang des Bernhardus.

Nicht weit entfernt davon liegt das Franz-Keller-Haus, das sich der Schwäbische Albverein Anfang der dreißiger Jahre kaufte und zum Wanderdomizil umbaute. Bereits 1929 wurde die ehemalige Privathütte der FAG Gmünd I für 2000 Reichsmark zum Kauf angeboten. Dieser Preis war für die Flieger jedoch unerschwinglich hoch, wenn man bedenkt, daß damals kaum die Mittel von etwa 250 Reichsmark für den Bau eines Gleitflugzeuges aufgebracht werden konnten. Das Franz-Keller-Haus wurde nach einem Brand in den siebziger Jahren ebenfalls wieder neu aufgebaut. Seinen Namen erhielt es nach dem Heubacher Arzt und Albvereinsobmann Dr. Franz Keller. In diesem nur an Wochenenden bewirtschafteten 25-Betten-Haus ist auch der bekannte „Kalte-Feld-Tee" erhältlich, der aus den verschiedensten Albkräutern zubereitet wird.

Auf dem Burgstall, wo einst die Burg der Herren von Degenfeld stand, errichtete die „Vereinigung der Freunde der Technischen Hochschule Stuttgart" 1930 die „Hunnewellhütte". Die Mittel dafür stammten aus dem Nachlaß des bei den Freikorpskämpfen 1920 gefallenen Studenten Walter Hunnewell. Neben diesen bekannten, teilweise der Öffentlichkeit zugänglichen Privat- und Vereinshütten gibt es auf dem Kalten Feld und dem Hornberg noch etwa 35 weitere Gebäude.

Zusammen mit der Errichtung des Fliegerlagers wurde auf dem Hornbergplateau auch eine Gaststätte gebaut, die vor allem im Sommer den Fliegern, flugbegeisterten Ausflüglern und Wanderern sowie im Winter den Skifans als Einkehrmöglichkeit diente. Nach dem Zweiten Weltkrieg ist sie als „Höhenrestaurant Hornberg" weiter nördlich in einem anderen Gebäude wiedererrichtet worden.

Es ist kaum zu glauben, daß bisher im Bereich des Kalten Feldes etwa 420 verschiedene Pflanzen- und Buscharten registriert wurden. Darunter befindet sich auch eine Vielzahl seltener Kräuter- und Distelarten. Die Nord- und Nordwesthänge sind von Kalkbuchenwäldern bedeckt, im Bereich der Tannhalde stehen auch Ulmen, Eschen, Ahornbäume und teilweise auch Eichen. Zu Beginn dieses Jahrhunderts wurden auf dem Steinbühl Fichtenschonungen angepflanzt. Besonders am Nordhang zum Hornberg hinunter, ließ deren zunehmende Höhe etwa ab Mitte der dreißiger Jahre keinen Gummiseilstart mehr zu.

Was dem anfälligen Albboden heute am meisten zu schaffen macht, sind die ständigen Manöver. Dabei wird mit Panzern und schweren Lastwagen die Heidelandschaft regelrecht umgepflügt. Die Folgeschäden an der Natur sind unübersehbar. Dem Segelflieger und dem Wanderer bietet sich ein erschreckendes Bild. Den einen stimmt dies traurig, vielen treibt es die Zornesröte ins Gesicht. Während man beim Zelten im Landschaftsschutzgebiet mit den Behörden Ärger bekommt, wird die ständige Verwüstung dieser einzigartigen Landschaft durch die Manöver hingenommen. Die Wunden, die der Mensch ihr beibringt, heilen nur sehr langsam. Oft versuchen Mitglieder des Schwäbischen Albvereins in mühevoller Klein- und Handarbeit die Zerstörung des empfindlichen Bewuchses in Grenzen zu halten und zu beseitigen.

Sofern es die Schneehöhe zuläßt, wird auch im Winter geflogen.

Oben: Blick auf die nördliche Albkante Richtung Westen. Vorn links der Bernhardus, dahinter das Kalte Feld mit dem markanten Hornberg. Rechts oben v.l.n.r. die drei Kaiser-Berge Stuifen, Hohenstaufen und Rechberg.
Links: Hornbergschäfer Kirschbaum.

In Herbst und Winter:
Hornberg im Rauhreif.

Anfang der dreißiger Jahre, als die Heidelandschaft noch fast lückenlos und der so typische Albbewuchs noch sehr niedrig waren, konnte noch an den flachen, nach Norden zum Hornberg und nach Osten nach Degenfeld abfallenden Hängen geflogen werden. Heute dagegen wird nur noch auf dem südlichen Teil der Hornberg-Hochebene gestartet.

Die höchste Erhebung der Ostalb, das Kalte Feld, war schon seit jeher ein landschaftsgeschichtlich und botanisch interessantes Gebiet. Früher bestand es fast ausschließlich aus nahezu unberührter Wacholder- und Steppenheide. In den letzten 40 Jahren ging der ursprüngliche Heidecharakter mehr und mehr verloren. Vor dem Kriege lag der Schwerpunkt der Heidebewirtschaftung in der Schafzucht, heute haben umfangreiche Ackerflächen die Wacholderheide stark dezimiert. Obwohl das Kalte Feld und der Hornberg bereits am 31. Juli 1939 mit einer Fläche von 665 Hektar zum Landschaftsschutzgebiet erklärt wurde, konnte diese Entwicklung nicht verhindert werden. Dennoch kann man heute noch, wenn man über den Flugplatz und Teile des Kalten Feldes geht, den Geruch von Wacholderbüschen und anderen Kräutern wahrnehmen, den ein leichter Westwind herüberweht.

Klimatisch liegen Hornberg und Kaltes Feld unter dem Einfluß von gemäßigtem Binnenklima und dem rauhen Albklima. Das bedeutet im Regelfall kalte Winter, von Ende Oktober bis Ende April auftretende Fröste sowie im Herbst und Winter oft stark ausgeprägter Rauhreif, der Landschaft und Gebäude mit einer Schicht wie Kristallzucker bedeckt. Die häufig abfließenden Kaltluftmassen im Spätherbst und den Wintermonaten führen oft zu Inversionswetterlagen. Kältester Monat ist mit einem Temperaturdurchschnitt von –2°C der Januar, wärmster der Juli mit 16°C. Zusammen mit der Fränkischen Alb zählt die Schwäbische Alb zu den niederschlagsärmsten Mittelgebirgen Deutschlands. Dennoch erfolgt wegen der Steigungslage am Albtrauf ein häufiges Abregnen an der höchsten Erhebung der Ostalb. Deshalb zählt das Kalte Feld wiederum zu den niederschlagsreichsten Gebieten der Schwäbischen Alb. Der meiste Regen fällt in den Monaten Mai bis August.

Generell kann gesagt werden, auf dem Flugplatz ist es immer „einen Kittel kälter" als unten in Schwäbisch Gmünd. Dies wird dem Besucher spätestens klar, wenn es nach Schnee riecht oder sich der hauptsächlich auftretende Westwind zu teilweise orkanartigem Sturm aufbaut und mit einem unheimlichen Gebrumme über den Hornberg fegt. Im krassen Gegensatz dazu steht der wunderbare Ausblick nach Westen auf die drei Kaiser-Berge Stuifen, Hohenstaufen und Rechberg, deren scharfkantige Silhouetten sich bei traumhaften Sonnenuntergängen vom Horizont abheben.

Der Kalte-Feld-Tee

Es wird wohl außer dem Kalten Feld/Hornberg kaum einen Flugplatz geben, der behaupten kann, daß es einen Tee mit seinem Namen gibt. Anfang der dreißiger Jahre wärmten die Segelflieger im Feldstall des Saurenhofbauern ihre kalten Hände an Tassen, die einen Tee enthielten, dessen Zutaten alle auf dem Kalten Feld und dem Hornberg wachsen. Ab und zu sieht man heute noch, wenn auch selten, kräutersammelnde Wanderer und Flieger nach dem Flugbetrieb über die Hochfläche ziehen.

Eigentlich gibt es viele Zutatenvariationen für diesen Kalte-Feld-Tee, den Wanderer und Segelflieger bei ihren Spaziergängen gerne trinken, wenn sie im Franz-Keller-Haus einkehren. So haben die Hüttenwirte, die Apotheker in Schwäbisch Gmünd und die einzelnen Sammler ihre eigenen, oft stark voneinander abweichenden Rezeptvariationen.

Um dem Leser einigermaßen eine Vorstellung von den verwendeten Kräutern zu geben, seien hier die wichtigsten genannt:

Schafgarbe (Achillea millefolium)
Odermennig (Agrimonia eypatonia)
Dornige Hauhechel (Ononis spinosa)
Wiesen-Salbei (Sabia pratensis)
Ackerminze (Mentha arvensis)
Berg-Johanniskraut (Hypericum montanum)
Sand-Quendel (Thymus serpyllum)
Thymian (Herba Thymi)
Majoran (Herba majoranae)
Wacholderbeeren (Juniperi fructus)
Lindenblüten (Flores tiliae)
Augentrost (Herba euphrasiae)
Huflattichblätter (Farfarae folium)
Spitzwegerichkraut (Herba plantaginis)
Zinnkraut (Herba equiseti)

In den Schwäbisch Gmünder Apotheken ist der Kalte-Feld-Tee als „Frühstücks- und Kräutertee für die ganze Familie, wohlschmeckend und gesund“ erhältlich.

Chronologie

Vor etwa 160 bis 190 Millionen Jahren
Der Hornberg und das Kalte Feld, genauer gesagt ganz Süddeutschland, sind Meeresboden und von einem ruhigen Jurameer bedeckt. Das klare Wasser ist mit 19 bis 23 Grad etwa so warm wie die Südsee.

1907
Das Kalte Feld wird als Wintersportparadies erkannt. Am 27. September erfolgt die Einweihung der Steinbühlhütte, der ersten Skihütte auf der Schwäbischen Alb.

1919
28. Juni: Versailler Vertrag. Der Motorflug in Deutschland wird verboten.
Aus der Not heraus sind die Deutschen gezwungen, das „Gleit- und Segelfliegen" verstärkt zu betreiben.

Die Gleitflugbegeisterten finden ein Mitteilungsblatt, um für ihre Idee zu werben. Oskar Ursinus, der „Rhönvater", stellt seine Zeitschrift „Flugsport" den Gleitfliegern zur Verfügung und bildet damit einen Sammelpunkt, durch den auch größere überregionale Veranstaltungen und Zusammenschlüsse organisiert werden können. Der „Flugsport" bleibt bis 1943 in Deutschland die führende Zeitschrift für den Gleit- und Segelflug.
Erich Mayer aus Dresden veröffentlicht darin eine Artikelserie: „Wie kann man das Gleit- und Segelfliegen betreiben?" Dadurch werden viele Flugbegeisterte, auch in Schwäbisch Gmünd, zum Bau von Flugzeugen und zu eigenen Konstruktionen angeregt.

1922
5. Mai: Ablauf des vom Versailler Vertrag verhängten Bauverbotes für deutsche Flugzeuge.

1924
Herbst: Gründung der „Rhön-Rositten-Gesellschaft" (RRG) mit Sitz in Frankfurt/Main. Sie faßt nicht nur die ersten beiden Segelflugschulen auf der Kurischen Nehrung und auf der Wasserkuppe zusammen, sondern richtet 1925 auch das Segelflug-Forschungsinstitut in Darmstadt und auf der Wasserkuppe ein. Die Leitung soll Prof. Dr. Walter Georgii übernehmen.

1925
Erster loser Zusammenschluß von an der Fliegerei Interessierten in Schwäbisch Gmünd.

1926
Durch das Pariser Luftfahrtabkommen vom 21. Mai, einem Bestandteil des Versailler Vertrages, wird es allen öffentlichen Stellen Deutschlands verboten, Mittel für die Förderung der Sportfliegerei oder zur Heranbildung von Gleit- und Segelfliegern zur Verfügung zu stellen. Verschiedene wesentliche der deutschen Luftfahrt auferlegte Beschränkungen werden jedoch durch das Pariser Luftfahrtabkommen aufgehoben.

Juni: Gründung des Württembergischen Luftfahrtverbandes e. V. (WLV) als Dachverband aller Flieger in Württemberg.

Die beiden Gmünder Flugpioniere Josef Schedel und Karl Schmid bauen jeder unabhängig voneinander mit ein paar gleichgesinnten Kameraden je ein Gleitflugzeug. Josef Schedel entscheidet sich für den „RRG-Zögling" und Karl Schmid für das Gleitflugzeug des Konstrukteurs Rudolf Opitz.

Die Suche nach einem geeigneten Fluggelände veranlaßt Josef Schedel zum Studium der Windverhältnisse in der Umgebung des Kalten Feldes.

1927
Für die Gleitflugschulung in den Flug- und Arbeitsgruppen und für die Rhönwettbewerbe tritt eine gewisse Standardisierung der Flugzeugtypen ein.

1928
Der Württembergische Luftfahrtverband tritt als „Gruppe Württemberg" dem Deutschen Luftfahrtverband bei.

August: Erster Start Josef Schedels vom Nordhang des Kalten Feldes auf den Hornberg mit seinem selbstgebauten Gleitflugzeug.

21. September: Offizielle Gründung einer Ortsgruppe Schwäbisch Gmünd des Württembergischen Luftfahrtverbandes, der Flug- und Arbeitsgruppe Gmünd I.

20. November: Der Sportausschuß des WLV beschließt die Anerkennung der Flug- und Arbeitsgruppe Gmünd I.

1929
Motorfluglehrer Hermann Huppenbauer („Huppes") fliegt mit einer mit Schneekufen versehenen „Klemm 25" von Böblingen zum Wintersport auf das Kalte Feld und landet hinter der Steinbühlhütte.

Ostern: Otto Jäck und Erwin Zeller von der FAG Gmünd I versuchen am Kalten Feld ihre A-Prüfung. Dies geschieht im Rahmen eines Fluglagers, bei dem das Franz-Keller-Haus als Unterkunft dient.

Der Bauer vom Saurenhof, Josef Reißmüller, errichtet einen Feldstall, das erste Gebäude auf dem Hornberg.

Zur Beurteilung des Kalten Feldes und des Hornberges auf seine Eignung als ständiges Fluggelände werden vom WLV eine Reihe von Expertengutachten eingeholt.
Darunter auch eines von Prof. Dr. Walter Georgii, dem Direktor der Rhön-Rositten-Gesellschaft, der das Gelände flugmeteorologisch bewertet.

Erste Sondierungsgespräche für Grundstücksverhandlungen über das Hornberggelände zwischen dem WLV und den Degenfelder Bauern durch WLV-Geschäftsführer Wilhelm Schmidt und Christian Biser.

1930
Eingabe der Flug- und Arbeitsgruppe Gmünd I an den WLV zur Genehmigung des Hornberges als offizielles Fluggelände. Diese wird, aus welchen wirklichen Gründen auch immer, abgelehnt. Offiziell werden die gefährlichen Luftwirbel in der Düse zwischen Hornberg und Kaltem Feld als Grund angegeben. Unter den Fliegern kommt der Verdacht auf, daß das Gelände deshalb nicht offiziell zugelassen wird, weil zu diesem Zeitpunkt schon die Verhandlungen über Geländekäufe zwecks Errichtung einer Segelflugschule laufen. Offenbar sollen diese nicht gefährdet werden.

Hermann Huppenbauer landete 1929 mit einer „Klemm 25" auf dem Kalten Feld.

Die FAG Gmünd I fliegt von der Donzdorfer Hütte auf dem Kalten Feld bis zum Westhang des Bernhardus nördlich von Degenfeld.

6. bis 26. April: Segelflugkurs des WLV auf der Wasserkuppe. Unter den 13 FAG's nimmt auch die FAG Gmünd II teil.
Leiter des Kurses ist Wolf Hirth, das Kursziel ist die praktische und theoretische Flugausbildung für Fortgeschrittene.

10. Mai: Die Flug- und Arbeitsgruppe Gmünd II (Lilienthalgruppe) hält unter der Leitung von Josef Schedel ihre offizielle Gründungsversammlung ab.

Der WLV beschließt, auf der zentral gelegenen Hochfläche des Hornbergs eine „Hochschule des Segelfluges" zu errichten. Damit soll unter anderem die Segelflugausbildung in Württemberg vereinheitlicht und systematisiert werden.

5. Oktober bis 30. November: „2. Württembergischer Heimatwettbewerb". Erster Wettbewerb im Bereich des „Kalten-Feld-Geländes".

15. November: Der Nordhang des Hornberges beim Lindenhof wird unbeschränkt als Fluggelände zugelassen.

1930/31
Winter: Der auf Initiative von Josef Schedel umgebaute Feldstall des Saurenhofbauern Reißmüller bietet von nun an den auf dem Kalten Feld übenden FAG's Unterkunft und Verpflegung.

1931
16. April: Unterzeichnung von Kaufverträgen über die ersten neun Grundstücke mit den Degenfelder Bauern.
Gesamter Kaufpreis: RM 22.895,-.

Die „H II PL-Lore" der FAG Gmünd I auf dem Rhönwettbewerb 1932. Pilot ist Karl Schmid.

Dem Geschäftsführer des WLV, Hauptmann a. D. Wilhelm Schmidt, wird am 8. Mai eine Vollmacht erteilt, die ihn zum Kauf von beliebigen Grundstücken auf den Markungen Degenfeld und Waldstetten berechtigt. Die Vollmacht gilt auch rückwirkend für die bereits erworbenen Parzellen. Kurze Zeit später werden weitere sechzehn Flurstücke auf Degenfelder Markung für zusammen RM 45.503,- erworben,
25. Juli: Das Kalte Feld und der Hornberg werden auf Antrag des WLV vom Württembergischen Wirtschaftsministerium offiziell als Fluggelände Nr. 16 zugelassen. Das Gelände darf nur von Piloten mit mindestens der „Gleitfliegerprüfung A" benutzt werden. Außerdem sind umfangreiche Auflagen einzuhalten.

24. November: Josef Schedel legt die erste C-Prüfung auf dem Kalten Feld bzw. dem Hornberg ab.

1932
Januar: Der WLV beschließt die Errichtung des I. Bauabschnittes einer Segelflugschule auf dem Hornberg.

6. März: Der Flugzeugführer Heinrich Mack von der FAG Stuttgart I führt am Westhang des Hornberges auf der „S I PL" (Peterle) einen Segelflug von 10 Minuten Dauer durch.

28. März: Wilhelm Bonengel von der FAG Stuttgart I fliegt auf der „S I PL" (Peterle) am Nordhang des Kalten Feldes und am Hornberg-Westhang mit einer Stunde Flugzeit seine C-Prüfung und einen neuen Hornberg-Dauerrekord.

Frühjahr: Fertigstellung der Wasserleitung für die Segelflugschule, vom Egental her.

Aus der FAG Schwäbisch Gmünd II spaltet sich die FAG Bettringen ab.

1. Juni: Baubeginn der Flugzeughalle I als erstem Bauteil des I. Bauabschnittes.

17. bis 31. Juli: Die FAG Gmünd I nimmt am 13. Rhönwettbewerb teil. Als Anerkennungs-Preisgeld erhält sie 50 Reichsmark.
Besonders bestaunt, fotografiert und von vielen Prominenten besucht wird ihre vorbildliche Zeltstadt mit Feldküche.

Anfang August: Baubeginn von Unterkunfts- und Wirtschaftsgebäude als zweitem Bauteil des I. Bauabschnittes.

November: Fertigstellung des I. Bauabschnittes. Beginn des Schulbetriebes im Fliegerlager Hornberg, der ersten deutschen „Segelflieger-Hochschule".

1932–1933
Bau der 1,5 km langen Straße vom Furtlepaß zum Fliegerlager als Notstandsarbeit. Die Bauarbeiten werden mit weitgehender Unterstützung der „produktiven Erwerbslosenfürsorge", des Staates und der Gemeinde Degenfeld von der Amtskörperschaft Gmünd ausgeführt.

1933
2. März: Die Zulassung des Kalten Feldes und des Hornberges als Fluggelände wird auf Antrag des WLV vom Württembergischen Wirtschaftsministerium erweitert. Für „Segelübungen" hat der Flugzeugführer wenigstens die Verbands-Gleitfliegerprüfung B nachzuweisen.

25. März: Der Deutsche Luft**fahrt**verband (DLV) wird zum Deutschen Luft**sport**verband (DLV) „umorganisiert".

Ostern: Die Flug- und Arbeitsgruppen Gmünd I und II, Heilbronn, Esslingen, Dettingen, Reutlingen, Cannstatt, Stuttgart I sowie die Akademische Fliegergruppe Stuttgart fliegen auf dem Hornberg.

1. April: Die Rhön-Rositten-Gesellschaft (RRG) wird aufgelöst bzw. in das Deutsche Forschungsinstitut für Segelflug (DFS) umbenannt.

Frühjahr: Verlegung einer Telefonleitung vom Hornberg nach Schwäbisch Gmünd.

20 Arbeitslose sind in den Werkstätten des Fliegerlagers mit großer Begeisterung mit dem Bau von sechs neuen „Grunau-Baby II" beschäftigt.

Etwa 80 Arbeiter ebnen das Hornbergplateau ein. Sie beseitigen die beim Flugbetrieb störenden Erderhebungen und anderen Unebenheiten. Dabei müssen rund 400 Kubikmeter Steine und Erde bewegt werden.

13. Mai: Jungfernflug des ersten auf dem Hornberg gebauten „Grunau-Baby II" durch Wolf Hirth.

Die geschätzte Anzahl der „flugfähigen" Gleit- und Segelflugzeuge in ganz Deutschland wird mit etwa 1500 angegeben. Auf dem Hornberg fliegen bereits etwa zehn.

Nach Fertigstellung der Straße vom Furtlepaß auf den Hornberg erfolgt die Einrichtung einer Buslinie Gmünd – Hornberg – Weißenstein durch die „Omnibusgesellschaft Gmünd".

Juni: Mehr als 15 Schüler können nicht an der Flugschule aufgenommen werden. Da immens viele Anmeldungen vorliegen, wird auf Beschluß des WLV der weitere Ausbau vorangetrieben, um den Ansturm bewältigen zu können.

9. Juli: Beginn des ersten offiziellen Segelfliegerkurses auf dem Hornberg.
Die Flugschule besitzt jetzt insgesamt 22 Flugzeuge.

12. Juli: Offizielle Eröffnung des I. Bauabschnittes von Fliegerlager und Segelflugschule mit der Flugzeughalle I für etwa 30 Flugzeuge, Werkstätten für Holz- und Metallbau, der Gaststätte mit Saal und Aussichtsterrasse, Büroräumen sowie Unterkünfte der Flugschüler und Stammpersonal. Zum Schulleiter wird Wolf Hirth berufen, der seither die Flugschule in Grunau/Schlesien geleitet hatte.

Auflösung des Württembergischen Luftfahrtverbandes gegen dessen Willen.

14. Dezember: Übernahme des Grundstückes der Segelflugschule Hornberg durch den Deutschen Luftsportverband (DLV):

Dezember: Wolf Hirth plant zusammen mit Martin Schempp die Gründung einer Flugzeugfabrik in Schwäbisch Gmünd. Darin sollten die bei anderen Gmünder Firmen vorgefertigten Teile zu fertigen Flugzeugen montiert werden. Zum Einfliegen der Flugzeuge wird ein geeigneter Flugplatz mit einer Flugzeughalle benötigt. Dazu soll auf einer Anhöhe im Süden von Schwäbisch Gmünd (Hardt) ein Flugplatz mit zwei sich kreuzenden Startbahnen angelegt werden. Die Planung wird kurze Zeit später nicht mehr weiterverfolgt.

1933/34
Letzte Planierungen und Geländerodungen auf dem Hochplateau des Hornbergs.

1934
8. Januar bis 8. Mai: Wolf Hirth unterbricht seine Arbeit auf dem Hornberg und nimmt unter der Leitung von Prof. Dr. Walter Georgii zusammen mit Heini Dittmar, Hanna Reitsch und Peter Riedel an einer Segelflugexpedition teil. Sie führt nach Brasilien und Argentinien. Dort sollen die Segelflugmöglichkeiten in den Tropen erforscht werden.

Die Schule auf dem Hornberg erlangt hauptsächlich durch die vielen Auslandsreisen und Segelflugexpeditionen von Wolf Hirth internationalen Ruf.

Mai: Fertigstellung der geteerten 6 m breiten und 700 m langen Startbahn für den Autoschleppbetrieb.

Bau der Flugzeughalle II sowie Erweiterung des Wirtschafts- und Unterkunftsgebäudes. (II. Bauabschnitt) Errichtung einer Tankstelle.

Steilhangstart mit einer „Klemm 25" am Westhang des Hornbergs (1937) durch Dipl.-Ing. Rudolf Isermann.

Die 1934 errichtete Tankstelle zwischen den Flugzeughallen I und III.

Eröffnung des Schwimmbades, das für den Brandfall als Löschwasserbehälter dienen soll.

Frühsommer: Wolf Hirth macht seinem Freund Martin Schempp das Angebot, an der Segelflugschule Hornberg eine Stellung als Fluglehrer anzunehmen. Martin Schempp nimmt das Angebot an.

26. Juli: Weltrekord-Streckenflug von Wolf Hirth auf „Moazagotl" über 351 km im Rahmen des 15. Rhönwettbewerbes.

13. Oktober: 5-Stunden-Flug von Max Beck am Kalten Feld mit dem Flugzeugtyp „Fliege".

In der Nacht vom 4. zum 5. Dezember: Beginn der Konstruktionsarbeiten zum Erstlingstyp der Gö 1 „Wolf" durch Martin Schempp und Wolf Hirth auf dem Hornberg.

Der Flugzeugpark der Segelflugschule besteht aus 22 Segelflugzeugen:
vier „Grunau 9" drei „Fliege II", fünf „Grunau Baby II", einem „Professor", je einem „Hi" und einem „Zögling", drei „Falken", einer „Grunau 8" (Doppelsitzer), zwei „Grunau 9v" (Grunau-Ei) und einer „Westpreußen". Außerdem besitzt die Flugschule zwei Mercedes-Seilwinden mit je 100 PS, zwei Schleppautos sowie zwei Schleppflugzeuge

Ende Dezember: Die Konstruktionsarbeiten der Gö 1 „Wolf" sind beendet. Bei diesem Typ handelt es sich um eine Weiterentwicklung des von Edmund Schneider 1931/32 konstruierten „Grunau-Baby".

1935
1. Januar: Gründung der zunächst in Schwäbisch Gmünd geplanten Flugzeugfirma „Sportflugzeugbau Göppingen" im alten Bauhof in Göppingen durch Martin Schempp.
Vollständige Übernahme der Segelflugschule durch den Deutschen Luftsportverband.

10. April: Die junge Engländerin Joan Meakin fliegt im Flugzeug-Schlepp das erste von Martin Schempp gebaute Segelflugzeug „Wolf" nach Köln und von dort nach London-Lympne.

13. Mai: Weltbestleistung im Zielflug vom Hornberg nach Zürich über 180 m durch Ludwig Hofmann auf einem Rhönsperber.

Juni/Juli: Georg Harnisch, deutschstämmiger Argentinier, Generalsekretär des Argentinischen Segelfliegerclubs „Albatros" und tatkräftigster Pionier des argentinischen Segelfluges absolviert einen Studienaufenthalt auf dem Hornberg. Zweck des Aufenthaltes ist der Aufbau

Oben: „Gö I-Wolf" (Werk-Nr. 4. D-CHICAGO, die in die USA geliefert wurde) südlich von Schwäbisch Gmünd. Das Flugzeug war voll kunstflugtauglich und hatte ein fest eingebautes Einrad-Fahrgestell.
Links: Wolf Hirth vor dem zusammen mit den Gebrüdern Hütter konstruierten Doppelsitzer „Goevier". Die Flugerprobung auf dem Hornberg begann am 30. November 1937. Testpilot war Heinz Kensche.

der argentinischen Segelfliegerei nach deutschem Muster, d.h. nach „Hornbergmuster" sowie das Kennenlernen der besten deutschen Segelflugzeugtypen.

Sommer: Bau der Flugzeughalle III mit Maler- und Lackiererwerkstatt, Magazin und Unterstellräumen für Transportwagen.

21. August: Segelflugweltrekord durch Erwin Kraft vom Hornberg nach Köln über 333 km auf einer Minimoa.

13. Oktober: Umwandlung in die „Reichssegelflugschule Hornberg". Die „Weihe" der Schule, die ein durch und durch nationalsozialistisches Gepräge hat, wird in Anwesenheit hoher Offiziere von Heer und Luftwaffe sowie Kommunalpolitikern der Umgebung durch Reichsluftsportführer Oberst Loerzer vorgenommen.

Westlich der Flugzeughalle III entsteht eine Fahrzeug-Einstellhalle mit Räumen für Sanitäter, Lagerarzt und Luftpolizei.

Der Flugschüler Muth legt vom Hornberg eine Flugstrecke von mehr als 90 km bis nach Augsburg zurück.

Oktober bis Dezember: Wolf Hirth reist nach Japan und leistet dort als Fluglehrer segelfliegerische Entwicklungsarbeit. Dabei zieht er einen Schulbetrieb auf, wie er ihn die Jahre zuvor auf dem Hornberg praktiziert hatte.

Dezember: Wolf Hirth verläßt den Hornberg als Schulleiter.

1936

7. Januar: erster Winter-Überlandflug auf einem „Rhönsperber" vom Hornberg nach Baiershofen (35 km) durch Max Beck.

Rudolf Knies wird neuer Schulleiter.

Zielflüge von der Wasserkuppe zum Hornberg durch Rudolf Hakenjos und Wolfgang Späte über 197 km.

1937

Januar: Die in Göppingen gebaute „Gö 5" (Hütter H 17) wird auf dem Hornberg eingeflogen.

Ab 15. März wird bei der A-, B- und C-Prüfung auch eine theoretische Prüfung verlangt.

16. März: Der Berliner Jungsegelflieger Alexander Wolff fliegt vom Hornberg nach Braunau/Österreich, Distanz 245 km. Für einen achtzehnjährigen Jungen stellt dies eine außergewöhnliche Leistung dar.

12. April: Doppelsitzer-Segelflugweltrekord von Max Beck und Rudolf Knies mit einem „Kranich I" („Pollux") vom Hornberg nach Dietesheim bei Bingen am Rhein (193,3 km).

Frühjahr: Mit einem Doppelsitzer vom Typ „Grunau 8" wird mit 16 Stunden Flugzeit ein neuer Dauerflugrekord aufgestellt. Dabei wird die Nacht über durchgeflogen. Als Orientierungshilfe werden deshalb für die Piloten an den beiden Hangwendemarken Feuer angezündet.

29. April: Der Deutsche Luftsportverband wird durch einen Erlaß des Reichsluftfahrtministers Hermann Göring aufgelöst. An seine Stelle tritt das Nationalsozialistische Fliegerkorps (NSFK) mit einem Korpsführer an der Spitze.

Das „Deutsche Forschungsinstitut für Segelflug" (DFS), die Nachfolgeorganisation der RRG, wird in „Deutsche Forschungsanstalt für Segelflug" (DFS) umbenannt.

28. Mai: Das Gelände und die Anlagen der Segelflugschule werden entschädigungslos enteignet und vom NSFK übernommen.

7. Juni: Eva Schmidt stellt eine neue Frauenbestleistung im Streckenflug vom Hornberg nach Mühltroff bei Plauen/Vogtland über 255 km auf.

7. August: Max Beck wird auf einer „Minimoa" Sieger beim 18. Rhönwettbewerb in der Einsitzerklasse.

August: Eva Schmidt überbietet ihre eigene Bestleistung. Sie fliegt auf dem „Albsperber" vom Hornberg nach Friedberg im Böhmerwald (330 km).

Dipl.-Ing. Rudolf Isermann weist mit 10 Motorflug-Versuchsstarts an der „Schedeldüse" des Hornbergs nach, daß der Start am Steilhang ungefährlich ist. So kann beispielsweise an einem

Rechts: Schulleiter Max Beck (links) mit Karl Feil, bis Ende der sechziger Jahre der „fliegerische Motor" der Fliegergruppe Schwäbisch Gmünd.
Unten: Hornberg-Gaststätte 1952.

Hang mit 35 Grad Neigung gegenüber dem normalen Start in der Ebene eine Startverkürzung von durchschnittlich 29 % erreicht werden.
Die Starts mit der „Klemm 25 " erforderten Mut, machten aber keine besonderen Schwierigkeiten.

November/Dezember: Mit dem von Wolf Hirth und Wolfgang und Ulrich Hütter konstruierten Doppelsitzer „Goevier" (mit zwei nebeneinanderliegenden Sitzen) werden erste Probeflüge absolviert.

1938
6. Mai: Segelflug-Weltrekord im Zielflug mit Rückkehr durch Max Beck auf einer Minimoa vom Hornberg zum Hesselberg und zurück.
Distanz: 140 km.

13. Mai. Segelflug-Weltrekord im Zielflug mit Rückkehr zum Startpunkt durch Erwin Kraft vom Hornberg nach Ansbach und zurück.
Distanz: 168 km.

29. Juni: Doppelsitzer-Dauerweltrekord auf einem „Kranich II" („Hau Boi") durch den Hornberg-Fluglehrer Erwin Mayer und den Flugschüler Karl Schneider mit 21 Stunden und 5 Minuten.

1939
Der Segelflugschule stehen für den Flugbetrieb über 60 Segel- und 4 Schleppflugzeuge sowie 3 Seilwinden und 2 Kraftfahrzeuge für den Autoschlepp zur Verfügung.

Vorhandener Flugzeugpark: Grunau-Baby II, Rhönbussard, Rhönadler, Rhönsperber, Weihe, Kranich II, Wolf, Goevier, Condor, Minimoa, Stanavo, Mü 13, Moazagotl, Reiher und H 17.

31. Juli: Das Kalte Feld wird durch eine Landschaftsschutzverordnung mit einer Fläche von 665 Hektar zum Landschaftsschutzgebiet erklärt.

5. August: Erwin Kraft wird auf einem „Reiher III V2" Sieger des 20. Rhönwettbewerbes auf der Wasserkuppe.

Nach dem Ausbruch des Zweiten Weltkrieges wird der Flugbetrieb auf dem Hornberg eingeschränkt fortgesetzt.

1941
Sonderlehrgänge der Luftwaffe für die Ausbildung von Lastenseglerpiloten auf dem Hornberg.

In den Werkstätten auf dem Hornberg werden keine größeren Bruchreparaturen mehr durchgeführt.
Alle Brüche vom Hornberg und aus ganz Württemberg werden in die Zentralwerkstatt des NSFK nach Stuttgart auf den Cannstatter Wasen gebracht und dort repariert.

1941/42
Von der Berliner Filmgesellschaft „Terra" wird der Film „Himmelhunde" produziert. Drehorte sind die Segelfluggelände Hornberg und Teck.

1942
Rudolf Knies beendet seine Tätigkeit als Schulleiter der Reichssegelflugschule Hornberg.

1942/43
In einer Winternacht – es liegt mehr als 1 m Schnee auf dem Hornberg – bricht die Halle II unter der enormen Schneelast zusammen. Dabei werden etwa 40 Segel- und Motorflugzeuge zerstört.
Beim Bau im Jahre 1934 hatte man zwischen den einzelnen Dachträgern keine Zugbänder eingebaut, die ein Ausbeulen der Trägerunterseiten und somit den Einsturz verhindert hätten.

1943
Willy Fritzinger wird neuer Schulleiter.

1944/45
Flugerprobung von Horten-Nurflügelflugzeugen durch das Luftwaffenkommando IX, Außenstelle Hornberg.

1945
Bau von Tragflächen für den „Volksjäger" He-162 durch das NSFK.

16. April: Der größte Teil des Segelfliegerlagers wird bei einem Luftangriff von US-Jagdflugzeugen zerstört. Die verbleibenden Einrichtungen werden ausgeplündert und demontiert.

20. April: Amerikanische Truppen besetzen Schwäbisch Gmünd.

25. April: Die US-Armee besetzt Degenfeld und den Hornberg.

Nach dem Kontrollratsgesetz Nr. 23, Art. III, Abs. B der Siegermächte wird der Segelflugsport für Deutsche verboten.

1948
Die Modellfluggruppe „Ikarus", der Vorgängerverein der später neugegründeten Akademischen Fliegergruppe Stuttgart, richtet federführend als erste Organisation Eingaben an verschiedene Stellen bezüglich der Wiederzulassung des Segelfluges.

1948/49
Landwirte der Umgebung bauen die Holzverschalung der beim Luftangriff verschont gebliebenen Halle III ab.
Das Gerippe und die Tragkonstruktion werden von amerikanischen Truppen demontiert und im US-Instandsetzungswerk in Schwäbisch Gmünd wieder aufgebaut.

1950
9. Juli: Treffen ehemaliger Segelflieger auf dem Hornberg.
Gründung einer „Interessengemeinschaft des ehemaligen Württembergischen Luftfahrtverbandes".

12. Juli: Die „Interessengemeinschaft des ehemaligen Württembergischen Luftfahrtverbandes" erhält vom württembergischen Kultusministerium den Bescheid, daß von seiten des amerikanischen Landeskommissars für Sport, Nielsen, gegen die Bildung von Interessengruppen und Vereinen, die sich dem Segelflug widmen wollen, keine Einwände mehr erhoben werden.
Das Bauen von Flugzeugen sowie das Fliegen bleiben jedoch nach wie vor verboten. Nur der Bau von Segelflugmodellen wird gestattet.

4. August: Gründung des „Deutschen Aero-Clubs". Wolf Hirth wird zum Präsidenten gewählt.

26. August: Wiedergründung des „Württembergischen Luftfahrtverbandes e. V." (WLV).

27. August. Fliegertreffen auf dem Hornberg. Über 1000 Flieger fordern: „Gebt uns den Segelflug frei!"

9. Dezember: In Stuttgart findet der erste Verbandstag des wiedergegründeten WLV statt.

Es gibt jetzt wieder 52 Fliegergruppen in Württemberg.

1951
Die Hornberghochfläche ist seit Kriegsende an die Degenfelder Bauern als Ackerland verpachtet.

Der Württembergische Luftfahrtverband e.V. wird als Rechtsnachfolger des ehemaligen WLV anerkannt.

Februar: Die Pachtverträge mit den Degenfelder Bauern werden zum Jahresende gekündigt.

28. April: Der Segelflug wird wieder freigegeben.

12. und 13. Mai: Modellflugwettbewerb und Fliegertreffen auf dem Hornberg.

Wiederzulassung des Hornbergs als Segelfluggelände.

7. Oktober: Erster Flugtag nach dem Zweiten Weltkrieg und nach der Freigabe des Segelfluges. Rund 40 000 Besucher finden den Weg zum Hornberg.

November: Beschluß des WLV zum Wiederaufbau der Segelflugschule auf dem Hornberg.

1952
März: Der WLV wird zum „Württembergisch-Badischen Luftfahrtverband" (WBLV) umbenannt. Darin sind jetzt 142 Fliegergruppen mit weit über 6 000 Mitgliedern zusammengeschlossen.

Der Hornberg wird von den Fliegergruppen wieder als Fluggelände genutzt.

1. April: Die erste Ausgabe der neuen Luftfahrtverbands-Zeitschrift „der Adler" erscheint.

7. Mai: Richtfest der wiedererstellten Flugzeughalle III.

12. Oktober: Einweihung der neuen Halle III mit den daran angebauten Werkstatt-, Unterkunfts- und Betriebsräumen im Beisein von Bundesverkehrsminister Dr. Seebohm und Ministerpräsident Dr. Reinhold Maier.

Herbst: Die neue Hornberg-Gaststätte, jetzt „Höhenrestaurant Hornberg", wird in der ehemaligen Fahrzeug-Einstellhalle eröffnet.

Siegerehrung des „BWLV-Wertungsfliegens" 1955. Am Rednerpult Dr. Adalbert Seyfriz, rechts daneben Schulleiter Max Beck.

1953
Ende März: Der Bundesrepublik wird wieder der Flugsicherungsdienst übertragen.

3. Mai: Heinz Bär wird Schulleiter der wiederaufgebauten Segelflugschule Hornberg.

1. Juni: Offizielle Aufnahme des Ausbildungsbetriebs.

9. Juni: Beginn der Segelflugschulung.

4. Juli: Offizielle Eröffnung der Segelflugschule Hornberg.

28. August bis 1. September: Erstes Treffen der IDA-Flieg auf dem Hornberg.

Der WBLV verfügt als erster Landesverband wieder über eine eigene Segelflugschule.

29. August bis 12. September: Versehrtenlehrgang an der Segelflugschule Hornberg unter der Leitung von Wolf Hirth.

16. bis 28. November: Erster Werkstattleiter-Lehrgang auf dem Hornberg nach dem Zweiten Weltkrieg.

1954
28. Februar bis 19. April: Erster Segelflug-Heimatwettbewerb des WBLV. In der Anfängerklasse mit Gummiseilstart erringt die Fliegergruppe Schwäbisch Gmünd durch Flüge auf einem „SG 38" nach den Fliegergruppen Singen und Wildberg den 3. Platz.
Die Fliegergruppe Waldstetten erreicht auf einem „Grunau-Baby IIb" im Leistungswettbewerb ebenfalls den 3. Platz nach den Fliegergruppen Tübingen und Bruchsal.

30. Mai: Der WBLV wird in BWLV umbenannt.

Juni: Dänische Segelflieger und Segelfliegerinnen schulen auf dem Hornberg.

Bau eines 4-Familienhauses für das Personal der Segelflugschule.

Der Flugzeugpark der Segelflugschule besteht nun aus den Typen: Weihe, Spatz, Lo-100, Doppelraab, Grunau-Baby IIb, Grunau-Baby III, Bergfalke II, Goevier, Specht und Minimoa.

1955
1. April: Heinz Bär scheidet als Schulleiter aus und beginnt eine hauptamtliche Tätigkeit beim Deutschen Aero-Club.
Max Beck übernimmt die Leitung der Segelflugschule Hornberg.

Prof. Dr. Walter Georgii, der wissenschaftliche Vater des Segelflugs, nimmt seinen Wohnsitz auf dem Hornberg, um für die Deutsche Forschungsanstalt für Segelflug (DFS) in München wissenschaftliche Untersuchungen durchzuführen.

Rechts: „A-Falke“ von Scheibe.
Mitte: Ein Teil der Flotte der Segelflugschule.
Unten: Einer der letzten Oldtimer auf dem Hornberg: der „Kranich III“.

1. Mai bis 28. August: BWLV-Wertungsfliegen 1955. In der Leistungsklasse wird die Fliegergruppe Schwäbisch Gmünd (Karl Feil) auf einer Mü 13 E erster Sieger. Die Fliegergruppe Waldstetten (Hans Herkommer) belegt auf einem Bergfalken II den 3. Platz.

5. Mai: Die Bundesrepublik Deutschland erhält die Lufthoheit zurück. Damit ist auch der Motorflug wieder zugelassen.

11. bis 19. Juli: Erster Kunstfluglehrgang für Segelflieger auf dem Hornberg.

1958
An- und Umbau des Höhenrestaurants Hornberg. Am 19. September wird es seiner Bestimmung übergeben.

Vorhandener Flugzeugpark der Segelflugschule: 2 Doppelraab, 4 Spatzen, Specht, Bergfalke II, Kranich III, Minimoa, Weihe, Lo-100, Schleppflugzeug Fw-44 Stieglitz.

1959
Zur Förderung des Streckensegelfluges und des Leistungssegelflieger-Nachwuchses stiftet Emil Bucher erstmals den Hornberg-Preis, der 1960 das erstemal ausgeschrieben wird.

1960
15. April: Frank Dreher übernimmt die Leitung der Segelflugschule Hornberg.

7. bis 22. Mai: Sechs indische Fluglehrer nehmen auf Einladung von Dr. Adalbert Seifriz in seiner Eigenschaft als Vorsitzender der Deutsch-Indischen Gesellschaft an einem Segelfluglehrgang auf dem Hornberg teil.

Hauptziel ist die Sammlung von Erfahrungen zum Aufbau des Segelflugsportes in Indien. Zeitweise ist auch Hanna Reitsch anwesend.

1961
Die Segelflugschule erhält 5 Wechselsprechfunkgeräte.

Bau einer zweiten Flugzeughalle mit Garagenanbauten für die Segelflugschule.

April: Eine Piper PA-18 löst die Fw-44 „Stiegliz“ als Schleppmaschine ab.

In Schwäbisch Gmünd-Unterbettringen wird der neu ausgebauten Straße zum Freibad der Name „Wolf-Hirth-Straße“ gegeben.

1962
Vorhandener Flugzeugpark: 2 Rhönlerchen II, 2 Spatzen, Weihe 50, Zugvogel IIIA, Kranich III, Bergfalke II, Ka-8B, Ka-6CR, Schleppflugzeug Piper PA-18.

19. September: Besuch des stellvertretenden indischen Verkehrsministers auf dem Hornberg.

21. September: Richtfest am neu errichteten Schul- und Unterkunftsgebäude.

1963
2. Juni: Nationaler Rekord im Zielstreckenflug der Klasse D1 durch Emil Bucher vom Hornberg nach Chartres/Frankreich über 614,6 km.

1. bis 14. September: Erster Jugendleiter-Lehrgang des BWLV an der Segelflugschule Hornberg.

1964
18. Juni: Einweihung des neuen Schul- und Unterkunftsgebäudes der Segelflugschule.

Spätherbst: Die Deutsche Lufthansa führt zum erstenmal auf dem Hornberg einen einwöchigen Passage- und Tariflehrgang für Reisebüroangestellte durch.

1965
Vorhandener Flugzeugpark: Kranich III, Bergfalke III, 2 Rhönlerche II, Doppelraab, Zugvogel IIIA, Weihe 50, 2 Ka-6CR, 2 Ka-8B, Lo-100, L-Spatz, B-Spatz, Schleppflugzeug Piper PA-18.

Die Flugschule erhält den ersten Motorsegler vom Typ „A-Falke“.

1967
Die Fliegergruppe Esslingen zieht auf das nördlich von Esslingen gelegene Fluggelände „Jägerhaus".

1. November: Der Hornberg bekommt eine eigene Frequenz (122,5 MHz) mit dem Rufzeichen „Hornberg Flugleitung".

1969
12. Oktober: Einweihung des Gedenksteines für den im Jahre 1965 verstorbenen Christian Biser, den „Vater des Hornbergs".

1971
1. Januar: Degenfeld wird mit 426 Einwohnern und 926 Hektar Markungsfläche, auf der auch der Hornberg liegt, nach Schwäbisch Gmünd eingemeindet.

1972
Frühjahr: Die Akademische Fliegergruppe Stuttgart und die Fliegergruppe Heubach verlassen den Hornberg und fliegen von nun an auf dem neuerrichteten Fluggelände „Amalienhof" bei Bartholomä.

1974
Der Hornberg-Segelflugwettbewerb (Hornberg-Freundschaftsfliegen) wird von Dr. Karl-Heinz Friedrich ins Leben gerufen.

1975
Auf dem Fluggelände Hornberg wird eine asphaltierte 450 m lange Startbahn gebaut.

1977
Die Fliegergruppe Schwäbisch Gmünd e. V. baut in vollständiger Eigenarbeit eine Flugzeughalle mit Tankstelle.
Das Richtfest wird am 3. September gefeiert.

1978
15. April: Die Fliegergruppe Fellbach verläßt den Hornberg und fliegt fortan auf dem Segelfluggelände „Amalienhof".

20. Mai: Die Flugzeughalle der Fliegergruppe Schwäbisch Gmünd wird offiziell ihrer Bestimmung übergeben.

1979
Zwischen den beiden BWLV-Hallen, auf dem Gelände des ehemaligen Schwimmbades, werden Wohnwagenstellplätze angelegt.

Linke Seite: 4-fach-Taufe am 22. Mai 1982. Vor der Halle in der Bildmitte die Täuflinge.

Rechts: Lothar Späth (vorn) nach einem Rundflug mit Schulleiter Frank Dreher.

Mai/Juni: Peter Lackner von der Fliegergruppe Schwäbisch Gmünd wird bei den Deutschen Segelflugmeisterschaften in Bückeburg in der FAI-15m-Klasse (Rennklasse) Deutscher Vizemeister.

1980
15. Februar: Der Hornberg bekommt eine neue Frequenz (122,025 MHz) mit dem Rufzeichen "Hornberg Info".
Am östlichen Flugplatzrand wird eine 4 m breite Asphalt-Rückrollbahn angelegt.

1982
22. Mai: Taufe von drei Segelflugzeugen und einem Motorsegler SF 25 C auf dem Hornberg im Beisein von Ministerpräsident Lothar Späth.

Vorhandener Flugzeugpark: Jeweils ein Nimbus 3, Cirrus (18 m), Standard-Astir, Astir CS, SHK, LS-3, Ka-6, Twin-Astir, Kranich III, Bergfalke, fünf Ka-8, drei Rhönlerchen, vier Motorsegler SF 25 C sowie jeweils eine DR 300 und eine PA-18 als Schleppflugzeuge.

1983
23. Juli: Die Segelflugschule feiert mit einem Tag der offenen Tür ihr 50jähriges Bestehen.

1984
Zwei Hornberg-Piloten werden in Mengen Deutscher Meister im Segelflug. Dr. Karl-Heinz Friedrich in der FAI-15m-Klasse (Rennklasse) und Peter Lackner in der Standardklasse.

1985
Frank Dreher tritt nach 25jähriger Tätigkeit als Schulleiter auf dem Hornberg in den Ruhestand. Neuer Schulleiter wird Hannes Wiedenmann.

Juli/August: Peter Lackner wird bei den Segelflug-Weltmeisterschaften in Rieti/Italien Vizeweltmeister in der Standardklasse.

31. August: Das "Ulmer Schwabenradio" feiert in der Flugzeughalle der Fliegergruppe Schwäbisch Gmünd mit Livesendungen seinen einjährigen Geburtstag.

1986
Sommer: Ein Filmteam dreht auf dem Hornberg einen aufwendigen Werbespot für einen Schokoladenriegel.

1987
11. August: Eine Staffel DO-28 des Marineflieger-Geschwaders 5 aus Kiel-Holtenau besucht im Rahmen einer militärischen Übung den Hornberg.

1988
29. Juni, ein japanischer Segelflieger weilt auf dem Hornberg. Er sammelt Anregungen zur Errichtung eines Segelflugzentrums bzw. einer Segelflugschule in Japan. Dazu wird viel beobachtet, hinterfragt und fotografiert, vom Startwagen über Bleigewichte bis hin zu den Flugzeughallen.
Es werden Erinnerungen an Wolf Hirth wach, der 1935 vom Hornberg aus den Japanern schon einmal das „segelflugschulmäßige Know-how" nähergebracht hatte.

1989
Januar: 50. Werkstattleiter-Lehrgang auf dem Hornberg nach dem Zweiten Weltkrieg.

1990
Auf dem Hornberg fliegen 43 Segelflugzeuge, 9 Motorsegler und 5 Motorflugzeuge.

Eine Staffel „Do 28" des Marinefliegergeschwaders 5 aus Kiel-Holtenau zu Besuch auf dem Hornberg. Im Vordergrund ein „Astir-CS".

Literatur- und Quellenverzeichnis

Nachfolgend soll ein umfangreicher Querschnitt aus der Luftliteratur vorgestellt werden. Dieser reicht von Erlebnisbüchern über Lehrbücher bis zum Antiquariat.

Alles-Fernandez, Peter: – Flugzeuge von A – Z. 3 Bände. 1988.

Andel, Ton van/ Leewis, Martin: – Say again. 1985.

Angelucci, Enzo:
- Weltenzyklopädie der Flugzeuge. 2 Bände.
- Militärflugzeuge von 1914 bis heute. 1980.
- Zivilflugzeuge von den Anfängen bis heute. 1983.

Apostolo, Giorgio: – Weltenzyklopädie der Flugzeuge, 1 Band. Hubschrauber von den Anfängen bis heute. 1985.

Aust, Siegfried: – Frei wie ein Vogel. Von Ikarus zum Weltraumgleiter. 1986.

Bachem, Erich: – Die Praxis des Leistungs-Segelfliegens. 1932.

Bachmann, Peter:
- Cockpit und Cumulus. Wetterkunde für Piloten.
- Einmotorige Flugzeuge und Motorsegler.
- Wetterhandbuch für Piloten.

Baden-Württembergischer Luftfahrtverband: – Verbandsorgan „der adler". Jahrgänge 1926 – 1934 und 1952 – 1990.

Bartl, Gustl: – ... es ist mal wieder Hammerwetter. Heiteres und Satirisches aus dem Fliegerleben. 1987.

Bergius, C. C.:
- Die Straße der Piloten in Wort und Bild. Die abenteuerliche Geschichte der Luft- und Raumfahrt in Wort und Bild. 1988.
- Heißer Sand. Fliegerroman. 1988.

Bertram, Hans: – Flug in die Hölle. Report eines der größten Abenteuer unseres Jahrhunderts. 1985.

Besser, Rolf: – Technik und Geschichte der Hubschrauber. 2 Bände. 1982.

Beyer, W.: – Konstruktion der Segelflugzeuge. 1937.

Bodlée, A.: – Motor- und Segelflug.

Bramson, Alan:
- Die Kunst des Landens. 1984.
- Das Pilotenhandbuch. Praxis des Motorfluges. 1984.

Braunburg, Rudolf:
- Atlantikflug. 1966.
- Auf dem Wind. Die schönsten Geschichten vom Fliegen. 1983.
- Beruf Flugkapitän.
- Handbuch für Flugreisende. 1988.
- Jetliner. Ein Logbuch. 1988.
- Kranich in der Sonne. Die Geschichte der Lufthansa. 1978.
- Von der DC 3 zur DC 10. Ein Pilotenleben. 1976.

Brenner, F.: – Sprechfunk im Instrumentenflug.

Brütting, Georg:
- Das Echo von der Rhön.
- Die berühmtesten Segelflugzeuge. 1986.
- Die Geschichte des Segelfluges. 60 Jahre Wasserkuppe. 1982.
- Die große Zeit der deutschen Luftfahrt bis 1945. 1979.

– Fliegen ist unser Sport. Die Geschichte des Deutschen Aero-Clubs e. V.. 1987.
– Handbuch für den Motorflieger.
– Mit dem Segelflugzeug in die Stratosphäre. 1951.
– Segelflug erobert die Welt. 1941/1952.
– Segelflug und Segelflieger. 1935

Bucher, P. E./Klee, U.: – JP Airline-Fleets. Jährlich erscheinendes Fluggesellschafts-Verzeichnis. 1988/89.

Ceconi, Leonhard: – Instrumentenflug-Praxis. 1979.

Cescotti, R.: – Luftfahrtdefinition. Englisch – Deutsch / Deutsch – Englisch. 1987.

Clausing, Donald C.: – Moderne Flugnavigation.
– Perfekt fliegen. Handbuch für den Privatpiloten.

Cordts, Georg: – Junge Adler. Vom Luftsport zum Flugdienst. 1988.

Delafield, John: – Wettkampf-Segelflug. 1987.

Demand, Carlo: – Die großen Atlantikflüge. 1919 bis heute. 1983.

Deutsch, Hans: – Segelflug. 1951.

Deutscher Wetterdienst: – Klimaatlas von Baden-Württemberg. 1953.

Donald, David: – Die Airlines der Welt. 1986.

Eichenberger, W.: – Aerodynamik und Flugmechanik.
– Flugwetterkunde.

Einhorn-Verlag: – Einhorn-Jahrbuch Schwäbisch Gmünd. 1975.

Euler, August: – Luftfahrterinnerungen nach 30 Jahren. 1939.

Eyermann, Karl-Heinz: – Die Luftfahrt der UdSSR 1917 bis 1977. 1977.

Ferriere, Richard: – Rhönsegler. Alexander Schleicher's Segelflugzeuge und Motorsegler. 1988.

Fischer, Gerhard – Meine Bahn am Himmel. 1982.

Fliegergruppe Lorch: – Festschrift zum 50jährigen Jubiläum. 1979.

Fliegergruppe Waldstetten: – Festschrift zum 50jährigen Jubiläum. 1980.

Furrer, Reinhard: – Fliegen, das sind Augenblicke wie diese. 1984.

Geistmann, Dietmar: – Die Entwicklung der Kunststoff-Segelflugzeuge. 1976.
– Segelflugzeuge in Deutschland. Das umfassende Typenbuch der 180 zugelassenen Flugzeugmuster aus 14 Herstellungsländern. 1979.

Georgii, Walter: – Der Segelflug und seine Kraftquellen im Luftmeer. 1935.
– Flugmeteorologie. Ein Lehrbuch. 1927.
– Forschen und Fliegen. 1954.

Gersdorff, Kyrill von: – Bölkow-Sportflugzeuge. 1981.

Gibbs-Smith, C.H.: – A History of flying. 1953.

Giger, Hans: – Kolbenflugmotoren. 1985.

Gmünder Tagespost: – Tageszeitung in Schwäbisch Gmünd seit 1959. Jahrgänge 1959 – 1990.

Götsch, Ernst: – Einführung in die Luftfahrzeugtechnik. 1983.

Grassmann, Kurt: – Die modernen Flugtriebwerke. 1982.

Green, William: – Flugzeuge der Welt heute – morgen. 1988/89.

Griffin, Jeff W.: – Fliegen im Winter. Der Umgang mit dem Flugzeug im Winter. 1000 Tips für Starten, Fliegen, Landen. 1987.

Groenhoff, Günter: – Ich fliege mit und ohne Motor. 1931.

Gütschow, Fred:
- Die deutschen Flugboote.
- Junkers G 38. Das erste Großraumflugzeug der Lufthansa. 1988.

Gymnich, A.:
- Der Segelflugsport. 1925.

Hack, Karl. H.:
- Meteorologie für Piloten. 1983.

Hackenberger, Willi:
- Deutschlands Eroberung der Luft. Die Entwicklung des deutschen Flugwesens. 1915.
- Die Alten Adler. Pioniere der deutschen Luftfahrt. 1960.

Hainzl, Wolfgang:
- Die Fliegerkräfte Österreichs 1955 bis heute. 1987.

Halle, G.:
- Otto Lilienthal – Flugforscher und Flugpraktiker, Ingenieur und Menschenfreund. 1976.
- Otto Lilienthal und seine Flugzeugkonstruktionen. 1962.

Hartung, Gunter/
Plath, Dietmar.:
- Heute Starten – gestern Landen. Abenteuerliche Fliegergeschichten rund um den Globus. 1989.

Heckmann, Wolf:
- Haie fressen keine Deutschen. Erster Alleinflug im Motorsegler nach Australien. 1984.

Heimann, Erich H.:
- Die Flugzeuge der Deutschen Lufthansa. 1926 bis heute. 1987.
- Die schnellsten Flugzeuge der Welt. 1906 bis heute. 1978.
- Sie eroberten den Himmel. Piloten, Planer, Pioniere. 1969.

Heiss, L.:
- Hirth, Vater, Hellmuth, Wolf. 1949.

Heller, Klaus:
- Fallschirmspringen für Anfänger und Fortgeschrittene. 1979.
- Faszination Gleitschirmfliegen. Ein Lehrbuch für Theorie und Praxis. 1987.

Helmut, H.:
- Radionavigation.

Hesse, Friedrich/
Hesse, Werner:

Luftfahrt-Lehrbücher
- Band 1: Elektrotechnik/Avionik
- Band 2: Bordinstrumente. 1982.
- Band 3: Flugnavigation. 1984.
- Band 4: Der Segelflugzeugführer. 1988.
- Band 5: Testfragen NAV.
- Band 7: Funknavigation. 1979.
- Band 9: Testfragen Segelflug. 1981.
- Band 10: Pädagogik für Fluglehrer
- Band 11: Der Motorflugzeugführer/ Der Motorseglerführer. 1985.
- Band 12: Testfragen Motorflug. 1985.
- Band 14: Flugplanung.
- Band 15: Zweimotorig fliegen.

Hilger, W.:
- Segelflieger im Aufwind. 1943.

Hirth, Hellmuth:
- 20 000 km im Luftmeer. 1913.

Hirth, Wolf:
- Das Geheimnis von Ophir. 1959.
- Die Hohe Schule des Segelfluges. 1937.
- Handbuch des Segelfliegens. 1938.
- Hanns wird Flieger. 1952.
- Im Sportflugzeug allein über drei Erdteile.
- Mit Segelfliegern über Deutsch Südwest.
- The Art of Soaring flight. 1938.

Hirth, Wolf/Klöckner, Erich/Ivans, Bill:
– Mit dem Segelflugzeug in die Stratosphäre. 1951.

Hirth, Wolf/Supf, Peter:
– Flug ins Goldland. 1953.

Horten, Reimar/Selinger, Peter F.:
– Nurflügel. Die Geschichte der Horten-Flugzeuge 1933 – 1960. 1985.

Hurst, Ronald/Hurst, Leslie:
– Flugunfälle und ihre Ursachen. 1986.

Isenberg, Hans/Höhn, Richard J.:
– Zivilflugzeuge. Vom Kleinflugzeug zum Überschall-Jet. 1987.

Ishoven, Armand van:
– Ernst Udet, Biographie eines großen Fliegers. 1987.
– Messerschmitt, Biographie eines großen Fliegers. 1987

Italiaander, Rolf:
– Wolf Hirth erzählt. 1935.

Jacobs, Hans:
– Bau des Segelflugzeuges. Werkstattpraxis für den Bau von Gleit- und Segelflugzeugen. 1932/1989.

Jahn, G./Hesse, W.:
– Pädagogik für Fluglehrer.

Kalkreuth, Jochen von:
– Das stille Abenteuer. 1976.
– Segeln über den Alpen. Erlebnis und Technik des Hochgebirgsfluges. 1971.

Karlson, Paul:
– Der Mensch fliegt. Geschichte und Technik des Fliegens. 1955.
– Segeln durch Wind und Wolken. 1933.

Kassera, Winfried:
– Der lautlose Flug. Erlebnisse, Eindrücke und Tips aus dem Segelflug. 1983.
– Flug ohne Motor. 1985.

Keimel, Reinhard:
– Österreichs Luftfahrzeuge. Geschichte der Luftfahrt von den Anfängen bis Ende 1918. 1981.

Kens, Karlheinz:
– Klemm-Flugzeuge seit 1918. 1986.

Kleffel, Walter:
– Der Segelflug. Ein Ruhmeskapitel aus der Geschichte des Menschenfluges. 1930.

Knapp, Dietrich:
– Grundlage der Wetterkunde für Piloten. Teil 1 und 2. 1985/86.

Köhler, H. Dieter:
– Ernst Heinkel – Pionier der Schnellflugzeuge. 1983.

Köhler, Helmut/Köhler, Ingrid:
– Fly high. Vom Segelfliegen in den USA. 1985.

König, Erwin:
– Die Bücker-Story. Über 50 Jahre Bücker-Flugzeuge. 1986

Kosin, Rüdiger:
– Die Entwicklung der deutschen Jagdflugzeuge. 1983.

Kramer, Peter:
– Handbuch für Privatpiloten. Cockpit-Buch für Ausbildung und Praxis. 1987

Kratzel, Hans:
– Amtlicher Fragenkatalog PPL. 1980.

Kreipl, Manfred:
– Das Thermikhandbuch.
– Mit dem Wetter Segelfliegen. 1976.
– Wolken, Wind und Wellenflug. 1979.

Kress, Wilhelm:
– Aviatik – Wie der Vogel fliegt und der Mensch fliegen wird. 1905.

Krivinyi, N.:
– Taschenbuch der Luftflotten.

Kröchel, Gerhard:
– Taschenbuch für das fliegende Personal. 1977.

Kühr, Wolfgang:
– Der Privatflugzeugführer. 7 Bände.
– Band 1: Technik I
– Band 2: Grundlagen der Flugwetterkunde
– Band 3: Technik II

– Band 4A: Flugnavigation
– Band 4B: Funknavigation
– Band 5: Luftrecht
– Band 6: Die theoretische Prüfung PPL-A, Fragen und Antworten nach dem Multiple Choice-System.

Kurz, Eugen/Schwarz, Otto/Dörner, Heiner:
– Der Schneider von Ulm. Albrecht Ludwig Berblinger. 1986.

Lange, Bruno:
– Das Buch der Deutschen Luftfahrttechnik. 1986.
– Tante Ju. Alles über die Ju 52. 1976.

Langsdorff, W. von:
– Flieger und was sie erlebten. 1935.

Lenz, S./Seelmann D.:
– Himmel, Wolken, weites Land. Flug über Meer, Marsch, Geest und Heide. 1979.
– Wo die Möwen schreien. Flug über Norddeutschlands Küsten und Länder. 1985.

Lilienthal, Otto:
– Der Vogelflug als Grundlage der Fliegekunst. 1889.

Lindbergh, Charles A.:
– Mein Flug über den Ozean. 1953.

Lippisch, Alexander:
– Ein Dreieck fliegt. 1976.

Lochner, Wolfgang:
– Weltgeschichte der Luftfahrt.

Maier, Albert:
– Das Spiel mit dem Aufwind. 1979.
– Englisch im Cockpit. 1987.
– Motorflug – Theorie und Praxis. 1988.
– Segelfliegen ohne Geheimnisse.
– Segelfliegen, Theorie und Praxis. 1987.
– Sportfliegen. – Die Theorie. 1981.
– Sportfliegerlexikon. 1978.

Martens, Arthur:
– Motorlos in den Lüften. 1927.

Mascow, Hans:
– Vom Vogelflug zum Menschenflug. 1940.

Mau, Hans-Joachim:
– Tschechoslowakische Flugzeuge. 1987.

Mauch, Helmut:
– aerocartoon.

MacFarland, M. W.:
– The Papers of Wilbur and Orville Wright. 1953.

Merbold, Ulf:
– Flug ins All. 1985.

Meyer, Erich C.W.:
– Der Weg zur Rhön. 1938.

Meyer, Peter:
– Luftschiffe. 1980.

Mondey, David:
– Das große Buch der Flugzeuge. 1978.
– Flugzeuge in Farbe. 1975.
– Illustrierte Geschichte der Luftfahrt. 1979.

Moolman, Valerie:
– Frauen in der Luft. 1982.

Moser, Sepp:
– Flieg weiter, Ju 52. Die erstaunliche Geschichte eines Flugzeugveteranen. 1982.
– Wie sicher ist Fliegen? 1987.

Moser Sepp/ Mader, Herbert:
– Startklar. Ein Blick hinter die Kulissen des Luftverkehrs. 1981.

Müller, Karlhans:
– Das komplette Buch vom Fliegen. 1981.

Müller, Peter:
– Die DC-9 Story. 1981.

Müller, Rudolf:
– Flugsicherheit.

Muser, Alfred:
– Verkehrsflugzeuge. 1974.

Nachtigall, Werner:
– Warum die Vögel fliegen. 1985.

Neil, William:
– Loopings und Turns.

Neuber, Hermann: – Mayday – Mayday. SAR-Hubschrauber im Rettungseinsatz auf See. 1988.

Nevin, David: – Die ersten Langstreckenflüge. 1980.

Nowarra, Heinz J.: – Focke Wulf Fw-200 Condor. Die Geschichte des ersten Langstreckenflugzeuges der Welt. 1988.
– Ju 52 – Flugzeug und Legende. 1986.

O'Dwyer, William/ Randolph, Stella: – History by contract. 1988.

Oesterle, V.: – Flugwetterkunde.

O'Neil, Paul: – Flugakrobaten und Rekordjäger. 1981.

Ostermayer, Herbert: – Die Luft hat keine Balken. 1984.

Pabst, Otto F.: – Kurzstarter und Senkrechtstarter. 1984.

Paturi, Felix: – Von der Erde zu den Sternen. 200 Jahre Luftfahrt. 1983.

Penner, Hellmuth: – Das Handbuch für den Ultraleicht-Flieger. 1983.
– Der Drachenflieger. 1977.
– Motorsegeln heute. 1987.

Penner, Hellmuth/ Plath, Dietmar: – Airbus International. 1986.

Peter, Ernst: – Der Flugzeugschlepp von den Anfängen bis heute.
– Im Flug über Deutschland.
– Im Flug über die DDR.
– Im Flug über Österreich.
– Segelflugstart – Geschichte, Technik, Praxis, 1981.
– Tragschrauber, Hubschrauber, Österreichische Pioniere. 1985.

Pfendtner, B./Elgaß, P./ Thomalla, V.: – Sport(fliegen). 1988.

Pigott, Derek: – Segelfliegen lernen. Die Grundlagen des motorlosen Fluges. 1980.
– Technik und Taktik des Segelfliegens. 1979.

Pletschacher, Peter: Deutsche Sportflugzeuge. Über 100 Typen seit 1909 – vom Grade-Eindecker bis Acrostar. 1977.
– Die Königlich Bayerischen Fliegertruppen 1912–1919. 1978.
– Großflugschiff Dornier Do X. 1979.
– Lufthansa Junkers Ju 52. 1987.

Pletschacher, Peter/ Thorbecke, Franz: – Luftfahrt am Bodensee. 1985.

Polte, Hans-Joachim: – Hubschrauber, Geschichte, Technik und Einsatz, 1986.

Prandtl, Ludwig: – Ergebnisse der Aerodynamischen Versuchsanstalt in Göttingen. 1925.

Preising, Dölf/ Sonderegger, Ronald: – Piloten über den Alpen.

Prendergast, Curtis: – Pioniere der Luftfahrt. 1981.

Prochnow, O.: – Vogelflug und Flugmaschinen. 1910.

Prüter, Wolf: – Take off. Handbuch des Fliegens. 1984.

Prychowski, Hans von: – Verkehrsflugzeuge gestern und heute. 1972.

Radenbach, F.W.: – Gottlob Espenlaub. 1942.

Regula, H.: – Meteorologie und Luftverkehr.

Reichmann, Hellmut:
- Segelfliegen. Ein Lehrbuch für die praktische Ausbildung. 1979.
- Streckensegelflug. 1975.

Reiser, Ekkehard:
- Drachenfliegen nach dem Wetter. 1977.
- Sicherheit im Deltaflug. 1978.

Reitsch, Hanna:
- Das Unzerstörbare in meinem Leben. 1979.
- Fliegen mein Leben. 1978.
- Höhen und Tiefen. 1945 bis zur Gegenwart 1978.
- Ich flog für Kwame Nkrumah. 1968.

Rells, Karl:
- 100 x Luftverkehr. Von der Flugsicherung zum Überschallflugzeug. 1978.

Rems-Zeitung:
- Tageszeitung in Schwäbisch Gmünd seit 1786. Jahrgänge 1928–1990.

Richter, Gerold:
- Kameraflug – Von Helgoland zur Zugspitze. 1985.

Riedel, Peter:
- Start in den Wind. Erlebte Rhöngeschichte 1911–1926. 1986.
- Über sonnige Weiten. Erlebte Rhöngeschichte 1933–1939. 1985.
- Vom Hangwind zur Thermik. Erlebte Rhöngeschichte 1927 – 1932. 1984.

Rospert, Peter:
- Der Dädaluskomplex. Geschichten vom Fliegen. 1985.

Roth, Günther D.:
- Wetterkunde für alle. 1985.

Rottiers, Walter:
- Fliegerlatein – Luftfahrt-Cartoons. 1985.

Rühmann, Heinz:
- Glück über den Wolken. 1984.

Schiele, Maja:
- Die Schule des Segelfliegens. 1972.

Schmidt, Heinz A.F.:
- aerotyp – Segelflugzeuge.
- Lexikon der Luftfahrt.

Schmitt, Dieter:
- Nordpolflug. 1982.

Schmitt, Günter:
- Als die Oldtimer flogen. Die Geschichte des Flugplatzes Berlin-Johannisthal. 1987.
- Fliegende Kisten. Von Kitty Hawk bis Kiew. Junkers und seine Flugzeuge. 1986.

Schneider, H.:
- Das Flugzeugtypenbuch. 1980.

Schütt, Kurt W.:
- Heeresflieger.

Schultz, Michael:
- Erkenntnisse zwischen Himmel und Erde. 1982.
- Wo Träume Flügel haben. 1986.

Schulz, Julius:
- Handbuch für Sportflieger. 1935.

Schwenk, Walter:
- Handbuch des Luftverkehrsrechts. 1981.

Schwipps, Werner:
- Der Mensch fliegt. Lilienthals Flugversuche in historischen Aufnahmen. 1988.
- Lilienthal, die Biographie des ersten Fliegers. 1986.
- Lilienthals Flugversuche, 1966.
- Lilienthal und die Amerikaner. 1985.
- Riesenzigarren und fliegende Kisten. 1984.
- Schwerer als Luft. Die Frühzeit der Flugtechnik in Deutschland. 1984.

Seehofer, Josef:
- Degenfeld in Vergangenheit und Gegenwart. 1978.

Selinger, Peter F.:
- Segelflugzeuge 1935–1985. Vom Wolf zum Discus. 1986.
- Faszination Segelfliegen. 1988.

Serling, Robert J.:
- Das Jet-Zeitalter. 1983.

Siebenwurst, Kurt/ Stock, Gustav: – English for pilots. 1986.

Sjösström, G.: – Flugnavigation. Lehrbuch für CPL, IFR, CVFR. 1983.

Sohn, E.: – Der Flieger und sein Flugzeug. 1916.

Spiegel, Mathias: – Wunder des Segelfluges. 1935.

Stahl, P.W.: – Von den Alpen zum Nordkap. 7000 km Luftwandern. 1985.

Stamer, Fritz: – Zwölf Jahre Wasserkuppe. 1933.
– Gleit- und Segelflugschulung. 1934.

Stamer, Fritz/ Lippisch, Alexander: – Handbuch für den Jungsegelflieger. 2 Bände. 1935.

Steber, Jörg: – Der Himmelsschreiber. Geschichte und Technik der Luftwerbung. 1988.

Stedtfeld, Günther: – Der Medikus. Heitere Fliegermedizin. 1980.

Stöcker, Alex: – Deutscher Segelflug. 1936.

Storck, Rudolf: – Lexikon der deutschen Luftfahrt-Museen.

Streit, Kurt W.: – Geschichte der Luftfahrt. 1976.

Stütz, Georg: – Sagen der Heimat. Gmunder Hefte. 1950.

Supf, Peter: – Das Buch der deutschen Fluggeschichte. Band I und II. 1958.
– Hanns Klemm. 1955.
– 12 Gebote für Segelflieger. 1951.

Supf, Peter/Hirth, Wolf: – Wiedersehen mit einem Storch. 1955.

Terjung, Hermann: – Aus dem Tagebuch eines Flugkapitäns. 1985.

Teuchert, Wilfried/Damm, Günter/ Günther, Klaus: – Luftrecht. 1987.

Thomas, Fred: – Grundlagen für den Entwurf von Segelflugzeugen.

Trautloft, Hannes: – Fliegeranekdoten. 1988.
– Hals- und Beinbruch. Heitere Fliegerei. 1980.

Tschudi, Georg von: – Aus 34 Jahren Luftfahrt. 1928.

Udet, Ernst: – Aus der Luft gegriffen. 1928.

Unicornis: – Beiträge zur Landschafts- und Kulturgeschichte im Raum Schwäbisch Gmünd. Dezember 1988.

Ursinus, Oskar: – Rhönzauber. Segelfliegererinnerungen. 1931.
– Zeitschrift Flugsport. Jahrgänge 1928–1943.

Verbandssegelfliegerschule Hornberg: – Merkblätter Nr. 1–10. 1933.

Vogt, Dieter: – Himmel, wo ist die Erde. Reportagen aus der Luft. 1985.

Vogt, Richard: – Weltumspannende Memoiren eines Flugzeugkonstrukteurs.

Wagner, Wolfgang: – Der deutsche Luftverkehr – Die Pionierjahre 1919 – 1925. 1987.
– Kurt Tank – Konstrukteur und Testpilot bei Focke-Wulf. 1980.
– Von der J 1 zur F 13. Vom „Blechesel“ zum ersten Ganzmetall-Verkehrsflugzeug. 1976.

Walter, Horst/ Plath, Dietmar: – Transall. Engel der Lüfte. 1987.

Weishaupt, Herbert: – Das große Buch vom Flugsport. 1979.

Welch, Ann: – Ultraleicht-Fliegen. 1983.

Wills, Phillip: – Allein mit Wind und Wolken. 1960.
– Auf freien Schwingen.

Wissmann, Gerhard: – Abenteuer in Wind und Wolken. Geschichte des Segelfluges. 1988.

Woodward, B./ Stirnemann, A.: – The World's Sailplanes. 1958.

Wurster, Rold/ Hesse, Friedrich: – Zweimotorig Fliegen. Lehrbuch für die Umschulung auf 2-motorige Flugzeuge. 1987.

Yeager, Jeana/ Rutan, Dick: – Voyager – In neun Tagen um die Welt. 1987.

Young, Warren: – Die Hubschrauber. 1983.

Zantke, Siegfried: – ABC des Luftverkehrs. 1985.

Zuerl, Hubert: – Der Segelflug im Wettbewerb der Völker. 1941,
– Kampf dem Aufwind. 1943.

Zuerl, W.: – Deutsche Flugzeugkonstrukteure. 1941.

Namen- und Sachregister

Bildnachweis

- Albert Baumhauer (Archiv Josef Krieg), Schwäbisch Gmünd-Straßdorf, S. 40, 42, 72(1), 175
- Günter Bergemann, Mutlangen, S. 44, 54(2), 116(1), 119
- Berthold Biber, Schwäbisch Gmünd, S. 65
- Jürgen Bucher, Eislingen, S. 114(3), 190(1)
- Max Burkhardt, Waldstetten, S. 110(1), 113, 132
- Norbert Burkhardt, Waldstetten, S. 66(2), 102
- BWLV-Archiv, „der Adler“, Stuttgart, S. 45, 126, 127, 128, 130(2), 131, 133, 134, 136, 142, 143, 145, 147, 152, 153, 155(1), 193
- DAeC-Archiv, Frankfurt/Main-Flughafen, S. 110(1), 190(1)
- Deutsches Museum, München, S. 10(3)
- A. H. Dickfeld, Dreieich, S. 51, 58(1), 59(2), 61(2), 64, 65, 66(1), 70, 71(2), 78, 92(2), 99(1), 108(1), 109
- Max Dieterle, S. 186
- Adelbert und Konrad Erhardt, Schwäbisch Gmünd, S. 13, 14(2), 15, 16, 32
- Karl Feil, Schwäbisch Gmünd, S. 24, 30, 31, 34(1), 50(1), 164(2), 184
- Fliegergruppe Schwäbisch Gmünd, S. 43(1)
- Fliegergruppe Waldstetten, S. 166(1), 167(1)
- Dr. Karl-Heinz Friedrich, Schwäbisch Gmünd, S. 148/149, 150, 150/151, 165
- Clara Hirth, (Archiv Wolf Hirth) Stuttgart-Vaihingen, S. 17, 18, 36/37, 38/39, 44, 49(2), 50(1), 52(1), 53(1), 54(1), 56(1), 62, 63(2), 67, 68(2), 69, 71(1), 72(1), 77, 79, 80, 82/83, 83, 84/85, 86, 87, 88, 89(2), 93, 94, 103, 111, 122, 140, 141, 171, 187, 188(1)
- Hermann Huppenbauer, Stuttgart, S. 183
- Irmgard Jandl, Deggendorf, S. 174
- Dr. Dietrich Knapp, Feldkirchen-Westerham, S. 37, 45, 48
- Hermann Krieg, Schwäbisch Gmünd, S. 118(1)
- Paul Krieg, Schwäbisch Gmünd, S. 125, 128/129, 188(1)
- Wolfgang Lossen, Heidelberg, S. 155(1), 194(1), 196(Freig.-Nr. 10/ 4619), 197, Buchrückseite (Bild-Nr. 10/4795)
- Otto Müller, Schwäbisch Gmünd, S. 198/199
- Verlag Reinhold A. Müller, Stuttgart, S. 90/91
- Dr. Karl Nickel, Freiburg, S. 121(1)
- Elisabeth Praefcke, Schwäbisch Gmünd, S. 12, 20, 52(2), 53(1), 56(1)
- Willy Radinger, Neusäß, S. 116(1), 117, 118(1)
- Heinz Scheidhauer, Staufen, S. 121(1)
- Max Schiele, Schwäbisch Gmünd, S. 115, 116(3), 118(1)
- Sofie Schmid, Waldstetten, S. 76
- Peter F. Selinger, Stuttgart-Sillenbuch, S. 34(1), 73(2), 75, 81(2), 92(1), 96, 100, 101, 107
- Hermann Seybold, Schorndorf-Haubersbronn, S. 139(1), 154
- Strähle KG, Schorndorf, S. 108(1), Luftbild-Nr. 24595
- Fritz Strobel, Schwäbisch Gmünd-Bettringen, S. 50(1), 116(1)
- Gerold Wamsler, Schwäbisch Gmünd-Bettringen, S. 32(2), 73(1), 97
- Birgit Wiedenmann, Schwäbisch Gmünd-Degenfeld, S. 172
- Georg Zimmer, Kirchheim/Teck, S. 99(1), 108(1)
- Albertine Zimmermann, Bad Waldsee, S. 14(1), 20, 31, 58(1)
- Gerd Zipper, Schwäbisch Gmünd, S. 5, 6, 43, 138, 139(2), 145(1), 146, 156(3), 157, 160, 166(1), 167(1), 168, 169(2), 176/177, 179(2), 180, 194(2), Titelbild

Karten und Zeichnungen:
- Wolf Hirth, S. 78(2)
- Auszug aus ICAO-Karte, S. 161
- Gerd Zipper, S. 22/23, 27, 46/47, 70, 104/105, 133, 158/159.

Sonstige Druckvorlagen:
- Verbandszeitschrift „der Adler“, S. 21, 25, 54, 57, 64, 137
- Segelflugschule Hornberg, S. 60, 106, 110, 173
- Omnibusgesellschaft Schwäbisch Gmünd, S. 40
- Rems-Zeitung, S. 128, 132
- „Der Vogelflug als Grundlage der Fliegekunst“, Otto Lilienthal, S. 9

Dankesworte

An dieser Stelle sei all denjenigen Personen und Institutionen herzlich gedankt, die in irgendeiner Weise zum Gelingen dieses Buches beigetragen haben.
Dies sind im einzelnen in alphabetischer Reihenfolge:

- Air Force Museum, Wright Patterson Air Force Base, Ohio, USA
- Baden-Württembergischer Luftfahrtverband e. V., Stuttgart
- Max Beck, Schwäbisch Gmünd
- Emil Bucher (†), Eislingen
- Max Burkhardt, Waldstetten
- Norbert Burkhardt, Waldstetten
- A. H. Dickfeld, Dreieich
- Gustav Dolak, Redaktion „der adler“, Stuttgart
- Adelbert und Konrad Erhardt, Schwäbisch Gmünd
- Karl Feil (†), Schwäbisch Gmünd
- Fliegergruppe Lorch
- Fliegergruppe Schwäbisch Gmünd
- Fliegergruppe Waldstetten
- Dr. Karl-Heinz Friedrich, Schwäbisch Gmünd
- Franz Herkommer, Waldstetten
- Hans Herkommer, Stuttgart
- Clara Hirth, Stuttgart-Vaihingen
- Otto Jäck, Schwäbisch Gmünd
- Dr. Dietrich Knapp, Feldkirchen-Westerham
- Dieter Kreusel, Schwäbisch Gmünd
- H. Maier, Frankfurt/Main-Flughafen
- Jakob Müller, Öschelbronn
- National Air and Space Museum, Smithsonian Institution, Washington D. C., USA
- Elisabeth Praefcke, Schwäbisch Gmünd
- John Provan, Frankfurt/Main-Flughafen
- Willy Radinger, Neusäß
- Josef Reißmüller, Waldstetten
- Dieter Schmitz, Schwäbisch Gmünd
- Peter F. Selinger, Stuttgart-Sillenbuch
- Manfred Umann, Waldstetten
- Wolfgang Umann, Schwäbisch Gmünd-Degenfeld
- Universidad de Mendoza, Argentina
- Karl Vey, Archivar des DAeC, Neu-Isenburg
- Alfred Völkert (†), Schwäbisch Gmünd
- Hans Walz, Schwäbisch Gmünd
- Gerold Wamsler, Schwäbisch Gmünd-Bettringen
- Birgit und Hannes Wiedenmann, Schwäbisch Gmünd-Degenfeld
- Georg Zimmer, Kirchheim/Teck
- Christine Zipper, Schwäbisch Gmünd
- Christof Zipper, Frankfurt/Main-Sachsenhausen
- Edwin Zipper, Schwäbisch Gmünd

Ganz besonderer Dank gilt Frau Clara Hirth, den Herren Otto Jäck, Dr. Dietrich Knapp, Peter F. Selinger sowie ein Helfer in Schwäbisch Gmünd-Degenfeld, der in seiner Bescheidenheit nicht genannt werden wollte.
Ebenso herzlichen Dank an Herrn Gustav Dolak vom BWLV, der mir Material zur Auswertung und Verwendung zur Verfügung stellte.
Ohne die Unterstützung der Letztgenannten wäre dieses Buch in vorliegendem Umfang nicht möglich gewesen.